学校で習っていなくても読んで理解できる

ゼロから始める

情報 I

代々木ゼミナール「情報科」講師
情報 I・情報 II 専門塾「情報ラボ」代表 **藤原 進之介**

＊本書には「赤チェックシート」がついています。

KADOKAWA

はじめに

みなさんこんにちは！　代々木ゼミナールや，情報Ⅰ・情報Ⅱ専門塾「情報ラボ」で情報科の講師をしている，藤原進之介です！

現代の高校で，「情報Ⅰ」が重要な位置づけとして注目されるようになりました。「情報Ⅰ」が大学入試で科される時代になったのです。

「情報Ⅰ」という科目は，決してプログラミングばかりやる科目ではないですし，パソコン教室で完結する科目でもありません。

「情報Ⅰ」は，大きく分けて次の4単元から構成されています。

① 現代の社会について学ぶ，**情報社会**
② 情報の伝え方の工夫を学ぶ，**情報デザイン**
③ コンピュータ単体について学ぶ，**プログラミング**
④ コンピュータどうしのつながりを学ぶ，**ネットワーク**

未来を生きていく私たちが，より充実した安全な日々を送れるように知識や知恵をつけるための科目なのです！

この本は，「情報Ⅰ」を初めて学ぶ人でも理解できるように，やさしい表現で書きました。また，教科書の内容をできるだけ網羅できるように書きました。書きたいことはたくさんあるのですが，長くなりすぎないよう1冊にまとめる作業がとても大変でした。

書き始めてから1年以上かかっての出版となります。お世話になっている某カリスマ講師の先生からは「まだ発売されないの？　共通テストの試作問題が発表されたのに，どの本で勉強すればいいの!?」なんて言われてしまいました(スミマセン)。

編集作業でお世話になったKADOKAWAの編集者の小嶋康義様には，頭が上がりません。

さらに，多くの情報科の先生方にご協力をいただきました。数えきれないほど多くの議論を交わし，初学者向けの網羅本としての落としどころを突き詰めていただき，この場を借りて，深く感謝を申し上げます。

それでは，未来に広がる「情報Ⅰ」を学んでいきましょう！

藤原　進之介

藤原進之介の　ゼロから始める情報Ⅰ

CONTENTS

第 2 章　　情報デザイン

第 **4** 章　情報通信ネットワークとデータの活用

本文デザイン：熊アート

組版・編集協力：ユニバーサル・パブリシング株式会社

本書の使い方

◆「この節の目標」：該当する「節」でどのようなことを身につければよい
のかが書かれています。「節」の学習が終わった段階で，目標が達成でき
たかどうかチェックしてみてください。

◆「イントロダクション」：「節」で習う内容の概要を紹介しています。本格
的な学習に入る前に，まず一読してみましょう。

◆「ゼロから解説」：その「節」で必ず習得したい内容を，「具体的な例」や「た
とえ話」をたくさん盛り込んで解説しています。きちんと理解できるよ
うに書いているので，しっかりと読み込んでください。計算など実際に
手を動かしてほしい内容には「例題」を用意しているので，しっかりと
取り組んで身につけましょう。

◆「ちょいムズ」：発展的な内容を中心に書いてあるので，難しく感じる場
合はあと回しにしても OK です。余力がある人は読んでみましょう。

◆「練習問題」：その「章」で習った内容を確認する問題を取り上げました。
何も見ずに取り組んでください。

参考とした教科書，Web サイト

『情報 I 』(日本文教出版)

『情報 I 　Step Forward! 』(東京書籍)

『新編情報 I 』(東京書籍)

『最新情報 I 』(実教出版)

『高等学校情報科「情報 I 」教員研修用教材』(文部科学省)

https://www.mext.go.jp/a_menu/shotou/zyouhou/detail/1416756.htm

この節の目標

- ☑ **A** 情報とは何か理解しよう。
- ☑ **B** データと情報と知識と知恵の違いを理解しよう。
- ☑ **C** 情報の4つの特性を知ろう。

イントロダクション ♪♫

「データ」や「情報」という言葉を聞いたことがある人は多いんじゃないかな？ 言葉として知っているけど，違いはわからないという人もいるかもね。まずは，データとは何か，情報とは何かを知ろう！

「**データ**」とは，事実や事柄などを，数字・文字・記号で表現したものだよ。たとえば，

> 「横浜」「15℃」「降水量2.5mm」

などは，事柄を文字や数字や記号で記録したものだからデータだね。一方で，

> 「今日の横浜の気温は15℃で，夕方から雨が降るでしょう」

というように，相手に伝わる意味を付加すると，価値のある知らせになるよね！ 横浜に住んでいる人は出かけるときに傘をもって家を出るように心がけるかもしれないよね。

このように，人の行動を変更したり，次に何をすればいいのかの判断材料になったりする価値のある知らせを「**情報**」というんだ！ 単なる事柄を示すデータに意味や価値を付加することで情報となるんだね。これがデータと情報の違いだよ。

▲ "データを解釈した価値のある知らせ" を情報という。

さらに，「知識」と「知恵」という言葉もあるよ。これらも区別できるようにしよう。

情報を分析し，問題解決に役立つように蓄積（ちくせき）したものを「**知識**」というよ。また，知識を特定の目的を遂行（すいこう）するために生かしたものを「**知恵**」というんだ。

ゼロから解説

① データ・情報・知識・知恵

情報とは，価値のある知らせのことだね。正確には，データを分析・整理して，受け取り手の行動を変えうるような判断基準となった知らせのことだね。情報とはデータを集めて価値を作ったものといえるよ。

さらに，**知識**とは，情報を分析し，問題解決に役立つように蓄積したものをいうんだ。

そして，**知恵**とは，知識を生かして実生活での問題を解決するために役立てるレベルまで高度にしたもののことをいうんだ。

データ・情報・知識・知恵の4つは，次のようなピラミッド型で表すことができるよ。

データ（Data）：事実や事柄などを数字や文字，記号で表現したもの。

情報（Information）：データを処理，分析して意味を付加した，価値のある知らせ。

知識（Knowledge）：情報を分析し，問題解決に役立つように蓄積したもの。

知恵（Wisdom）：知識を特定の目的を遂行するために生かしたもの。

DIKW ピラミッド

データを整理して分析して活用する流れをピラミッド型で表した図のことを「DIKW ピラミッド」というよ！

❷ 4つの階層のつながり

この4つの間には，次のような流れがあるんだ。

> データ　を解釈して　情報　になる
> 情報　　を理解して　知識　になる
> 知識　　を体得して　知恵　になる

みんなが実生活を送る上で一番大切なのは，知恵だよね。DIKW ピラミッドの階層を上げていくことが，みんなの生活を豊かにするんだ。

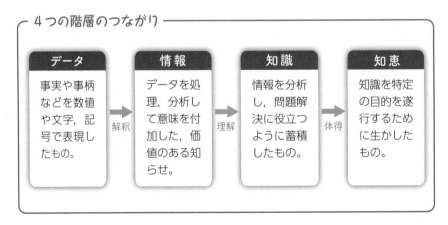

4つの階層のつながり

データ		情報		知識		知恵
事実や事柄などを数値や文字，記号で表現したもの。	解釈	データを処理，分析して意味を付加した，価値のある知らせ。	理解	情報を分析し，問題解決に役立つように蓄積したもの。	体得	知識を特定の目的を遂行するために生かしたもの。

❸ 情報の特性

　情報って，形がないよね。リンゴのような手でさわることのできる「モノ」とは違うんだ。情報は，「モノ」とは違う特性をいくつももっているんだよ。

　情報の特性って，どんなものがあると思う？　たとえば，自分が知っている情報を他の誰かに教えたとしても，自分のその情報が失われることはないよね？　つまり，情報は**消えにくい**し，**複製が容易**なんだ。一方で，「モノ」を複製することは難しい。自分のスマートフォン（スマホ）を誰かに貸したら，返してもらうまでさわれなくなってしまうよね。

　このような“モノと根本的に異なる情報の性質”は，大きく分けて以下の4つあるよ！　どれも重要だから，よく覚えていこう！

情報の特性

❶ **形がない**：文字や音などで表現される。情報自体には形がない。

❷ **簡単に複製できる（複製性）**：画像や動画のような情報は，簡単に大量の複製（コピー）を作ることができる。

❸ **消えない（残存性）**：完全には消えにくい。情報を伝達しても，もとの所有者にも残る。複製されたかどうかわからないこともある。

❹ **簡単に伝播する（伝播性）**：インターネットなどで，短時間で広範囲に伝わる。

　以上の4つの性質は，便利だけど危険なんだ。“情報には形がない”ということは，盗まれても盗まれたこと自体に気づかないという性質も意味するよね。

　しかも，完成した「モノ」を渡すわけではないから，自分が伝えたいこととは異なる形で伝わってしまうこともあるよね！　受け手の解釈によっては，意図しない形で伝わったり，予想外の情報拡散により誤解を招いたりすることもあるから，情報の取り扱いには気をつける必要があるんだね。

　現代の社会では，気軽にスマホで動画を撮れるし，SNS（第**4**節参照）で写真を公開できるよね。そんな社会だからこそ，情報についての深い理解が要求されているんだ。情報には便利な性質もある一方で，便利だからこそ注意しなければならない部分がたくさんあるんだ。

ま と め

① データと情報の違い：事実や事柄などを，数字や文字，記号で表現したものをデータと呼び，受け取り手の判断や行動を変えうる価値のある知らせを情報と呼ぶ。

② データ・情報・知識・知恵のつながり
　　データ ➡ 解釈 ➡ 情報 ➡ 理解 ➡ 知識 ➡ 体得 ➡ 知恵

③ 情報の特性：形がない・簡単に複製できる（複製性）・消えない（残存性）・簡単に伝播する（伝播性）

この節の目標

☑ **A** コミュニケーションについて理解しよう。

☑ **B** メディアについて理解しよう。

イントロダクション ♪♫

第1節では "情報とは何か" を学んだね。現代の社会ではスマホやタブレットが普及して，大人も子どもも，気軽にたくさんの価値のある知らせ（情報）を得ることができるようになったし，LINE や Instagram のような SNS やメールを使って気軽に連絡したり，コミュニケーションを取ったりすることができるようになっているよね。

ところで，"コミュニケーション" という言葉は有名だけど，コミュニケーションってそもそも何だと思う？ 多くの人は "会話をすること" とか "意思疎通をすること" を思い浮かべるよね。もっと深く理解するために，語源から説明するね！

ゼロから解説

1 コミュニケーション

コミュニケーション（communication）の語源は，コミュニス（ラテン語 communis，意味は「共通したもの」），あるいはコモン（英語 common，意味は「共有物」）といわれているんだ。つまり，自分の頭の中にある情報（イメージ）を，相手の頭の中にある情報（イメージ）と同じにすることを「コミュニケーション」というんだ！

情報やデータが "送り手（発信者）と受け手（受信者）との頭の中で共通になる"

現象が**コミュニケーション**なんだ。つまり，一方的に話したり，発信者と受信者とで理解が異なっていたりする会話は，コミュニケーションとはいわないんだね。

逆に，たとえ言語が違っても，言葉を使わなくても，頭の中にある情報が共通のものになれば，それはコミュニケーションが取れていることになるんだ。

右の標識を見てみてほしい。

この標識は"タバコを吸ってはいけないこと（禁煙）"を表すよね。言葉は書かれていないのに意味が伝わるよね？　日本語で"禁煙"とも書いてないし，英語で"No Smoking"とも書いていない。

つまり，言語がないのに情報を伝えることができているんだ。言葉の壁を超えているんだね。頭の中にあるイメージを共通にできている。コミュニケーションが取れているんだね。

このように，頭の中にあるイメージを共通にすることをコミュニケーションと呼び，言葉を使う・使わない，文字を使う・使わない，身振り手振りを使う・使わない，などさまざまな手段があるんだ。

❷ メディア

コミュニケーションを取るためには，さまざまな"手段"を用いるよね。どんな手段が思い浮かぶ？

たとえば，遠くの人に"危険だよ！"と伝えるためには，大きな声で呼びかけるよね。つまり"声"という手段を使っている。

他にも，遠く離れた人に文章を送るために，メールを送信することがあるよね。つまり，スマホやPCという機械を通して，"メール"という手段を使っている。

このように，コミュニケーションする際に手段として用いるものを「**メディア**」というんだ。

メディアっていうと"テレビ"とか"ネットのニュースサイト"とかを思い浮かべるよね？　でも，他にも多くのメディアが存在するんだ。

情報の発信者と受信者を<ruby>仲介<rt>ちゅうかい</rt></ruby>するものが**メディア**なんだよ。だから、"声"とか"手紙"とか"電話"とか、多くの手段がメディアと呼ばれるんだ！

まとめ

❶ 自分の頭の中にある情報（イメージ）を、相手の頭の中にある情報（イメージ）と同じにすることをコミュニケーションという。

❷ コミュニケーションには、言葉を使うものと使わないもの、文字を使うものと使わないもの、身振り手振りを使うものと使わないものなど、さまざまな手段がある。

❸ コミュニケーションする際に手段として用いるものをメディアという。

メディアの移り変わり

☑ **A** 情報社会におけるメディアの役割を理解しよう。

☑ **B** メディアの変遷（へんせん）を理解しよう。

イントロダクション ♪♫

　現代は多くの人がスマホで写真を撮って SNS に共有していて，多くの情報があふれているよね。このような情報に支えられている社会を「**情報社会**」と呼ぶんだ。

　現代は情報を作ったり伝えたりする機械や技術が発達しているけれど，一方で大昔はどうだったと思う？　私たち人間が言語を発明し，相互にコミュニケーションを取る手段を得たときから，獲物を捕まえたり，家を作ったり，家族を作ったり，生存のために情報の伝達が必要だったんだ。生存するという目的を達成する上で，複数の人間が共同で生きる "社会" を作るために，価値のある知らせ（情報）を伝達し合うこと，すなわちコミュニケーションが必要不可欠だったんだね。

　つまり，大昔から，私たち人間は，情報を伝達してきたんだ。人間は他の動物と違って高い知能をもっていて，電気機器を発明したりコンピュータを作ったりして，飛躍的に情報の量や伝達の効率を高めることによって，情報が多い社会を生み出してきたんだ。

ゼロから解説

① 情報の根本的な意味

　情報という言葉は，歴史的には「価値のある知らせ」という意味だけでなく

て「敵情を報知する」という用語の短縮形として用いられたという説もあるんだ。「敵がいるぞ！　注意しよう！」という知らせを仲間に伝えるという意味が，語源になっているということだね。

　情報のやり取りをつなぐものをメディアといったよね。情報には形がないから，やり取りをする際には伝達する媒体（メディア）が必要になるんだ。

　最も原始的なメディアは「声」なんだ。「近くに獲物がいるぞ！」と仲間に伝えるときは，大声で知らせる。このメディアは石器時代からあるはずだ。

　マンモスを狩っていたような時代である狩猟社会におけるメディアは，「声」以外には何が思い浮かぶかな？　たとえば「狼煙」が代表的だよ。煙を上げて，遠くの人に危険を知らせたり，攻撃するタイミングを教えたりしたんだ。

❷　メディアと歴史

　原始時代のメディアといえば，他にも「石板文字」や「洞窟壁画」があるよ。これらは，すばらしいメディアなんだよ。どうしてだと思う？　理由は簡単。残るからだ。たとえば声だったら，一瞬しか伝えられないよね。声が発された瞬間にその場所にいないと，伝えられない。一方で，石板文字の場合は同じ情報を違う時間にいる人に伝達することができるよね。時間を超えることができるんだ。

　他にも長所を書いておくね。声を使った伝達は，人から人に伝わるうちに，いつのまにか情報が変わってしまうこともあるよね。情報の伝達は，すればするほど伝わる内容が変わってしまう場合もあるんだよ。一方で，石板文字って変わらないよね。情報を維持することができることも，石板文字というメディアの長所なんだ。

　石板文字と同じように長時間の保存を可能としたメディアが洞窟壁画だよ。2000年以上経ってもきれいな状態で残っているものもあるんだ。雨風の影響を受けづらい場所にあるからだね。

　このように，時代を超えて情報の発信者と受信者をつなぐメディアもあるんだ。人類の歴史はメディアの進化という視点で見ることもできるんだよ。

❸ メディアの進化

　洞窟壁画は原始時代の話だけど，さらに時代が進んで科学技術が発展すると，さまざまなものが発明されたよね。たとえばさ，アメリカの発明家トーマス・エジソンが発明した「蓄音機」って知ってるかな？　音を録音できる機械で，両手で持つくらい大きいんだ。歴史的には，「録音できる」という技術は新しかったんだよ。音楽を録音したり，生きていた人の肉声を記録したりすることができる蓄音機は，画期的なメディアだったんだ。

　「印刷機」もメディアにかかわる重要な発明だよ。情報を紙に大量に印刷をして，多くの人に配布することによって，効率よく情報を正しく伝達するだけではなくて，情報に "政治的な影響力" をもたせることまで可能にしたんだ。つまり，情報がただの会話や記録という枠組みを超えて，社会を大きく動かしうる力をもち始めたんだ。

　このような，1人の発信者が多くの（不特定多数の）受信者に，一方通行的に情報を伝達できるメディアを「マスメディア」というんだ！　マスメディアはメディアの一種で，テレビや雑誌やラジオや映画や新聞が代表的だよ。

　時代が進むと，電話やコンピュータが発明されたよ。特にコンピュータは，人間にくらべて圧倒的に多くの情報を，高速かつ正確に処理することが可能だから，革新的なメディアとして世の中を変えていったんだよ。

補足　「独り言」のような受信者がいないものはメディアとは呼べないね。発信者と受信者をつないでいるものがメディアだから，この本では「声（発話）はメディアになる "場合もある"」と表記しておくね！

まとめ

❶ メディアの必要性：コミュニケーションを取り，社会を形成するため。

❷ メディアの歴史：声，狼煙，石板文字，洞窟壁画，蓄音機，印刷機，テレビ，雑誌，ラジオ，映画，新聞，電話，コンピュータ

❸ マスメディア：不特定多数の人に対して一方的に情報を発信するメディア。

マスメディアと情報社会

この節の目標

☑ **A** マスメディアとは何か理解しよう。

☑ **B** 情報社会を改めて理解しよう。

イントロダクション ♪♫

　現代では，テレビやネットニュースや雑誌やラジオや映画が普及していて，不特定多数の人々に対して，大量の情報を伝達することが可能になっているよね。

　このように，マスメディアは大人数に対して一方的に情報を伝えることができる。

　たとえば，第二次世界大戦では，ラジオや新聞といったマスメディアを通じて国民の世論を形成することの重要性も認識されたんだ。何を伝えて，何を伝えないのかといった情報操作も行われて，戦争をより有利に進めるために国民を誘導するように使われるといった側面もあったんだ。たとえば，「戦争に賛成します！」という意見を一方的に大多数の人に伝え続ければ，国民は「戦争に賛成している人が多いんだ」と思ってしまうよね。きっと戦争に反対している人もいるはずなのに，反対している人の意見をあえて新聞に載せない，というように「伝えない情報」をわざと選んでしまえば，国民の意見を操作することができてしまうかもしれない。ちょっと怖いよね。

　このように，マスメディアの発達した現代における情報っていうのは，単に生物として生存するために必要なものではないんだ。社会において他者や他国より有利に立ち回るためにも大きな価値をもつ要素になったんだ。

　このようなマスメディアや情報について学んでいこう！

ゼロから解説

① マスメディアと情報社会

みんながメールしたり電話したりするとき，スマホを使うよね。あとは，テレビで天気予報やバラエティ番組を見ることもあるよね。現代におけるメディアとして，スマホやテレビが思いつくかもね。

マスメディアの1つとして戦後にテレビが普及して，軍事目的ではない，より生活に寄り添った情報発信が行われるようになったんだ。

たとえば「東京のおいしい外食スポットを紹介します！」といった企画のテレビ番組が放送されるようになったんだ。現代においても，メディアを通じて得られる情報は人々の意思決定を左右する場合があるよね。

情報は原始時代から人類を支えてきたけれど，現代では情報そのものが物品同様に価値をもつとみなされ，メディアを通して流通する社会になっているんだ。このような社会を「情報社会」または「情報化社会」と呼ぶよ。

② 情報社会における情報の価値

現代では情報を多くもつ人が社会において有利な立場になり影響力をもつといわれているんだ。このことから，データや情報は「21世紀の石油」といわれることもあるんだよ。

昔は雑誌やテレビなどのマスメディアによる一対多数の情報伝達が主流だったんだよ。つまり，一方通行の情報の伝達が多かったんだ。

しかし，現代は多くの人がスマホをもって，動画を撮って共有したり，メールを送り合ったりしているよね。つまり，双方向に情報を伝達しているんだ。

いつでもどこでもスマホのような情報機器を用いて情報を管理し，受信や発信をしているよね。家族や友達との待ち合わせをしたり，値段を調べて安いお店を探したりするよね。この意味で，情報はモノと同等かそれ以上の価値をもつといえるね。

狩猟社会は狩猟が得意な人が有利だった。農耕社会では農業が得意な人が有

利だった。同様に，情報社会とは，まさに情報をうまく活用できる人が有利な
社会なんだ。

🖪 SNSの発展

みんなはネットで誰かと交流したことはあるかな？　ネット上で双方向に連絡を取り合うメディアのことを「ソーシャルメディア」といって，日本ではおもに「SNS（Social Networking Service）」と呼ばれているんだ。私はTwitter っていう SNS が好きだよ。ネット上で他の先生と知り合って情報交換をして友達になったり，仕事をもらえたりすることもあるんだ。

現代では，マスメディアが一方的に情報を発信するだけではなくて，個人がネットで発信・受信することで，他の誰かと意思疎通してネット上で仲良くなれることもあるんだ。この双方向な意思疎通によって，ネット上にまるで"本物の社会"のような関係性ができあがってきているんだよ。"社会性をもつ"から"ソーシャルメディア"なんだね。Facebook や Twitter，LINE，Instagram，YouTube といった代表的な SNS なら，いずれかを使っている人も多いんじゃないかな。コンピュータのネットワークを介して，多くの人が相互に連絡を取り合う場所，といえるね。

繰り返し伝えるけれど，私は Twitter が好きだよ。フォローよろしくね。

参考　2011年からアラブ世界において発生した民主化運動は，Facebook のような SNS で共感を集めて急速に拡大してアラブ世界に波及し，現在も続いているんだ。この民主化運動を「アラブの春」というよ。反政府運動に参加した人々は SNS でつながり，また急速にその活動が広まったと分析されているよ。SNS が社会に影響した例の1つだね。

🖪 ソーシャルメディアとマスメディアの違い

ソーシャルメディアは"双方向に"情報の伝達をする，社会性をもつメディアだね。

一方で，テレビなどのマスメディアは"一方向に"情報の伝達をするんだよね。双方向というわけではなく，大衆（マス）に影響を与えるからマスメディアといわれるわけだね！

ちなみに，掲示板やQ&Aサイトなど，一般ユーザーが書き込んだりデータを投稿したりしてコンテンツができていくメディアを「CGM（Consumer Generated Media）」というよ。

❺ エコーチェンバーとサイバーカスケード

現代は，SNSが発展しているよね。情報があふれる現代では，受け手側は自分の主張や考えに沿ったものを受け入れやすい傾向にあるんだ。

ソーシャルメディアで自分と似た興味関心をもつユーザーと仲良くなった結果，意見をSNSで発信すると自分と似た意見が返ってくる状況のことを，閉じた小部屋で音が反響する物理現象にたとえて「エコーチェンバー」というよ。

さらに，同じ考えや思想をもつ人々がインターネット上で強力に結びつくことで，異なる意見を一切排除した閉鎖的で過激なコミュニティを形成する現象を「サイバーカスケード」というんだ。

まとめ

❶ 情報そのものが物品同様に価値をもつ社会を情報社会または情報化社会と呼ぶ。

❷ 情報は21世紀の石油といわれることもある。

❸ TwitterやInstagramのように双方向に連絡を取り合うメディアをソーシャルメディアといって，日本ではおもにSNS（ソーシャル・ネットワーキング・サービス）と呼ばれている。

この節の目標

☐ **A** 表現メディア・記録メディア・伝達メディアの分類を理解しよう。

☐ **B** メディアの分類による長所や用途を理解しよう。

イントロダクション ♪♫

発信者から受信者への情報伝達を媒介する手段のことをメディアというんだよね。そうなると，現代にはさまざまな種類のメディアが存在すると思わない？

たとえば，次の4つは立派なメディアなんだ。

> 文字　イラスト　写真　動画

この4つのように，情報を表現するメディア（手段）のことを「**表現メディア**」というよ。

次の4つも立派なメディアといえるね。

> 手帳　メモ帳　**USB** メモリ　クラウドストレージ

この4つは情報を記録して蓄積するものだよね。このような情報を記録するメディア（手段）のことを「**記録メディア**」ということがあるよ。

また，次の6つもメディアといえるんだ。

> 電波　電線　光ファイバー　手紙　書籍　テレビ

この6つのように，情報を伝達するメディア（手段）のことを「**伝達メディア**」というんだ。

以上のように，情報を仲介するメディアは，その役割によっていくつかの種類に分けることができる。それらをきちんと学んでいこうね！

ゼロから解説

① 表現メディア・記録メディア・伝達メディア

情報を伝達する仲介役になるメディアの種類について整理するね。
友達にメッセージを送信するときを想像してみてほしい。

step1　まず自分の伝えたいことを "文字" に表すよね。情報を表現する**表現メディア**だ。

step2　次に、メッセージを送信する前にメモ帳にメッセージを下書きして記録しておくとする。これは、メモ帳に情報を一時的に記録しているといえるね。こういうメディアを**記録メディア**というよ。

step3　さらに、Wi-Fi（第**45**節参照）を使って、メッセージを無線（ワイヤレス）で送信するとき、情報を伝達するために電波を使用しているよね。このとき、"電波" も広い意味でメディアといえる。**伝達メディア**だね。

このように、メッセージを送信するだけでも、じつは複数のメディアが関係しているんだ！

メディアの種類

表現メディア

記録メディア

伝達メディア

メディアといってもさまざまな種類があるからこそ、伝えたい目的に応じて、最適なメディアを選んで、適切に使用する必要があるよ！

ちなみに，データを記録する USB メモリや，データを伝達するための有線コード，Wi-Fi のネットワーク装置のような，手でふれられるメディアを「**物理メディア**」というよ。

　画像や動画のような情報は "形がない" 一方で，保存や伝達のためには形のあるメディアに頼る必要もあるということだね。

❷　メディアの分類（一方向・双方向）

　テレビや新聞や雑誌のように特定の発信者から不特定多数の受信者に情報を発信するメディアのことを**マスメディア**といったね。雑誌って，どういう内容を発信するか決める人は「偉い編集長1人」かもしれないよね。つまり，発信者は権力をもった1人かもしれないのに，受信者は何万人にも及んでいるよね。これがマスメディアというもので，政治や経済など社会的な影響力をもち，単純な情報の伝達手段を超えた大きな力をもつこともあるよ。このような，大きな権力が1点に集中する様子を「**中央集権的**」と呼ぶこともあるよ。

　一方で，電話や手紙やインターネットは双方向の情報伝達が可能なメディアだよね。メディアは一方通行なものと双方向なものに分けることもできるんだ。

まとめ

　情報を伝達する際に情報の発信者と受信者との仲介役となるものをメディアといい，大きく分類すると次の3つに分ける場合がある。

表現メディア	情報を表現するメディア	例 文字，イラスト，写真，動画など
記録メディア	情報の記録や蓄積をするメディア	例 手帳，メモ帳，USB メモリ，クラウドストレージなど
伝達メディア	情報を伝達するメディア	例 電波，電線，光ファイバー，手紙，書籍，テレビなど

第 **6** 節 メディアリテラシー

この節の目標

- ☑ Ⓐ メディアリテラシーとは何かを知ろう。
- ☑ Ⓑ 一次情報や二次情報や三次情報の違いを理解しよう。
- ☑ Ⓒ クロスチェックとダブルチェックの違いを理解しよう。

イントロダクション ♪♫

たとえば君が登山をして，きれいな景色を見て，その経験を友達に話すときのことを考えてみよう。どうやって伝えたい？　文章で伝えてもいいし，動画や写真で伝えてもいいよね。

自分が誰かに情報を伝えるとき，伝え方によって，受け取り手に伝えられる情報と伝えられない情報があるんだ。

たとえば文章で伝えると，書かれていることは正確に伝えられるかもしれないけど，空の青さや風の強さは，動画のほうが伝わりやすいかもしれないよね。同じ情報でも，伝達方法や表現方法の違いで受け取り手の解釈は変わってしまうこともあるんだ。それに，いくら正しい文章を使って相手にメッセージを送信したとしても，受信する側が，文章を間違って読んでしまったら意味がないよね？　まったく違う情報として，間違えて読み解いてしまう可能性もある。情報には「**失われる情報**」と「**つけ加わる情報**」があるんだ。

情報の発信と受信，コミュニケーションにおいては，メディアを適切に選んだり，わかりやすく伝えたり，正しく受信して正しく理解したり，必要な情報を適切に見極めたりする必要があるんだ。このとき求められる，メディアを介して得られた情報を正しく読み解く能力のことを「**メディアリテラシー**」というよ。

ここでは，メディアリテラシーについて考えていこうね！

ゼロから解説

❶ メディアリテラシー

　インターネットには多くの有益な情報が存在していて，検索すればたくさんの情報を入手できるよね。でも，現代では誰もが簡単に情報を発信できるから，発信者の不注意による誤った情報も交じっているんだ。

　みんながスマホをもつようになって，社会の情報の量が増えるにつれて，よりたくさんの情報がやり取りされるようになっている情報社会では，何でもかんでも情報を安易に信じてはいけないんだね。

　インターネットの情報の中には，信憑性が保証されていないものもあるからこそ，受信した情報が正しい情報なのか，また，自分にとって必要な情報か，信頼してもよい情報かを取捨選択できる能力（**メディアリテラシー**）が，今後ますます重要になってくるといえるね。

❷ 情報の検証

　友達から「この飲食店，おいしいらしいよ〜」という評判を聞いたとして，自分にとってその飲食店が本当においしいかどうかは，わからないよね。

　ネットに「有名人のＡさんが悪いことをした」と書かれても，その書き込みが本当かどうかは，本人や警察に確かめてみないとわからないよね。

　このように，自分が受信した情報が正しい情報か，間違った情報なのか，きっちり判断する作業を「**情報の検証**」というよ。

　情報の検証を正しく行うためには，どうすればいいと思う？

❸ 一次情報・二次情報・三次情報

　まず，自分が直接体験をすることで得たり，自ら行った調査や実験で得たりした情報を「**一次情報**」というんだ。一次情報は自分にとって正しい情報である可能性が高いよね。

次に，本人が直接得た情報ではなく，第三者を介して得た情報を「二次情報」というんだ。「あの飲食店，まずかったよ〜」という評判は二次情報だね。二次情報は，他の人が受信してから主観的に編集し発信されている可能性がある。「まずかった」「おいしかった」という情報は，自分ではなくて他人の感じた感想だよね？　だから，二次情報は自分にとって正しい情報とは限らないんだね。

とはいえ，一次情報を集めるには時間と手間がかかるから，多くの情報を収集するためには二次情報を利用する場合が多くなるんだ。

そして，情報元が誰かわからない情報を「三次情報」というよ。

④ クロスチェック

情報を手に入れる経路を「情報源」というよ。手に入れた情報が信頼できるかどうかわからないから，他の情報と突き合わせて調べる必要があるよね。これを「クロスチェック」または「相互確認」というよ。ある情報を別の情報源でさらに評価し，間違いや嘘のある情報を排除する**情報の検証**を行うということだね。

クロスチェックとは，2つ以上の異なる方法や観点からチェックすることだよ。具体例で考えてみよう。

たとえば体調が悪くて病院に行ったとき，内科のお医者さんに相談して「あなたは病気です。今すぐ入院してください」と言われたとする。そのあと，別の病院に行って，外科のお医者さんに相談して，別の方法で精密な診察をしてもらったら「たしかに病気ですが，入院や手術までは不要ですね」と診断されたとする。このように，異なる立場や別の方法を取り入れて検証することがクロスチェックだよ。

⑤ クロスチェックとダブルチェックの違い

似た言葉に「ダブルチェック」という言葉があるよ！　これは同じ方法で2回チェックすることをいうんだ。

一方で**クロスチェック**とは，異なる立場や別の方法を取り入れてチェックすることだったね。

> 　1人の医師に，2回診断してもらう　➡　ダブルチェック
> 　2人の医師に，それぞれ別の方法で診断してもらう　➡　クロスチェック

　この2つをくらべると，後者のほうが結果の信頼度が高いんだよ！

　つまり，クロスチェックとは確認や検証の精度や信頼性を高める手法の1つで，2つ以上の異なる方法や観点，資料などによりチェックを行うことだね。1つの観点や方法によるチェックでは見落としてしまいがちなミスを，別の観点や方法により発見できることがあるから，大切な考え方なんだ！

　ちなみに，クロスチェックのクロスって「cross」って書いて，交差という意味だよ。これは，異なる立場から矢印を向けて，異なる角度から検査することで，2つの矢印がバッテン印を作るイメージをするといいよ。

❻　デジタルデバイド

　メディアリテラシーの有無は，格差を生じさせることもあるんだよ。日常生活で困ったときやわからないことがあったとき，Google（グーグル）検索のようなネット検索をすれば答えが見つかることは多いよね。でも，世の中にはご高齢（こうれい）の人やネットが苦手な人もいるよね。

　つまり，情報社会では，コンピュータや情報通信ネットワークを活用できる人とできない人との間で得られる情報の質・量や発言の機会に格差が生じるんだ。このような情報通信技術を利用して恩恵（おんけい）を受ける人と，利用できずに恩恵を受けられない人との間に生じる，知識・機会・貧富などの格差のことを「**デジタルデバイド**」というよ。

まとめ

❶ メディアを介して得られた情報を正しく読み解く能力のことをメディアリテラシーという。

❷ 自分の目で見た情報を一次情報，自分以外の人から聞いた情報を二次情報，情報元が誰かわからない情報を三次情報という。

❸ 2つ以上の異なる方法や観点を用いてチェックすることをクロスチェック，同じ方法で2回チェックすることをダブルチェックという。

❹ 情報通信技術を利用して恩恵を受ける人と，利用できずに恩恵を受けられない人との間に生じる，知識・機会・貧富などの格差のことをデジタルデバイドという。

イントロダクション ♪♫

　一度作られた情報は，忘れない限り，完全に消えることはないよね。特に，スマホや PC に記録された写真や文章のような情報は，削除しない限り残り続ける。私なんてさ，10年くらい前の Twitter の書き込みがまだ残ってて，「恥ずかし〜」とか思うもんね。このように，情報が消えずに残る性質を残存性といったね。そして，情報には容易にコピーできる複製性や，遠くまで瞬時に伝えることができる伝播性や，盗まれても気づきにくい「形がない」という特徴もあったよね。

　情報の性質を考えると，情報とは便利である一方で，悪用されると危険なものだということがわかるよね。現代の情報社会では，情報技術が進展しているからこそ，発生しうる犯罪やトラブルに対応しなければならないんだね。

　日本では，情報に対する法律や制度が整備されているんだ。たとえば，著作権法・個人情報保護法・不正アクセス禁止法など多くの法律が作られて問題に対応してきたんだよ。

　法律だけではなくて，個別の会社が取り決めている制度もあるよ。たとえば，ネットオークションにおける利用者の年齢制限は，法律で決まっていなくても，会社が制度的に取り組んでいる場合もあるんだ！

　このような，情報社会における法律や制度を理解することは大切だね。

　また，現代の科学技術の進展はすさまじい速度で進んでいるから，新しいトラブルがたくさん発生するんだ。情報に関する新しいトラブルや犯罪は，法律では取り締まることができない場合もあるんだ。だからこそ，法律を理解するだけではなくて，個人が，その場で考えて正しい行動をする必要もあるんだ。

このような，情報社会で適切な活動を行うための基準になる考え方と態度を「情報モラル」というよ！

ゼロから解説

① 法律と制度

インターネットに関するトラブルを防止するための日本の法律は，1990年代から整備され始めたんだ。さらに，都道府県が定めている条例も存在するよ。たとえば東京都の**青少年健全育成条例**<ruby>青少年健全育成条例<rt>せいしょうねんけんぜんいくせいじょうれい</rt></ruby>は，国ではなく東京都が定めている取り決めだよ。

具体的な法律とそれが公布された年度についてまとめておくね！

1999年
　不正アクセス禁止法
2000年
　ストーカー行為等の規制等に関する法律
2001年
　プロバイダ責任制限法
2003年
　出会い系サイト規制法，個人情報保護法
2013年
　いじめ防止対策推進法
2014年
　リベンジポルノ防止法
2015年
　個人情報保護法　改正
2016年
　著作権法　改正（著作権の保護期間が著作者の死後70年に）
2017年
　青少年インターネット環境整備法　改正

② 情報モラル

　私たちが，他者の権利や安全を守り侵害せず，他の人の感情を傷つけないで日常生活を送るためには，私たち自身がマナーを守って情報機器を使うことが大切だよね。

　個々人の意識によってトラブルが発生しないようになれば，新しい法律や制度を整備することも不要になるよね。生活している全員が思いやりをもって生活すれば，作る必要のない法律だってあるんだ。私たちには，情報や情報機器に関するマナーやルールをきちんと守り，インターネットに関わる犯罪や迷惑行為に巻き込まれない知識や知恵をもち，情報社会で適正な活動を行う考え方や行動規範（情報モラル）をもって生活することが求められているんだ。

　情報モラルの例として，「匿名の掲示板に，むやみに他人の悪口を書き込まない」という基本的なことが思い浮かぶね。大きなトラブルに発展してしまう可能性もあるし，何より人の気持ちを傷つけることだから，個々人が思いやりをもって，やらないようにすることが大切なんだ。

　また，小さい子どもがインターネットを使用するときに，不健全なサイトを見ることのないように，アダルトサイトや危険なサイトなど，特定の条件にあてはまるサイトへのアクセスを制限する「フィルタリング」という機能が活用されるよ。保護者がフィルタリングを設定することが多いよ。

③ 情報社会のマナー

　情報モラルを適切に守るために，インターネットを使用するときや，日常生活におけるマナーもしっかり学んでいこうね。

　たとえば，短い動画を投稿する SNS である TikTok では，中高生が有名テーマパークで動画を撮影して，その短い動画を投稿していることがあるけど，動画を撮影するときは，他のお客さんに迷惑にならないように撮影したほうがいいよね。そして，迷惑なお客さんを見かけたときも，怒りに任せて誹謗中傷の書き込みを Twitter に投稿するのは，よくないよね。

　他にも，意図的に流された嘘や間違った噂である「デマ」を信じて，そのデ

マを拡散することもよくないね。また，SNSなどのインターネット上で悪口や誹謗中傷を書き込んだりすることは「**ネットいじめ**」といわれ，された人はいい気持ちではないよね。

　このように，トラブルを予防する心がけが大切なんだね。細かいマナーについて，以下にまとめておくよ！

┌─ トラブルを予防するマナー ────────

□ 歩きスマホをしないこと。

□ 誹謗中傷やネットいじめを行わないこと。

□ 写真を撮影するときに，相手の許可を得ること。

□「すぐに返信して！」と，むやみに催促しないこと。

□ 写真撮影をするときに，周囲の人に迷惑をかけないこと。

□ 個人情報やプライバシーに関する情報をむやみに発信しないこと。

□ 他人に誤解を与えないように，丁寧に文章を作って発信すること。

□ 本屋内で写真を撮らないこと。

　これらは基本的な，情報社会におけるマナーだね。よく考えてからインターネットやSNSを利用したいね。

④　炎　上

　SNSなどのある投稿に対して，多くの人がいっせいに批判的な反応をすることを「**炎上**」というよ。現代では中学生や高校生もスマホをもっているから，軽い気持ちでSNSに悪ふざけを投稿して，炎上して学校名が特定されることもあるんだ。インターネット上の情報は消えないから，時間が経ってから炎上することもあるんだ。

ちょいムズ

　データを記録したメディアを捨てるときは，きちんとデータを消してから捨てたいよね。捨てたあとに盗まれたら大変だからね。

　ここで，データの完全消去について注意点を書くね。HDD や SD カード，USB メモリといった記録メディアに保存したデータを消去しても，完全には消去できていないこともあるんだ。画面上ではファイルが見られなくなっても，実際のデータは消去されておらず，「このデータは消去されました」という印がついているだけ，という場合もあるんだよ。完全に消去されていないということは，印を取り除くだけで消去したデータを復元することができてしまう可能性がある。だから，小型で大容量のデータを記録できる便利な記録メディアを廃棄するときは注意が必要なんだよ。

まとめ

❶ 現代の科学技術はすさまじい速度で発展し続けているから，情報に関する新しい犯罪やトラブルに対応しなければならない。

❷ 日本では著作権法，個人情報保護法，不正アクセス禁止法など多くの法律が作られている。

❸ 情報社会で適切な活動を行うための基準になる考え方と態度を情報モラルという。

❹ アダルトサイトや危険なサイトなど特定の条件にあてはまるサイトへのアクセスを制限する機能をフィルタリングという。

❺ 誹謗中傷やネットいじめを行わないことや，写真を撮影するときに相手の許可を得ることや，個人情報やプライバシーに配慮（はいりょ）することは，情報社会におけるマナーといえる。

❻ SNS などのある投稿に対して，多くの人がいっせいに批判的な反応をすることを炎上という。

この節の目標

☑ **Ⓐ** 知的財産権の保護の必要性について理解する

☑ **Ⓑ** 産業財産権やその必要性について理解する。

☑ **Ⓒ** 特許権と実用新案権の違いを理解する。

イントロダクション ♪♫

　絵を描くことが好きな人って多いよね。自分が描いた大切な絵や創作物が盗まれたら嫌だよね？　同じように，科学者が発明した技術を他の人が盗んで，まるで自分で発明したかのように発表したら，それはいけないことだよね。<u>芸術作品や発明品は，作った人に権利が所属する</u>。これは，当たり前のことだよね。けれど，発明したものや，ひらめいたアイデアは，形のないものであることも多いから，簡単に盗まれてしまうんだ。<u>盗まれやすいものだからこそ，守るための法律や決まりが必要になるんだよ。</u>

ゼロから解説

❶ 知的財産権

　私たちの身の回りには，誰かが作った発明品や芸術作品がたくさんあるよね。知的創造活動によって生み出された創造物やアイデアなどを「**知的財産**」または「**無体財産**」といって，それらの財産を保護するために「**知的財産権**」または「**無体財産権**」，「**知的所有権**」という権利が認められているんだ。

　つまり，知的財産権とは<u>人間の知的創造活動によって生み出された創作物やアイデアなどを保護するための権利</u>のことなんだね！

　発明品や芸術作品を作った人が，その作品に関する利益を得ることができ，他の人に無断で使用されることのないように，発明品や芸術作品を作った人を保護する権利が知的財産権なんだ！

❷ 知的財産権の保護

　情報社会の進展にともない，多くの情報がデジタル化され，情報を大量に複製・拡散することが容易にできるようになったんだ。情報の4つの性質があったね。形がないし，消えないし，複製しやすいし，伝播しやすいんだ。つまり，知的財産は，劣化（れっか）しないし，盗まれても気づきにくいし，大量にコピーすることが可能になってしまっているんだね。

　知的財産は簡単に模倣（もほう）（コピー）されてしまうし，マネされたらその金銭的価値を失ってしまうことも多い。だからこそ，知的財産を生み出した人の権利を守る必要がある。知的財産を保護することが，情報社会においては，よりいっそう大切になっているんだよ。

❸ 知的財産権の分類

　財産とは，お金とか土地などの価値あるものを意味するけれど，文学作品や新しい産業技術のような，人間の知的な活動によって生み出された創造物やアイデアも財産として認められていて，これを知的財産というんだ。

　知的財産権は，「産業財産権（さんぎょうざいさんけん）」と「著作権（ちょさくけん）」の2種類に分けられるんだ。細かく分けると「その他」という分類もある。次からは産業財産権について学んでいくけど，産業財産権は知的財産権の一種なんだなという感覚をもっておいてね！

知的財産権の種類

産業財産権 （発明などに関する）	著作権 （著作物などに関する）	その他
工業製品の発明，考案，デザイン，商標（しょうひょう）など 	小説，音楽，美術，映画，コンピュータプログラムなど	集積回路（しゅうせきかいろ），営業秘密，種苗（しゅびょう），ドメイン名など

　知的財産権には，次のようにたくさんの権利があるよ！

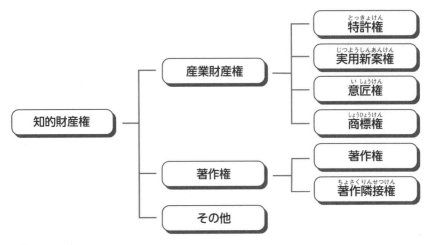

➍ 産業財産権

　新しい産業技術や新製品のデザインやそれらのアイデアなどに関する産業財産権は「**特許権**」,「**実用新案権**」,「**意匠権**」および「**商標権**」に分類されるよ。

　4つの権利を総称して産業財産権といって, 個人に対する権利の場合もあるけど, 特許 (p.41 の ❻ 参照) を申請するのは企業が多いから, おもに企業に対する権利だね。

　特許権などの産業財産権は, 特許庁に申請書類を送り, 審査が行われ, 登録されて初めて権利が発生するんだ。これを「**方式主義**」というよ！ 特許庁に申請して, 一定の決まり(方式)を守ってから発生する権利だから, 方式主義というんだね。

　これって面白くてさ, 特許権は, 特許庁に申請してから1年以上かかって許可される場合が多いんだけど, 実用新案権は, 申請してから数か月で許可される場合が多いんだ。だから, 1日でも早く産業財産権を適用したい場合は, 急いで実用新案権を申請する場合があるんだよ。これは細かい法律の話だけど, 発明したアイデアなどを守るために, どの権利を申請して, 何を保護するのか, しっかり考えて活動する必要があるんだね。

　あと, 特許権は20年, 実用新案権は10年, 意匠権は25年, 商標権は10年で失効するけど, 商標権だけは存続期間の更新が可能だよ。つまり, 申請してから10年後にもう1回申請すれば, 商標権をまたさらに10年得ることができるんだ。

⑤ 4つの産業財産権の具体例

それぞれの権利が，具体的に何を保護するものなのか，きちんと学んでいこうね！

特許権

特許権は発明者が発明を独占的に利用できる権利だよ。特許権で保護される発明は，自然法則を利用した技術的な新しい創作のうち，高度で産業上利用可能なものでなければならないんだ。

特許権を取得すると，自分の特許が保護されるんだ。第三者が無断でその特許をマネていれば，それを排除することができるよ。

実用新案権

ちょっとしたアイデアを保護する権利だと思ってほしい。たとえば，日用品やオモチャのような分野では，ちょっとした工夫を加えただけでヒット商品になるようなものがあるんだ。特許と違って，必ずしも技術的に高度ではない，小さな発明（ひらめき）を保護するために設けられているのが実用新案権なんだ。物のカタチ，構造，または組み合わせについての「考案（アイデア）」が保護の対象なんだ。

実用的なカタチや工夫についての，新しいアイデアに関する権利だから，「実用」「新案」「権」というんだね。

意匠権

意匠って何だと思う？ ズバリ，デザインのことだ！ 物品，建築物，画像，内装の「カタチ・模様や色」というデザインのことを意匠というんだ。意匠のうち，工業的に量産される物品のデザインに対して，意匠権は発生するよ。

さらに細かく説明すると，物品の部分を保護する「部分意匠」，1つのデザイン・コンセプトから創作された多数のバリエーションを保護する「関連意匠」も認められているよ！

商標権

商標とは，"ロゴ"のようなものだよ。たとえばさ，"Calbee"っていう文字が赤く書かれていたら，おいしいポテトチップスを販売している会社だなってわかるよね。リンゴのマークがスマホについていたら，iPhone を制作している Apple 社の製品なんだなってわかるよね！

このように，商標とは，商品の提供者が商品を他者と区別するために使用する標識のことをいうんだ。

ロゴには「いいイメージ」とか「信頼」が付属することがあるから，ロゴは商標権で保護されることがあるんだ。あくまで商標とは「事業者が使用する」マークで，「自己の商品・サービスと他人の商品・サービスを区別するために使用する」マークのことをいうんだね。

商標権は単なるマークに権利を与えているのではなく，必ず「使用する商品・サービス」とセットで登録されるんだ。iPhone とか MacBook とかを開発・販売している Apple 社のロゴはリンゴのマークだよね。リンゴの右上が欠けているロゴと，PC 関係の製品を開発・販売している会社の一連の関係性を表して，ロゴを独占的に使用する権利を認めているのが商標権なんだ。

産業財産権のおもな権利の例（スマホの場合）

液晶技術

特許権
もの，方法，製造方法の産業上高度な発明を独占的に利用できる権利。
保護期間：出願から 20 年。

ロゴマーク

商標権
商品やサービスに使うマークや文字などを独占的に使用できる権利。
保護期間：登録から 10 年・更新あり。

デザイン

意匠権
形状，模様，色彩などのもののデザインを独占的に利用できる権利。
保護期間：出願から 25 年。

ボタンの配置や構造

実用新案権
ものの構造，形にかかわる考案などの小発明を独占的に利用できる権利。
保護期間：出願から 10 年。

▲スマホには産業財産権がたくさんかかわっている。

産業財産権の種類と保護期間

名　称	内　　　容	保護期間
特許権	特許法により，産業上利用できる発明やアイデアのうち高度なものを保護。	出願から20年
実用新案権	実用新案法により，物品の形状や構造など，商品をよりよくするためのアイデアを保護。	出願から10年
意匠権	意匠法により，物品などのデザインを保護。	出願から25年
商標権	商標法により，商品名やロゴマークを保護。	登録から10年（更新可能）

⑥ 特許権と実用新案権の違い（対象・期間）

　少し細かいことなんだけど，特許権と実用新案権は似ているといわれることもあって，区別できるほうがいいから，違いをしっかり説明しておくね！

　特許と実用新案は，ともに新しい技術のアイデアや，独創的な発明に対して与えられる知的財産権なんだ。ただし，保護対象が異なるんだよ。

　「**特許**」は"自然法則を利用した，高度な技術的発明"を対象としているんだ。自然法則を利用しない，人為的な創作（金融・保険制度・課税方式の発案など）は，特許の対象とならないとされているよ。また，技術的な創作でなければならず，真理や原理の単なる発見（万有引力の法則のような物理法則の発見や，新たな宇宙物質の発見など）も保護の対象外となるんだ。

　一方で，「**実用新案**」は"自然法則を利用した技術的思想の創作であり，なおかつ物品の形状，構造または組み合わせにかかるもの"を対象としているんだ。物品の構造または形状に関するアイデアが保護対象であって，特許のような厳しい高度な技術が要求されない。技術的思想の創作のうち，必ずしも専門性が必要とはされていない点が特徴だね。

　さらに，存続期間の違いもあるんだ。

　特許は出願から**20年間**は権利が保護されるのに対して，実用新案は出願から**10年間**で保護期間が終了する。実用新案権のほうが短いんだね！

　ここまで知っていれば十分なんだけど，補足として，もう少し説明しておくね。

❼ 特許権と実用新案権の違い（手続き・権利行使）

　出願手続きも特許のほうが複雑で，出願とは別に審査請求手続きを必要とするし，厳密な審査の下で認められた特許のみ登録が許されるんだ。特許のほうが厳しいんだね。実用新案は，多くの場合，出願するだけで権利化が認められ，原則的に審査がないんだ。だから，急いでいるときは実用新案権の申請をすることもあるよ。特許は権利化まで通常1年以上かかるのに対して，実用新案は数か月で権利が付与されることが多いから，実用新案権のほうが手軽な印象だね。

　特許のほうがやや手続きが煩雑でハードルが高いような印象だけど，いったん権利が認められると，実用新案よりスムーズにその権利の利用が可能なんだ。

　特許権の行使は，特許庁に申請しなくても，いつでも可能。特許を侵害されていると思ったら，すぐに特許権を行使できるんだ。

　一方で，実用新案権だと，実用新案技術評価という手続きをして，さらに内容を査定してもらい，専門機関に認められなければ実用新案権を行使できないんだ。実用新案は登録されたからといって，必ずしもその権利が利用できるとは限らないんだね。

まとめ

❶ 人間の知的創造活動によって生み出された創作物やアイデアなどを保護するための権利を，知的財産権という。

❷ 多くの情報がデジタル化される現代において，知的財産はコピーされやすく，盗まれやすいものだからこそ，知的財産の保護が必要となる。

❸ 知的財産権は，産業財産権と著作権という2種類に分けられる。

❹ 産業財産権は特許権，実用新案権，意匠権，商標権に分類される。

❺ 産業財産権は特許庁に申請書類を送り，審査が行われ，登録されて初めて権利が発生する。これを方式主義という。

知的財産権②

この節の目標

☐ **A** 著作権とは何か理解する。

☐ **B** 無方式主義について理解する。

☐ **C** 引用について理解する。

イントロダクション ♪♫

　自分が描いたオリジナルの絵や，自分が書いたオリジナルの文章が，他の誰かに勝手に使われていたら嫌だよね。だから，<u>オリジナルの作品を作った人の利益や気持ちを守るための権利</u>が，作品を作った瞬間に発生するといいよね。小説や音楽，美術，映画，コンピュータプログラムなどの<u>著作物を創作した人がもつ権利</u>を「**著作権**」といって，著作物を作った人を「**著作者**」というんだ。

　著作権って，産業財産権とは違って，作った瞬間に権利が発生するんだよ。産業財産権はどうだったっけ？　産業財産権は，特許庁に申請して，申請が許可されて権利が発生するんだったよね。このような権利の発生の方法を**方式主義**といったよね。一方で，<u>著作権のように申請しなくても権利が発生する</u>決まりを「**無方式主義**」というよ。<u>申請が許可されて初めて権利が発生する方式主義</u>と区別されるから，注意しておいてね！

　この節では著作権について，しっかり学んでいこうね！

ゼロから解説

① 著作権の対象

　著作権って，じつはたくさんのものが対象になるんだ。次の例を見てみよう！

＊くわしくは，*p.50からの* ◦ *ちょいムズ* ◦ を読んでみてね。

日本において著作権は著作者の**死後70年**まで保護されるんだ。2018年に
著作権法が改正されて，以前は著作者の死後50年だったものが著作者の死後
70年に改正されたから，注意しておいてね。古い教科書だと著作権は死後50
年と記載されていることがあるけれど，これから先の入試では死後70年が正
解として統一されるからね。

また，映画などは公開した次の年から数えて70年まで保護されるから注意
してね。

著作権が保護されている期間中に著作物を無断で使用すると罰則の対象にな
るんだけど，著作者から許諾を取れば著作権を侵害することなく使用すること
ができるよ！

また，著作物は「引用」することによって使用してもいいというルールも
あるから，それもしっかり学習していこうね！

② 著作権の制限・引用

著作権は，著作者の同意なしに著作物を使用してはならないというのが基本
的なルールだよ。

だから，著作権って強力な権利なんだ。著作者が許可しない限り，著作物は
使用してはならない。けれど，一定の決まりを守れば，著作者の許諾を得るこ
となく，著作物を使用することができる例外規定もあるんだ。これを「**著作
権の制限**」といって，大切な内容だから，しっかり理解してほしい！

おもな例は「**引用**」だ。本に書いてある文章や論文などを，「●●から引用
しました」と記載すれば他の出版物に書いてもいい場合がある。これは条件が
厳しいんだけど，現代においてはよく見かけられる事例で，教科書にも条件が
記載されているから，しっかり説明するね！

引用の適用条件

著作者の許諾を得ずに引用するためには，次の条件を満たす必要があるんだ。

1. **すでに公表された著作物であること。発表前の著作物は引用してはならない。**

   これは当たり前だね。

2. **公正な慣行（引用する必要性や必然性）にもとづいていること。**

   どうしても必要な場合だけ，引用してもいいことになっている。引用する必要がないのに引用して記載していたら，著作権を侵害していると判断されるよ。

3. **引用の範囲が正当な範囲内（自分の主張が「主」で，引用部分は「従」）であること。**

   引用するときは，オリジナルの文章をたくさん記載しないといけない。たとえば，引用の部分が90％でオリジナルの文章が10％という作品を作ったら，それはほとんど引用している文章で作品を作っているようなものになるよね？ それだと，著作権を侵害していると言われてしまう。だから，あくまでもオリジナルの文章がメインで，引用の部分は補足程度に留めておく必要があるんだ。これは今まで裁判になったこともあって，引用が大部分を占める作品に関しては損害賠償を命じる判決が出たこともあるから，注意しておいてね。

4. **引用する著作物の出所を明示すること。**

   引用するときは，「●●という本から引用」などと明示する必要があるよ。

著作物の引用について，具体的な例を下に図示しておくね！ すでに公開された著作物を，主従関係を守りながら，必要な部分だけ使用して，出所を明示しているよね。これなら大丈夫だね！

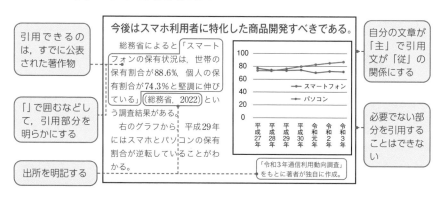

❸ 著作権の制限の他の例

　他にも，著作者の許諾を得ることなく使用していい例外（著作権の制限）は
いくつかあるから，それについても記しておくね！

　自分だけのために教科書をコピーしたり，学校の中だけで先生が使用したり，
利益を得ることを目的としないで使用する場合は，著作者の許可を取らなくて
も著作物を使用していい場合があるんだ。

┌─ 著作権の制限 ──────────────────────
│ ❶ 私的使用のための複製
│ ❷ 引用
│ ❸ 教育機関における複製
│ ❹ 非営利目的の演奏など
└────────────────────────────

❹ 著作権侵害

　著作権を守らず侵害してしまうことを「**著作権侵害**」といって，違法行為
とされてしまうんだ。著作権侵害は身近にも見られて，気をつけなければならな
い。具体的な例として，次の2つを書いておくね！

┌─ 身近な著作権侵害の例 ──────────────────
│ テレビで放送された映画を **DVD** に録画して配布する行為。
│ （複製権，頒布権に違反している）
│ 違法アップロードされたファイルをダウンロードする行為。
│ （公衆送信権に違反している）
└────────────────────────────

　ちなみに，他人の著作物を自分の著作物のように利用することを「**剽窃**」
または「**盗用**」というよ。

知的財産権の分類図

　知的財産権は大きく2つに分けると，産業財産権と著作権に分けられるよね。産業財産権は，さらに4つに分類されたね。そして著作権は，じつはさらにたくさんの分類があるから，次のページに表でまとめておくね！

　著作権は，著作者人格権（**7**参照）と著作権（財産権）の2つに分かれて，さらにそれぞれが細かい要素に分かれているんだ。

著作隣接権

　著作者ではなく，著作物を伝達する伝達者がもつ権利を「**著作隣接権**」というよ。具体的には，テレビ局やラジオ局，実演家などがもつ権利だよ。

　たとえば，歌手Aさんが，オリジナルの曲を作成したとする。このとき，曲に対する著作者はAさんだし，著作権はAさんに所属するよね。でも，このオリジナルの曲を，テレビ局が放送することがあるよね？　このとき，テレビ局が放送したテレビ番組を，受信した誰かが勝手に録画して，勝手に複製して，勝手に別の誰かに有料で販売していたら，テレビ局だって損害を受けていることになるよね。この場合のように，著作者ではなくて，著作者に隣接するような関係の「伝達者」のための権利のことを，**著作隣接権**というんだよ。著作者に隣接しているから，著作隣接権なんだね。

　同様に，たとえば，作曲は歌手Aさんだとしても，テレビで演奏するのは歌手Bさんだったりするよね？　このとき，歌手Aさんは著作権で守られるし，歌手Bさんは著作隣接権で守られるということになるんだよ！

知的財産権の種類

知的財産権	産業財産権	特許権		高度な技術的アイデアによる発明に対する権利。
		実用新案権		ものの形や構造の工夫(考案)に対する権利。
		意匠権		工業製品などデザインに対する権利。
		商標権		企業や製品のマークなどに対する権利。
	著作権	著作権 (著作者の権利)	著作者 人格権	公表権	著作物をいつ公表するかなどを決められる権利。
				氏名表示権	著作物にどのような氏名を表示するかを決められる権利。
				同一性保持権	著作物の内容を無断で改変されない権利。
			著作権 (財産権)	複製権	著作物の複製をする権利。
				上演権 ・演奏権	著作物を上演したり,演奏したりする権利。
				上映権	著作物を上映する権利。
				公衆送信権	テレビやインターネットなどで公衆送信する権利。
				口述権	著作物を演説や朗読など口頭で述べる権利。
				展示権	美術品や写真などを展示する権利。
				頒布権	映画の著作物の複製を公衆に提供する権利。
				譲渡権 ・頒布権	著作物を販売・貸与する権利。
				翻訳権 ・翻案権	著作物を翻訳・翻案し二次的著作物を作成する権利。
		著作隣接権 (伝達者の権利)		著作物を普及させる役割を果たす伝達者に与えられる権利。
	その他			知的財産に関するその他の権利。 例 半導体集積回路,種苗,ドメイン名など

❼ 著作者人格権

著作者の社会的評価や感情を守るために認められている権利として「**著作**（ちょさく）**者人格権**（しゃじんかくけん）」を知っておこう。具体的にどういう権利だと思う？

たとえば君が「正義のヒーロー」のキャラクターを作ったとするね。その正義のヒーローのキャラクターが「暴力に賛成します！」と発言しているように見える広告に使用されたとしたら，君はどう思う？　「自分の作ったキャラクターはこんなこと言わない！」とか「自分の作った作品を傷つけられている！」と思って気分が悪くなるかもしれないよね。こういった，著作者の感情に配慮した権利なんだよ。

著作者が死亡すれば著作者人格権は消滅するよ。とはいえ，著作者の死後においても，原則として著作者人格権の侵害となるべき行為をしてはならないとされているんだ。

❽ クリエイティブ・コモンズ

著作権って，強力な権利だよね。でも，著作者の許可を得ないと使用できないと決められているから，じつは著作者も大変なんだよ。たとえば，君が作品を作って，その作品が有名になって，いろんな人から「使用していいですか？」という連絡が届いたとするよね。その連絡が，1日に10回も20回も届いたとしたら，どれを許可して，どれを許可しないのか，その判断すら面倒くさくて大変になると思わない？

作品を作る人っていろんな人がいて，中には「改変せず使うならいつでも自由に使っていいですよ。私の許可は取らなくてもいいですよ」って思っている著作者がいるんだ。

そんなとき，どのような基準を満たしていれば自由に作品を使ってもいいか記すマークが作品に貼りつけられていたら，著作者も利用者も便利になるよね。そこで，著作物の適正な再利用の促進を目的とした活動があるんだ。それを「**クリエイティブ・コモンズ（Creative Commons/CC）**」といって，著作者がみずからの著作物の再利用を許可するという意思表示を手軽に行えるよう

にするための国際的プロジェクトおよびその運営主体である国際的非営利団体の名称だよ。ざっくり説明すると，著作者が「この条件を守れば私の作品を自由に使ってかまいません」という意思を表示するためのツールなんだ。次に示す4つの条件を組み合わせて，著作物の利用レベルが指定できて，利用者にとってわかりやすい仕組みになっているんだよ！

表示（BY）
(Attribution)
作品のクレジットを表示すること。

非営利（NC）
(Non Commercial)
営利目的で使用しないこと。

改変禁止（ND）
(No Derivative Works)
もとの作品を改変しないこと。

継承（SA）
(Share Alike)
もとの作品と同じ組み合わせのCCライセンスで公開すること。

クリエイティブ・コモンズの例を紹介しておくね！

右の図であれば，「作品のクレジットを表示し，かつ非営利目的であることを条件とし改変・再配布が可能」という意思を表すことになるよ。

✦ちょいムズ✦

著作権の対象となるものって具体的に何だろう？　多くのものが著作権の対象となっているから，代表例を書いておくね。意外なものはあるかな？

言語の著作物

　論文，小説，脚本，詩歌，俳句，講演など

音楽の著作物

　楽曲および楽曲をともなう歌詞

舞踊，無言劇の著作物

　日本舞踊，バレエ，ダンスなどの舞踊やパントマイムの振りつけ

美術の著作物

　絵画，版画，彫刻，漫画，書，舞台装置など（美術工芸品も含む）

建築の著作物

　芸術的な建造物（設計図は図形の著作物）

地図，図形の著作物

　地図と学術的な図面，図表，模型など

映画の著作物

　劇場用映画，テレビドラマ，ネット配信動画，ビデオソフト，
　ゲームソフト，コマーシャルフィルムなど

プログラムの著作物

　コンピュータプログラム

補足 「コンピュータプログラム」には著作権が発生するけど，「プログラミング言語」（第**3**章で学習するよ）自体には著作権は発生しないよ。日本語で書かれた小説には著作権が発生するけど，日本語自体には著作権が発生しないよね？　まぎらわしいけど，よく出題されるから注意しておこう。

まとめ

❶ 著作物を創作した人が持つ権利を著作権といって，申請しなくても権利が発生する無方式主義である。

❷ 日本において著作権は著作者の死後**70年**まで保護される。

❸ 著作者が許可しない限り著作物は使用してはならないが，一定の決まりを守れば著作者の許諾を得ることなく著作物を使用することができるという決まりを著作権の制限という。代表例として引用があり，以下の重要なルールがある。

    1. すでに公表された著作物であること。

    2. 公正な慣行（引用する必要性や必然性）にもとづいていること。

    3. 引用の範囲が正当な範囲内（自分の主張が「主」で，引用部分は「従」）であること。

    4. 引用する著作物の出所を明示すること。

❹ 著作者ではなく著作物を伝達する伝達者がもつ権利を著作隣接権という。

❺ 著作者の社会的評価や感情を守るために認められている権利として著作者人格権がある。

❻ 著作物の適正な再利用の促進を目的とした活動をクリエイティブ・コモンズといって，著作者がみずからの著作物の再利用を許可するという意思表示を手軽に行えるようにするための国際的プロジェクトおよびその運営主体である国際的非営利団体の名称である。

この節の目標

- ☑ Ⓐ 個人情報とは何か理解する。
- ☑ Ⓑ 個人情報保護法について理解する。
- ☑ Ⓒ 個人情報を守る理由について理解する。

イントロダクション ♪♫

　個人情報っていう言葉は聞いたことがあるよね。でも，「個人情報って何？」と聞かれて，正しく答えられる人は少ないかもしれない。たとえば，住所や氏名や電話番号は個人情報の代表例だよね。むやみに他の人に教えちゃいけない大切な情報だね。じゃあ，性別や血液型はどうだろう？　また，好きな食べ物はどうだろう？　どこまでが個人情報なのかな。

　じつは，生存する個人に関する情報を「**個人情報**」というんだよ。もっとくわしく話すと，住所，氏名，性別，生年月日，電話番号，勤務先，年齢，パスポート番号など，単独または組み合わせることによって個人を特定できる情報を**個人情報**というんだ。法律には次のように書かれているよ。

この法律において「個人情報」とは、生存する個人に関する情報であって、次の各号のいずれかに該当するものをいう。

一　当該情報に含まれる氏名、生年月日その他の記述等(中略)により特定の個人を識別することができるもの(他の情報と容易に照合することができ、それにより特定の個人を識別することができることとなるものを含む。)

二　個人識別符号が含まれるもの

個人情報保護法第二条(定義)

補足　住所，氏名，性別，生年月日をまとめて「**基本四情報**」というよ。

「**個人識別符号**」とは，具体的にはマイナンバーや運転免許証の番号のことをいうよ！　数字の列だけでも個人を特定できたり，取得した都道府県や年度を知れたりしてしまうから，扱いには注意が必要なんだ。

~~~~~~

ゼロから解説

~~~~~~

① 個人情報の適正な管理

　個人情報の取り扱いは，*p.*53 に一部を掲載した「**個人情報保護法**」（正式名称は「**個人情報の保護に関する法律**」）によって定められていて，事業者が個人情報を流出させた場合は罰則が科せられることがあるんだ。個人情報は個人を特定できてしまう情報で，場合によっては差別や偏見につながったり，トラブルを引き起こしてしまったりする可能性があるから，取り扱いには十分に注意する必要があるんだね。たとえば，外国人とのハーフであるとか，特定の宗教を信じているかという情報が公開されたとして，一部の人からの偏見や差別の対象になったとしたら，よくないよね。個人情報とは，ただ知られたくないから守るというだけではなくて，偏見や差別や犯罪といったトラブルを防止するためにも守る必要があるんだよ。

　また，この法律によって，おもに以下のことが事業者に義務づけられているよ。

> ・個人情報を取得する際には，あらかじめ収集の目的を明らかにし，その目的以外に利用しない。
> ・個人データがもれたり，なくなったりしないよう管理する。
> ・犯罪捜査協力など特別な場合を除き，本人の同意がないのに第三者に個人情報を提供してはいけない。

② 個人情報の保護と管理

企業との契約や Web サービスの利用などで個人情報を扱う際，<u>各企業や Web サービスが個人情報をどのように扱うかを「プライバシーポリシー（個人情報保護方針）」に示すことが多い</u>よ。

個人情報に関する制度である「**プライバシーマーク制度**」は，<u>事業者が個人情報の取り扱いを適切に行う体制などを整備していることを評価し，その証として右のような「**プライバシーマーク**」の使用を認める制度</u>なんだ。

12345678(09)

③ プライバシーや肖像に関する権利

プライバシーや肖像に関する権利として，次のようなものがあるよ。

プライバシーや肖像に関する権利の例

プライバシー権	肖像権（しょうぞうけん）	パブリシティ権
私生活上のことを勝手に公開されたりしない。	自分の顔や姿を勝手に，他人が撮影したり，利用したりしない。 私の写真を勝手にブログに載せないで	芸能人や作家などの顔や姿を保護する。 文化祭 うちのタレントの写真を勝手に使われたら困るよ

なお，<u>プライバシー権，肖像権，パブリシティ権を規定する法律はないけれど，判例（裁判において裁判所が示す法律的判断）によって認められている</u>よ。

肖像権

プライバシー権　　パブリシティ権

▲肖像権の中にプライバシー権とパブリシティ権がある。

ᄂ 写真に含まれる位置情報

スマホやデジタルカメラには，GPS による位置情報を記録して写真などに付加する機能があるよ。その位置情報を「**ジオタグ**」というんだ。ジオタグから自宅や学校が特定されることがあるから，扱いには注意が必要なんだ。また，仮にジオタグが含まれていない写真でも，写真に写り込んだ風景や建物などから場所が特定されてしまうこともあるよ。

ここで，GPS や GIS という言葉について補足しておくね。

⑤ GPS と GIS

地球を周回している 4 個以上の人工衛星から発信された電波を受信して分析することで，地球上のどの位置に自分がいるのかを特定し，位置情報を得る仕組みを「**GPS（Global Positioning System：全地球測位システム）**」というよ。

そして地理的位置を手がかりに，位置に関する情報をもったデータ（空間データ）を総合的に管理・加工し，視覚的に表示し，高度な分析や迅速な判断を可能にする技術を「**GIS（Geographic Information System：地理情報システム）**」というんだ。平成 7 年（1995 年）に起きた阪神・淡路大震災をきっかけに，政府は GIS に関する本格的な活動を始めたんだ。

つまり，GPS は衛星を用いて自分がどこにいるかを特定する技術で，GIS は地図のデータを細かく記録していくような技術のことをいうんだね。

これら GPS や GIS の技術を応用することで，地図を表示して現在位置を確認したり経路案内を行ったりする仕組みである「**ナビゲーションシステム**」が開発できて，とてつもない量の情報を集めて活用しているんだ。

ま と め

❶ 単独または組み合わせることによって個人を特定できる情報を個人情報という。

❷ マイナンバーや運転免許証の番号のような，数字の列だけでも個人を特定できたり，取得した都道府県や年度を知れたりしてしまう情報を個人識別符号という。

❸ 個人情報の取り扱いは個人情報保護法によって定められている。

❹ 各企業や Web サービスが個人情報をどのように扱うかをプライバシーポリシー（個人情報保護方針）で示している。

❺ 事業者が個人情報の取り扱いを適切に行う体制などを整備していることを評価し，その証としてプライバシーマーク（右図）の使用を認める制度（プライバシーマーク制度）がある。

❻ プライバシーや肖像に関する権利として，プライバシー権や肖像権やパブリシティ権がある。

❼ 写真などに付加された GPS による位置情報をジオタグといい，扱いには注意が必要。

この節の目標

☑ **Ⓐ** セキュリティの意味を理解する。

☑ **Ⓑ** 情報セキュリティの3要素を理解する。

☑ **Ⓒ** 冗長化について理解する。

イントロダクション ♪♫

セキュリティって，何だと思う？　守りたいものを他者から守ることを「**セキュリティ**」というんだ。

自分がもっている住所や氏名や電話番号のような情報って，知らない人にはむやみに教えないほうがいいよね。「**情報セキュリティ**」とは，このような大切な情報を守るための考え方なんだ。情報セキュリティは3つの要素(機密性・完全性・可用性)で成立するといわれていて，すべて大切だから，しっかり説明していくね！

他人には知られたくない情報をやり取りしたり，安全にスマホや PC のような情報機器を使ったりするために，どのような技術があるのか，学んでいこうね！

ゼロから解説

① 情報セキュリティ

情報セキュリティとは，情報の**機密性・完全性・可用性**が保たれている状態のことをいうんだ。わかりやすいように，具体的な例を挙げて説明するね！ネットショッピングを想像してみてほしい。サイトにアクセスして名前や住所を登録して商品の購入手続きをするよね。ネットショップは顧客の情報にもと

づいて商品の手配をするよね。次回購入する際に便利なように，顧客の情報を保存しておくこともあるよね。

機密性

　ここで，自分がどこでどんな商品を購入したかという記録は，あまり知られたくないよね。いつ何を買ったか，むやみに他人に知られることは，よくないよね。また，ネットショップを運営している人なら誰でも購買情報を見られるというのも不安だよね。ネットショップ内でも一部の限定された人しか情報にアクセスできないようになっていてほしい。限られた人しか情報にアクセスできないことを「**機密性**」というよ。

完全性

　次に，機密性があったとしても，購入した品物の値段が勝手に書き換えられて，想像していた値段よりも高い値段を請求されたり，届け先を書き換えられて商品が届かなかったりすることが起きたら，それも困るよね。つまり，情報は勝手に違う情報に書き換えられると困るんだ。無断で情報を書き換える行為を「**情報の改竄**」というよ。情報が改竄されたり消えたりしないことを「**完全性**」というよ。

可用性

　最後に，ネットショップを使うなら，いつでも自分が使いやすい状態であってほしいよね。自分のアカウントには，いつでもアクセスしたいし，自分の好きなときに買い物ができたり，購入履歴を見られたりすることが理想的だよね。これは当たり前のことのように思うけどさ，ネットショップのサイトに，いつでもアクセスできるって，すごいことなんだよ。サイトを表示するシステムは常に正常に動作していてほしいし，万一システムが破損しても，データが別の場所にも保存されていてすぐにもと通りにできることが理想的だよね。このように同じものを別の場所に保存したとき，その同じものを「**バックアップ**」と呼ぶことがあるよ。そして，必要なときに情報にいつでもアクセスできるようになっていることを「**可用性**」というんだ。

情報セキュリティの3要素　CIA

　この3つの性質を「**情報セキュリティの3要素**」といって，どの教科書にも載っているとても大切なことだから，必ず覚えておこうね！

　情報セキュリティの3要素は，英語も覚えておいてほしい。英語の頭文字をとって，情報セキュリティの3要素は「**CIA**」と呼ばれることがあるんだ。

情報セキュリティの3要素

機密性 （confidentiality）	完全性 （integrity）	可用性 （availability）
認められた人しか情報にアクセスできないこと。	情報が改竄されたり消えたりしないこと。	必要なときに情報にアクセスできるようになっていること。

機密性：
✕
成績データ
生徒　先生
アクセス権なし　アクセス権あり

完全性：
95　100
成績データは実際のデータと同じだし，改竄されていない

可用性：
故障　バックアップデータ
成績データ　成績データのコピー
バックアップをとっているから大丈夫

---

②　冗長化

　情報セキュリティにおいて，「**冗長化（じょうちょうか）**」という言葉も大切になるんだ。冗長とは，同じことを何度も繰り返すという意味で，「話が冗長だ」といった使われ方があるよ。

　じつは「冗長である」ことは，可用性を考える上で大切なんだ。たとえば，サイトを運営しているとして，自分のサイトが悪い人から攻撃されて，表示できなくなってしまったとする。このとき，同じサイトをもう1つ用意しておけば，攻撃されて1つのサイトが使えなくなっても，別のサイトを表示することで，問題なく普通にサイトを表示することができるよね。

このように同じものを，もう1つ用意しておくということは，情報セキュリティの観点，特に<u>可用性の維持</u>の観点から大切な場合があるんだ！

このように，<u>同じものをもう1つ用意しておく（バックアップをとっておく）</u>ことを冗長化というよ。

冗長化という言葉は，もっと単純に「余裕をもたせておくこと」という意味で使われる場合もあるよ。たとえば，1つのシステムを維持するために，PCが1台必要だったとするね？　でも，<u>念のため，PCを3台用意しておいて，1つのPCが壊れてしまったときに，別のPCでシステムを維持するようにすると</u>安心だよね。これも，冗長化の代表的な例だ。わざと，余裕をもたせたり，同じものを用意したりしておく。これも立派な情報セキュリティの例なんだね！

③ アクセス制御

SNSの投稿をする際に「親しい友達だけに公開」や「非公開」という具合に，公開する範囲を指定できることがあるんだ。このように<u>特定の人物だけがデータを扱えるように制御すること</u>を「**アクセス制御**」というよ。

④ ファイアウォール

ネットには危険がたくさんあるけど，君のスマホやPCは，どうやって外部から内部に入ってくるマルウェア（**第14**節で学習するよ）のような危険を防いでいるのかな？

ネットワークの出入り口に設置し，内部のネットワークと外部のネットワークの境界でアクセス制御を行う仕組みとして「**ファイアウォール**」があるよ。外部から内部に入ってくる悪いデータを遮断して，逆に内部から外部に発信する情報は遮断しない，という便利な機能があるんだ。

まとめ

① 守りたいものを他者から守ることをセキュリティという。

② 情報を守るための考え方を情報セキュリティといい，

    1. 限られた人しか情報にアクセスできない**機密性**

    2. 情報が改竄されたり消えたりしない**完全性**

    3. 必要なときに情報にアクセスできる**可用性**

という3要素で成立する。情報セキュリティの3要素は英語の頭文字をとって **CIA** と呼ばれることもある。

③ 同じものをもう1つ用意しておく（バックアップをとっておく）ことを**冗長化**という。

第12節 生体認証, 二要素認証と二段階認証

この節の目標

- ☑ **Ⓐ** 生体認証について理解する。
- ☑ **Ⓑ** 二要素認証について理解する。
- ☑ **Ⓒ** 二段階認証について理解する。

イントロダクション ♪♫

　情報セキュリティを十分に確保するには，どうすればいいかな？　機密性・完全性・可用性の3つを確保するためにどうすればいいか，考えていこうね！　"自分しかアクセスできないようにする" ためには，たとえば自分の指紋とか，目の虹彩とか，身体的な特徴を使って認証できるようにすることが有効だよね。これを「**生体認証**」または「**バイオメトリクス認証**」というんだ。

　アクセスするべきでない人が不正にアクセスすることを「**不正アクセス**」というよ。不正アクセスを防止するための科学技術の1つとして，生体認証のような認証技術があるんだね。

　コンピュータやネットワークにアクセスするべき人だけアクセスできるようにして，情報を悪い人に改竄されない技術にもなっているから，機密性や完全性を確保する技術といえるね！

　この節では，現代の認証技術がどのように機密性・完全性・可用性に関わっているか，学んでいこう！

ゼロから解説

1 所有物認証・生体認証・知識認証

銀行の ATM カード（キャッシュカード）や，運転免許証やマイナンバーカ

ードのような，その人しかもっていないものを利用した認証を「**所有物認証**」，指紋や目の虹彩や静脈の形などの生体情報を利用した認証を「**生体認証**」，その人だけが知っている知識を利用した認証を「**知識認証**」というよ！ 知識認証は，パスワードはもちろん，「好きな食べ物は？」「小学校の頃の恩師の名前は？」のような，本人にしかわからない秘密の質問も該当するよ。

個人認証の例

所有物認証	生体認証 （バイオメトリクス認証）	知識認証
IC カード，鍵，携帯端末 など	指紋，虹彩，静脈など	ロック解除の パターンは… パスワード，秘密の質問， パターンなど

② 二要素認証・多要素認証

　もし，指紋を盗まれたり，パスワードを盗まれたりすると，セキュリティは簡単に突破されてしまうこともある。そこで，生体認証と知識認証を組み合わせて，二重の認証を必要とするようにすれば，より厳重なロックをかけることができるよね。このような，複数の認証を組み合わせたものを「**多要素認証**」というよ。特に2種類の組み合わせを「**二要素認証**」というよ。

　ATM での，暗証番号とキャッシュカードを用いた認証は，「❶暗証番号という知識認証」と「❷カードによる所有物認証」とを組み合わせた二要素認証だね。加えて，指紋という生体認証を組み合わせた三要素認証も存在するよ。

❶暗証番号　　　❷キャッシュカード

❸ 二要素認証と二段階認証の違い

オンラインのネット銀行というものが現代にはあって，ネット上に銀行があるんだ。そういったネット銀行では，パスワードによる認証が成功したあとに，登録したスマホに認証コードが送られて，そのコードを入力して初めてログインできるシステムがあるんだ。つまり，同時に二要素を認証するのではなくて，時間差で，1つの認証が成功したら次に別のもう1つの認証を要求されて，その認証も成功した場合のみアクセスが許可されるという認証方法があるんだね。これは二要素認証とは区別されて，「二段階認証」といわれるよ！

ま と め

❶ 情報セキュリティを十分に確保するための方法として，身体的な特徴を使って認証できる生体認証や，スマホのロック画面で入力するパスワードのような知識認証や，その人しかもっていないものを利用した所有物認証が挙げられる。これらのうち，2種類の認証を組み合わせたものを二要素認証という。

❷ 同時に二要素を認証するのではなく，時間差で，1つの認証が成功したら次に別のもう1つの認証を要求し，その認証も成功した場合のみアクセスが許可されるという認証方法を二段階認証という。

第13節 サイバー犯罪

この節の目標

☑ Ⓐ サイバー犯罪について理解する。

☑ Ⓑ 不正アクセスについて理解する。

☑ Ⓒ ソーシャルエンジニアリングについて理解する。

イントロダクション ♪🎵

　情報社会において個々人が情報モラルを持って生活する必要があり，トラブルや犯罪を取り締まる法律が整備されてきていることを学んできたよね。コンピュータネットワーク上で行われる犯罪をまとめて「**サイバー犯罪**」というよ。コンピュータや情報通信ネットワークの発展とともにそれらを悪用したサイバー犯罪も登場して，さまざまな被害をもたらしているんだ。

　たとえばインターネット上での詐欺（さぎ）やなりすましは有名だよ。「あなたのID は停止されています」といった，つい返事をしてしまうようなメッセージが届いて，誘導されて見たサイトが本物そっくりの偽サイトで，情報を騙（だま）し取られることがあるんだ。このような詐欺を「**フィッシング詐欺**」というよ。

　現代ではサイバー犯罪の内容も高度化していて，サイバー犯罪の手口を理解していく姿勢も求められているんだ。しっかり学んでいこうね！

ゼロから解説

① 不正アクセス

　サイバー犯罪の代表的な例の1つに，「**不正アクセス**」が挙げられるよ。ネットワークを利用して，本来はアクセス権限をもたない人が故意にコンピュータにアクセスする行為を**不正アクセス**というんだ。不正アクセスの手口として，次のようなものが挙げられるよ！

＞ 不正アクセスの手口

❶ ソーシャルエンジニアリング（次ページ❷参照）などで不正に入手した他人のIDやパスワードでシステムにログインする。

❷ システムやソフトウェアの脆弱性を狙う。

❸ マルウェア（第14節で学習するよ）に感染させる。

❹ フィッシングサイトでIDやパスワードを盗む。

不正アクセスによって，コンピュータが乗っ取られると，データの改竄・盗難，個人情報や機密情報の漏洩・流出，乗っ取られたコンピュータを踏み台として他のコンピュータに不正アクセスが行われる可能性がある。このことから，不正アクセス行為とその助長行為を規制するために，「**不正アクセス禁止法**」（正式名称は「**不正アクセス行為の禁止等に関する法律**」）があって，違反者には罰則が科されることになっているんだ。法律でしっかり禁止されているんだね！

ちなみに，スキマーとよばれる機械を使って他人のクレジットカードやキャッシュカードなどの磁気情報を不正に読み取り，同じ情報をもつカードを複製する犯罪を「**スキミング**」というよ。

サイバー犯罪の例

不正アクセス 禁止法違反	他人のIDやパスワードを不正に利用してコンピュータや情報システムに侵入すること。	他人のID・パスワードでログイン	セキュリティホールを突いた攻撃
コンピュータ・ 電磁的記録 対象犯罪など	ネットワークにつながっている端末を不正に操作したり，保存してあるデータを改竄したりする犯罪。		無断で書き換え
ネットワーク 利用犯罪	ネットワークを利用して行う犯罪を指す。フィッシング詐欺，ワンクリック詐欺，映画や音楽などの不正コピーの配布や販売などがある。	不正コピーして配布	http://×××・・・ 人気アイドルユニット 最新曲 無料ダウンロード

❷ ソーシャルエンジニアリング

　科学技術の発達により情報セキュリティの3要素を向上させられるんだ。でも，いくら科学技術が発達しても，物理的にパスワードを「のぞき見」されたり，「ゴミあさり」によって個人情報を盗まれたりといった被害は避けられないんだよ。

　このように，人間の心理的な隙（すき）や不注意につけ込み，情報通信技術を使わずにパスワードなどの重要な情報を盗み出すことを「**ソーシャルエンジニアリング**」というんだ。

```
┌─ ソーシャルエンジニアリングの例 ─────────────┐
```

ショルダーハッキング	トラッシング（ゴミあさり）

パスワードは
●◆▲★だな…

他人がパスワードや暗証番号を入力しているところを盗み見ること。	廃棄された書類や記憶媒体などをあさること。

　他にも，なりすまし，ピギーバック（鍵のかかった建物に，関係者や業者，同伴者などを装って侵入すること）などがあるよ！

❸ 組織としての取り組み

　企業や組織が情報セキュリティを保つために定めた基本方針を「**情報セキュリティポリシー**」といい，組織全体のセキュリティを高めるために重要なんだ。

　どのようなネット犯罪を想定して，どのように対策をするのか，会社ごとに決まりを作って，世間に公開しているんだね。

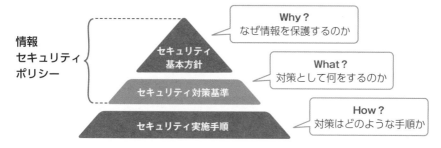

情報セキュリティポリシーの概念図

4 個人としての取り組み

情報セキュリティの確保には，個人での取り組みも必要だといわれることがあるよ。たとえば，推測されにくい複雑なパスワードを設定する，ソフトウェアは常に最新のものにする，ソーシャルエンジニアリング対策をするなど，個人でできる対策はたくさんあるんだ。

まとめ

❶ ネットワークを利用して，本来はアクセス権限をもたない人が故意にコンピュータにアクセスする行為を不正アクセスといい，不正アクセス禁止法により規制されている。

❷ 人間の心理的な隙や不注意につけ込み，情報通信技術を使わずにパスワードなどの重要な情報を盗み出すことをソーシャルエンジニアリングという。例として，他人がパスワードや暗証番号を入力しているところを盗み見るショルダーハッキングや，廃棄された書類や記憶媒体などをあさるトラッシングが挙げられる。

❸ 企業や組織が情報セキュリティを保つために定めた基本方針を情報セキュリティポリシーという。

第14節 マルウェアとネット詐欺

この節の目標

- ☑ Ⓐ マルウェアとは何か理解する。
- ☑ Ⓑ マルウェアの種類を理解する。
- ☑ Ⓒ ネット詐欺について理解する。

イントロダクション ♪♫

　科学技術の発達にともなって情報セキュリティが強化される一方で，悪い人がセキュリティを攻撃したり，安全性を脅かしたりする事例もあるんだ。

　情報の流出や消失などの問題は，さまざまな原因で起こるよ。代表的な例を見てみよう！

　まず，不正にコンピュータに侵入して，データを盗み出したり，破壊したり改竄したりする行為を「**クラッキング**」といって，それをする人を「**クラッカー**」というよ。

　次に，特定のサーバーに大量にアクセスして，サーバーを大混雑させて，正当な接続を妨害するサイバー攻撃を「**DoS 攻撃**」または「**DDoS 攻撃**」というんだ。

　他にも，使用者が気づかないうちに個人情報などを収集して，第三者に送信するソフトウェアを「**スパイウェア**」というんだ。何の兆候もないこともあって，情報が流出していることにすら気づかないことも多いよ。

　ここでは，情報セキュリティを脅かす事例について学習していこう！

ゼロから解説

❶ 不正なソフトウェア

コンピュータに何らかの被害を及ぼすように，悪意をもって作られたプログ

ラムを総称して「**マルウェア**」というよ！　マルとは「悪い」という意味なんだ。ウェアとは「ソフトウェア」のことで，目には見えないけれど，コンピュータを動かすはたらきをするデータのことだと思っておいてほしい。目に見えないものなので，悪いことをされていることに気づかないことも多くて，だからこそ気をつけなければならない。

　さっきのスパイウェアは，マルウェアの一種だよ！　スパイウェアの中でも，キーボードからの入力を監視して記録するソフトウェアを悪用した「**キーロガー**」が有名だよ。画面や入力情報や検索履歴のような記録を盗むキーロガーと呼ばれるスパイウェアの影響で，パスワードを知らず知らずのうちに盗まれていることもあるんだよ。

　スパイウェア以外の具体例についても，下にまとめておくね！

マルウェアの例

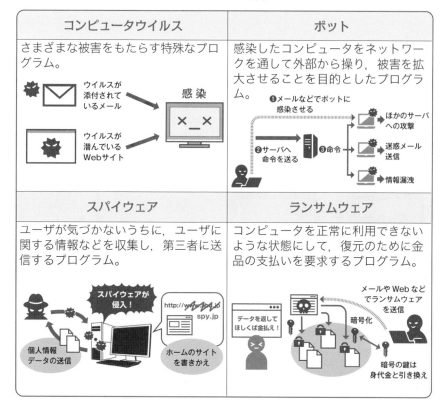

コンピュータウイルス	ボット
さまざまな被害をもたらす特殊なプログラム。	感染したコンピュータをネットワークを通して外部から操り，被害を拡大させることを目的としたプログラム。
スパイウェア	ランサムウェア
ユーザが気づかないうちに，ユーザに関する情報などを収集し，第三者に送信するプログラム。	コンピュータを正常に利用できないような状態にして，復元のために金品の支払いを要求するプログラム。

② インターネットで見られる詐欺の手口

サイバー犯罪には，技術的な対策だけでは防げないものも多いんだ。代表例として，入会していないサイトの入会金や料金を請求する詐欺である「架空請求」が存在するよ。架空請求の具体例として，サイトやメールのリンクをクリックした途端に，契約していないにもかかわらず料金を請求される「ワンクリック詐欺」が挙げられるよ。

悪い人が不正に誰かの預金を引き出したり，個人情報を売り買いしたりするために，金融機関や公的機関を装って不正に情報を入手する詐欺行為を「フィッシング詐欺」というよ。本物そっくりの文章や画像を作って，本物の金融機関や公的機関を装って個人情報を聞き出してくるから，「洗練された（sophisticated）＋釣り（fishing）」という意味で「phishing」という造語が作られたといわれているよ。

インターネットで見られる詐欺

ワンクリック詐欺	フィッシング詐欺
Webページや電子メールのURLをクリックしただけで，契約が成立したかのような画面が表示され，料金を請求（架空請求）する詐欺行為。	金融機関や公的機関を装った偽のWebサイトを用意して，暗証番号や個人情報などを盗む犯罪。

ちなみに，ウェブサイトに入力されたユーザ ID やパスワードなどの情報を保存して，また同じウェブサイトを利用したときに "以前に入力された情報" を読み出す仕組みを「**クッキー**」というよ。「クッキーを有効にしますか？」という確認画面が出たら，信用できるサイトにだけ許可をしようね。

　また，コンピュータの OS やソフトウェアにおいて，プログラムの不具合や設計上のミスが原因となって発生した情報セキュリティ上の欠陥のことを「**セキュリティホール**」というよ。

❸　情報社会を支えるさまざまな法律

　情報社会の急速な発展により，情報通信ネットワークを利用した悪質な犯罪が増えているよ。そのため，これらに対応するための法律が制定されているんだ。

情報社会を支えるさまざまな法律の例

でんししょめいほう **電子署名法**	一定の条件を満たす電子署名が手書き署名や押印と同等に通用することを定め，電子政府や電子商取引など社会経済活動のさらなる円滑化を図るために制定された。
でんししょうひしゃ **電子消費者** けいやくほう **契約法**	インターネット上での商取引で増えている操作ミスによるトラブルを救済するとともに，契約成立の時期についても規定している。
よきんしゃ **預金者** ほごほう **保護法**	金融機関に対して，カードによる被害などで，本人の過失がなかった場合に適用され，預金を保護するように定めている。
とくていでんし **特定電子** ほう **メール法**	利用者の同意を得ずに広告や宣伝または勧誘などを目的とした電子メールを送信する際の規定を定めた法律。
せいしょうねん **青少年イン** **ターネット** かんきょうせいびほう **環境整備法**	インターネット上の有害情報から青少年を守るための法律。国および地方公共団体，関係事業者などに対し，有害情報から青少年を守る装置などを義務づけている。

まとめ

① 不正にコンピュータに侵入して，データを盗み出したり，破壊したり改竄したりする行為を**クラッキング**といって，それをする人を**クラッカー**という。

② 特定のサーバーに大量にアクセスして，サーバーを大混雑させ，正当な接続を妨害するサイバー攻撃を **DoS 攻撃**または **DDoS 攻撃**という。

③ 使用者が気づかないうちに個人情報などを収集して，第三者に送信するソフトウェアを**スパイウェア**といい，例としてキーボードからの入力を監視して記録するソフトウェアを悪用した**キーロガー**がある。

④ コンピュータに何らかの被害を及ぼすように悪意をもって作られたプログラムを**マルウェア**という。

⑤ 技術的な対策だけでは防げないサイバー犯罪として架空請求が存在し，具体例としてリンクをクリックした途端に料金を請求する**ワンクリック詐欺**がある。

⑥ 金融機関などを装って不正に情報を入手する詐欺を**フィッシング詐欺**という。

情報技術の発展と生活の変化

この節の目標

☐ Ⓐ 電子マネーや IC チップについて知る。

☐ Ⓑ VDT 障害やテクノストレスやネット依存について理解する。

☐ Ⓒ 情報技術の発展による光と影の側面を理解する。

イントロダクション ♪♫

科学技術の発達により便利になった一方で，多くの人々がスマホを毎日操作するようになって，肩こりや視力の低下などの「**VDT 障害**」（**VDT** は **Visual Display Terminal** の略）を引き起こすことがあるんだ。

このように，科学技術の発達により成り立っている現代の情報社会には，便利になった "光" の側面と，便利になったがゆえの "影" の側面があるんだ。

ここでは，情報社会における光と影について学んでいこう！

ゼロから解説

❶ 電子マネー・電子商取引・IC チップ

貨幣価値をデジタルデータで表現したものを「**電子マネー**」というよ。インターネット上のオークションや通信販売での決済手段として現金の代わりに使われることがあるし，日常生活ではコンビニやスーパーの買い物に使用することもできるよ。電子マネーには，薄くて小型の「**IC チップ**」と呼ばれるチップに金銭情報を記録しているタイプがあって，持ち運びしやすいんだ。さらに，電子マネーにはインターネット上で金銭情報を管理するタイプもあるから，スマホ1つでお財布の代わりになって，持ち運びがとても楽なんだ。

現在のイギリスやアメリカでは電子マネーでの決済が多くて，現金（キャッ

シュ）の直接の受け渡しが日常生活で少なくなっている「**キャッシュレス社会**」がやってきているんだ。

ICチップは，接触しなくても電波によって“値札の金額”や“商品の在庫の数”のようなデータを読み取る技術である「**RFID（Radio Frequency Identification）**」や，物品の生産，流通の履歴を双方向に追跡（トレース）することができる仕組みである「**トレーサビリティシステム**」などに幅広く応用されているよ。

Amazonや楽天のようなインターネットを利用して商品を購入する「**電子商取引**」は，広い範囲でのビジネスを可能にしているよね。電子商取引は，企業間の取り引き（**B to B**），企業と個人との取り引き（**B to C**），個人間の取り引き（**C to C**）などに分けられて，社会を支えているんだ（Bは「business」で企業を，Cは「consumer」で消費者を表しているよ）。

ちなみに，ネットオークションやメルカリのように，売買の当事者以外の第三者が決済を仲介して，代金を一時的に預かってから出品者（売り手）と落札者（買い手）との間の代金支払いや商品受け渡しを仲介するサービスを「**エスクローサービス**」と呼ぶことがあるよ。

② 人工知能（AI）

人間は，試行錯誤しながら言語を習得したり，知的な活動ができるようになったりするよね。こういった人間の知的活動をコンピュータで実現する技術を「**人工知能**」と呼んでいるんだ。「**AI（Artificial Intelligence）**」ともいうよ。

たとえば，昔は英語を日本語に翻訳するには人間が翻訳するしかなかったけど，現代はコンピュータに英語や日本語を学習させて，大量の文章の自動翻訳を高速で行わせているんだ。他にも，人の声を聞き分けたり文字に変えたりする音声認識や，人の顔を識別する顔認識なども，すでに実用化されているよ。

AIは，ただ人間のマネをするだけではないんだ。ロボットって，災害時の土砂崩れの現場のような人間にとって危険な場所で動くことができたり，人間よりも高速に計算を処理したりできるよね。だから，人間の生活をより豊かに

する役割を期待されて，研究が進められているんだ。

　コンピュータに多くのデータを読み込ませて規則性を見つけ出す技術を「機械学習（きかいがくしゅう）」というよ。人間の神経細胞（しんけいさいぼう）の仕組みを再現したニューラルネットワークを用いた機械学習の手法の１つである「深層学習（しんそうがくしゅう）（ディープラーニング）」が有名だよ。

 IoT

　スマホやタブレットって小さいのに，ネットにつないで検索や通話をすることができるよね。コンピュータの性能は飛躍的に上昇し，小型化されて低価格になったことで，多くの製品の内部に組み込まれているんだ。たとえば自動車やエアコン，冷蔵庫といった製品の中に小さなコンピュータを組み込んでいるよ。

　小さなコンピュータどうしがネットでつながると，遠く離れていても冷蔵庫の中身がわかったり，家の中のエアコンを外部から操作できたりといった遠隔（えんかく）操作（そうさ）が可能になるんだ。便利な社会だよね。

　生活のいたるところにコンピュータが存在して，ユーザがコンピュータの使用を意識することなく，いつでもどこでも情報にアクセスできる環境のことを「ユビキタスコンピューティング」というよ。

　今までネットにつながっていなかったモノがネットでつながれることを表す「IoT（Internet of Things）（インターネット　オブ　シングス）」という言葉もあるね。

　以上のことは，科学技術の発達の光の側面といえるね。

 テクノストレス・ネット依存

　続いて，科学技術の発達の影の側面について説明していくよ。スマホやPCの使いすぎから，ストレスを感じたり，孤独感を感じたりすることもあるんだ。また，情報機器の操作にのめり込み，部屋に閉じこもって対人関係を嫌い，実生活にも支障をきたすこともあるんだ。このような状況を作るストレスを「テクノストレス」というよ。

また，ネットゲームやSNSに熱中しすぎると**「ネット依存」**になることもあるんだ。スマホで遊べるゲームによっては，1日1回ログインするとゲーム内で利用できるアイテムがもらえる，いわゆる「ログインボーナス」というルールがあることも珍しくないよね。そのルールが気になって，「夜の24時になって日付が変わった！　じゃあゲームにログインしなきゃ！」というように，生活がゲームから影響を受けるようになってしまう人も珍しくないんだ。

　かくいう私もTwitterをしょっちゅう見ているよ。今日は30回くらい開いたかもしれない。今はもうスマホゲームはやらないけど，高校生の頃は"音ゲー"と呼ばれるスマホゲームが仲間内で流行って，30分に1回くらいやってたよ。熱中しやすい作りになっているんだよね。

　便利な世の中になっているけれど，自分の心身や生活の優先順位をしっかり守って，豊かな人生を送っていきたいよね。

　あと，人間よりもコンピュータのほうが賢くなってしまったら不安じゃない？　「人間の仕事が，人工知能やロボットに奪われてしまうのではないか」と不安を感じる人もいるんだ。AIが登場しても，あくまでも主体は人間であり，人間の尊厳が尊重される社会になるような使い方をすべきであるとして，**「人間中心のAI社会原則」**が議論されているよ。

まとめ

❶ 貨幣価値をデジタルデータで表現した電子マネーや，人間の活動をコンピュータで実現する人工知能（**AI**）といった技術は利便性を与えている。

❷ 科学技術の発達は，肩こりや視力の低下などの**VDT障害**，スマホやPCといった情報機器を用いた作業による**テクノストレス**，ネットゲームやSNSに熱中しすぎる**ネット依存**などの悪影響も与えている。

この節の目標

- ☑ Ⓐ　問題とは何か理解する。
- ☑ Ⓑ　問題解決の手順を知る。
- ☑ Ⓒ　PDCA サイクルについて理解する。

イントロダクション ♪♫

　みんな，テストでいい点数は取りたいかな？　「数学のテストで90点を取りたい(理想)けど，現実は50点しか取れない……」とか「すべての科目で平均点以上を取りたい(理想)けど，数学だけは平均点を下回ってしまった(現実)」というように，理想と現実の差が発生している人も多いんじゃないかな？

　このような，理想と現実の差のことを「**問題**」というんだ。「こうなりたいなぁ〜」「これを解決したいなぁ〜」といった「理想の状態や期待」と「現実」とのギャップを解消して，現実を理想に近づけることが「**問題解決**」なんだ。

　この節では問題解決について学んでいこう。

ゼロから解説

1　問題解決の手順

問題解決の手順
- 問題の明確化
- ➡ 問題の整理と情報の分析
- ➡ 解決策の立案
- ➡ 実行
- ➡ 評価（反省）

▲理想と現実のズレを "問題" という。

step1 問題の明確化

　たとえば，2 年 F 組の文化祭の出し物（模擬店企画）は「ハムスターを見られる喫茶店」を開店するとしよう。私はハムスターが好きだから，ハムスターを見られる喫茶店を作ってみたいんだ。ついでに，利益も出したいよね？　そうしたら，「メニュー」「販売価格」「販売個数」とかを考えていく必要があるよね。利益を出すためには，どうすればいいかな？

　このとき，「利益を出したい！」という「理想」はあるけど，理想的な状態を具体化することが大切だよね。「利益を出したい！」だと，人によって考える目標が異なるから，具体的な数値で目標を立てることが大事なんだ。

　具体的に，「1 日で 1 万円の利益を出したい！」とか，「5 時間の営業で 2 万円の利益を出したい！」というように，具体的な数値で目標を立てることによって，次の「どうすれば目標を達成できるかな？」というステップに進むことができるよ。

step2 問題の整理と情報の分析

　それでは，「1 日で 1 万円の利益を出したい！」という目標（理想）を定めたとして，次に，喫茶店で出すコーヒーや紅茶，スイーツを，1 食あたりいくらで売ったらいいかな？

　もし，昨年度の資料があれば「1 食あたり 500 円で売ると，1 日あたり 100 食しか売れなかった」というデータが見つかるかもしれないよね。ということは，もう少し安くしたり，おいしくしたり，広告を工夫したりすれば，もう少し売れるんじゃないかな？　という仮説を立てることもできるよね。このように，問題を明確にして，問題を解決するために必要な情報を分析する，という段階も，大切なんだ！

　具体的な数値がわかれば，仕入れ値や利益率を見ながら，最適な売値を決められるかもしれないよね。

step3 解決策の立案

　今回の「ハムスターを見られる喫茶店」では，「ランチセットを 1 食 400 円で売ったら昨年より多く売れるのでは？」と考え，さらに，「内装や外装もキ

レイにしたら，売上を増やすことができるんじゃないか？」と予想したよ。

step4 実行

　実際に，**step3** で立てた解決策をミスのないように実行する！

step5 評価（反省）

　文化祭当日に台風が来て，お客さんが少なくて，1日50食しか売れなかったです。くやしい。来年度こそ，目標を達成できるようにがんばりたいし，来年度は，たとえ台風が来たとしても売上を伸ばせるようにがんばります！

② PDCA サイクル

　問題解決の手法の1つに「**PDCA サイクル**」があるんだ。これは，**Plan**（計画），**Do**（実行），**Check**（評価），**Act**（改善）の頭文字を取っており，この順に繰り返すことによって，問題解決の質を継続的に高めていく手法だよ！

　PDCA サイクルの手法を用いて，数学の定期テストで80点以上取るための流れを考えると，次のようになるよ。

Plan：「1日5問の問題を解く」という計画を立てる。
Do：計画通りにテスト勉強をし，定期テストを受ける。
Check：定期テストの結果や勉強の仕方をふり返る。
Act：反省すべき点などを書き出し，次の計画へとつなげる。

「計画して終わり！」「テストを受けて終わり！」ではなくて，反省して次につなげることが大切だね！

❸ 発想法

　PDCA サイクルの Plan のアイデアを生み出すための発想法を紹介するね。複数人で、あるテーマに関連して思いついたことを、ルールを守りながら活発に発言してアイデアを出していく発想法を「**ブレーンストーミング**」というよ。

ブレーンストーミングの4つの原則

❶ **批判厳禁**：どんなアイデアに対しても否定や批判をしてはいけない。
❷ **自由奔放**：自由奔放で、奇抜なアイデアを歓迎する。
❸ **質より量**：さまざまな角度から、できる限り多くのアイデアを出す。
❹ **便乗歓迎**：人のアイデアに便乗したり、複数のアイデアを結合させたり発展させたりする。

　また、ブレーンストーミングで得られた情報をカードに書き、同じ系統のカードをグループ化して、系統ごとに分類されたデータを整理、分析し、図解などを用いてまとめる方法を「**KJ 法**」というよ。

KJ 法の流れ

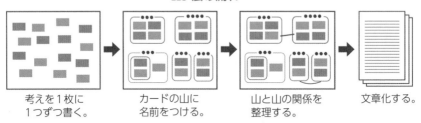

考えを1枚に　　カードの山に　　山と山の関係を　　文章化する。
1つずつ書く。　名前をつける。　整理する。

　さらに、中心となるテーマを紙の中央に描き、枝を伸ばしていくようにイメージを膨らませることで発想を広げつつ整理していく方法を「**マインドマップ®**」というよ。

補足 ブレーンストーミングを学校の授業やイベントで実施することになったら，君はどう思う？

　私は，「面倒くさいなあ」とか「恥ずかしいなあ」って思うときもあるんだ。だってブレーンストーミングって，みんなの前で自分の意見を発言しないといけないんだもんね。

　そこで，発言をともなうブレーンストーミングに対して，発言をともなわない思考法も存在するんだよ。それは，用紙にアイデアを書き出していく「**ブレーンライティング**」という思考方法だよ。メンバーそれぞれが用紙を1枚ずつ持って，思いついたことを紙に記入する。書いたら用紙を隣に回し，受け取った人は書かれたアイデアを参考に思いついたことを記入する。これを繰り返すことで，ブレーンストーミングと同様に，多くのアイデアを生み出していく方法だよ。これなら，人前での発言が苦手な人でも参加しやすいよね。

　ちなみに，ブレーンストーミングという言葉はビジネスの世界でもよく使われていて，「ブレスト」と略されることがあるよ。

4　思考整理法

　ブレーンストーミングやブレーンライティングなどで意見を出し合ったら，次にそれらを整理するんだ。問題を解決するためには，問題を分解して，解決すべき要因を整理する必要があるね。

　まずは，ものごとを整理する考え方として，もれなく・ダブりなくという意味の「**MECE**」という言葉を紹介するね。たとえば，"社会に暮らす人々" を考えるとき，次のような分け方をするとどうかな？

> お兄さん　男の子　お年寄り

　この分け方だと，「お兄さんと男の子がダブる」とか「18歳はどちらに分類すればいいか迷ってもれる」といった新たな問題が発生するから，無駄の多い整理法といえるんだ。"もれなく・ダブりなく" 分類するには，

> **18歳未満は A グループ。18歳以上は B グループ。**

といった形で，明確に線引きをしたほうがいいよね。これが MECE だよ。

　他にも，「5W1H」（When，Where，Who，What，Why，How）のうち Why を除いた5つ（いつ，どこで，誰が，何を，どのように）を考える「**4W1H**」を利用しながら問題を分解する考え方もあるよ。

　その他の有名な思考整理法について，以下にまとめておくね。

❶ ロジックツリー
情報を分解し，大分類から中分類，小分類へと重複なく階層構造に情報を分類する方法。

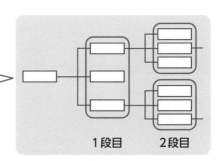

❷ コンセプトマップ
コンセプトとアイデアとの関連を視覚的に示したもの。

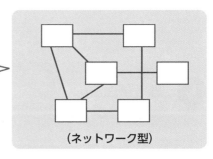

❸ 座標軸
問題を構成する要素から特に重視する項目を2つ選び，それぞれを縦横の軸とする座標に，比較したいことを配置する方法。

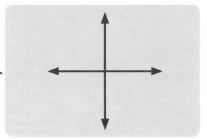

❶ 理想と現実の差を問題という。

❷ 「理想の状態や期待」と「現実」とのギャップを解消して，現実を理想に近づけることを問題解決という。

❸ Plan(計画)，Do(実行)，Check(評価)，Act(改善)の順に繰り返すことによって，問題解決の質を継続的に高めていくことをPDCAサイクルという。

❹ 複数人で，あるテーマに関連して思いついたことを活発に発言してアイデアを出していく発想法をブレーンストーミングという。これで得られた情報をカードに書き，同じ系統のカードをグループ化して，系統ごとに分類されたデータを整理，分析し，図解などを用いてまとめる方法をKJ法という。

❺ 中心となるテーマを紙の中央に描き，枝を伸ばしていくようにイメージを膨らませることで発想を広げつつ整理していく方法をマインドマップ® という。

❻ 思考整理法として，もれなく・ダブりなく整理するMECEという考え方がある。

第1章

第2章

第3章

第4章

練習問題

問題1.

情報の特性について説明した次の①～④のうち，誤っているものを1つ選びなさい。

① 情報は消えない。

② 情報は容易に伝播する。

③ 情報には形がない。

④ 情報はアナログ化されて簡単に複製できる。

解答：④

解説：情報の特性には，「形がない」，「消えない（残存性）」，「簡単に複製できる（複製性）」，「容易に伝播できる（伝播性）」の4つがあるよ。それぞれ確認しておこう。
④：アナログデータは簡単には複製できないので誤り。

問題2.

次の①～④のうち，誤っているものを1つ選びなさい。

① 狼煙は遠くの人に情報を伝えるメディアになる場合がある。

② テレビはマスメディアである場合がある。

③ 蓄音機はメディアにはならない。

④ 雑誌はメディアになる場合がある。

解答：③

解説：メディアとは情報の発信者と受信者をつなぐものだよ。蓄音機も，正しく使えばメディアになるよ。雑誌はマスメディアで，メディアの一種だね。

問題3.

次の(ア)〜(ウ)の説明として，最も適切なものを①〜③から選びなさい。

(ア) 表現メディア (イ) 伝達メディア (ウ) 記録メディア

① 文字や動画など，情報の表現手段として使われる。

② 手帳や DVD など，情報の記録や蓄積に使われる。

③ 書籍やテレビなど，情報の伝達や通信の仲介役として使われる。

解答：(ア) ① (イ) ③ (ウ) ②

解説：単にメディアというと，次の3種類のうちのいずれかを指すよ。

(ア) 表現メディア：情報を表現する手段として使われるメディア。

(イ) 伝達メディア：情報を物理的に伝達するために使われるメディア。

(ウ) 記録メディア：情報の記録や蓄積のために使われるメディア。

問題4.

インターネット上の情報の信憑性を確かめる方法として，最も適当なものを次の①〜④のうちから1つ選びなさい。

① 検索エンジンの検索結果で，上位に表示されているかどうかで判断する。

② Q&A サイトの回答は，多くの人に支持されているベストアンサーに選ばれているかどうかで判断する。

③ SNS に投稿された情報は，共有や「いいね」の数が多いかどうかで判断する。

④ 特定の Web サイトだけでなく，書籍や複数の Web サイトなどを確認し，比較・検証してから判断する。

(大学入学共通テスト，情報Ⅰ試作問題)

解答：④

解説：①，②，③：不適当。上位に表示されたり，支持されたり，いいね数が多かったりするものが必ずしも"正しい"情報とは限らないよ。

④：正解。異なる観点からチェックすることをクロスチェックという。

┌─ 問題5. ─────────────────────────────────
　次の①～③の中から，著作権法に関する記述として適切なものを1
つ選びなさい。
① 　アルゴリズムやプログラム言語は，著作権法によって保護される。
② 　アルゴリズムを記述した文書は著作権法で保護されるが，プログラ
　ムは保護されない。
③ 　プログラムは著作権法によって保護される。
└──────────────────────────────────────

解答：③

解説：①：正しくない。アルゴリズムやプログラム言語は著作権法で保護さ
　　　れないよ。
　　　②：正しくない。アルゴリズムは保護対象外だけど，それを記述した
　　　文書およびプログラムは著作権法で保護されるよ。
　　　③：正しい。プログラムは著作権法における保護対象だよ。

┌─ 問題6. ─────────────────────────────────
　次の文は，学習成果発表会に向けて，3人の生徒が発表で用いる図に
ついて説明したものである。内容を表現する図として最も適当なもの
を，あとの解答群のうちから1つ選べ。

生徒A：クラスの生徒全員の通学手段について調査し，「クラス全員」を「電
　　　車を利用する」「バスを利用する」「自転車を利用する」で分類しま
　　　す。　　ア

生徒B：よりよい動画コンテンツを制作する過程について，多くの人の意
　　　見を何度も聞き，「Plan」「Do」「Check」「Action」といった流れで
　　　表現します。　　イ

生徒C：家電量販店で販売されているパソコンを価格と重量に着目して，「5
　　　万円以上・1kg以上」「5万円以上・1kg未満」「5万円未満・1kg
　　　以上」「5万円未満・1kg未満」という区分に分類し表現します。
　　　　ウ
└──────────────────────────────────────

解答群

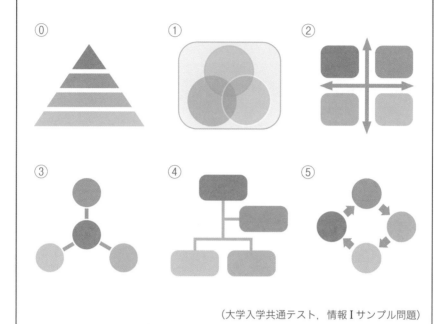

⓪ ① ② ③ ④ ⑤

（大学入学共通テスト，情報Ⅰサンプル問題）

解答：ア ① イ ⑤ ウ ②

解説：生徒A：① ベン図
生徒B：⑤ PDCAサイクル
生徒C：② 座標軸

この節の目標

☑ Ⓐ 10進法とは何か，2進法とは何かを理解しよう。

☑ Ⓑ 10進法から2進法への変換の仕組みを理解しよう。

イントロダクション ♪♫

ここからは第**2**章だよ！　コンピュータの世界について学習するよ。

私たち人間は「身長が176cmです」とか「体重が56kgです」というように，数や個数を0から9までの10通りの数字を使って表現しているよね。

このように，10種類の数字を使って数を表す方法のことを「**10進法**」というんだ。人間って，昔から10進法を使っていることが多いんだよね。不思議だと思わない？　人類が10進法を身近に感じる理由として「両手の指の本数が合計10本だから」という説があるんだ。人間は両手の指を使ってモノを数えていたから，自然と10種類までの数字は区別することができたのかもしれないね。

その一方で，コンピュータはどうだと思う？　これが面白いんだよ。コンピュータに10本の指はないよね。じゃあ何があるかって，"電圧"なんだ。電圧がかかっているときは"ON"，かかっていないときは"OFF"と区別できるんだ。

もっと正確にいうと，電圧が一定以上に高ければON，電圧が一定未満まで低ければOFF，という基準を作って，0と1を区別しているよ。このONとOFFの境界線になる電圧の値のことを「**しきい値**」というんだ。

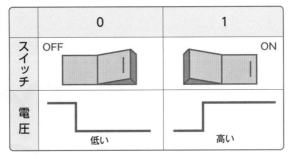

▲電圧の高低により0と1を区別する。

コンピュータの内部では，「0」と「1」の2種類の数字しか区別できないことが多いんだ。このような2種類の数字を使って数を表す方法のことを「**2進法**」というよ。

　では，2進法についてくわしく解説していくよ。

ゼロから解説

❶　コンピュータの世界

　コンピュータは人間と違って，10進法ではなく2進法のほうが都合がいいんだ。コンピュータでは，電圧が一定以上に高ければ ON＝「1」，電圧が一定未満まで低ければ OFF＝「0」としている。

　もし人間と同じように10進法を使おうとしたら，どうなるかな？　0と1の間に8段階の強弱をつける必要がある。電圧を10段階に分ければ，10種類の数字を区別できるかもしれないよね。でも，電気の流し方で10段階も強弱の差をつけるのは難しくて，数字を間違って判別する可能性もある。一方で，2進法の0と1だけだと，電圧が高いか低いかの2択しかないので間違いにくいんだ。ざっくり話すと，コンピュータは0と1の2択の世界で動いているんだね。

　では，コンピュータは0と1だけの数字で，どのようにデータを扱っているのかな？

　具体的な例を考えてみよう。「色」を区別するとき，「白っぽい色なら0」「黒っぽい色なら1」と対応させてみると，どうなるかな？　たとえばここに，「真っ白」の紙と，「真っ黒」の紙の2種類の紙があったとしよう。この2種類を区別するだけなら，真っ白（＝0），真っ黒（＝1）と対応させればいいよね。つまり，0か1を1回選択するだけなら，2種類の区別ができるわけだね。

　では，この0と1のケタを増やしたらどうなるかな？　たとえば，0と1をそれぞれ2回まで使ってよいこととして，2ケタの数字で何種類の区別ができ

るか考えてみよう。

　ここに次のような，「真っ白」の紙と，「真っ黒」の紙と，「白っぽい灰色①」
の紙と，「黒っぽい灰色②」の紙の4種類の紙があったとしよう。

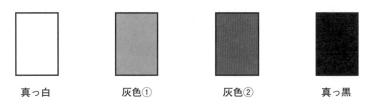

この4種類を区別するなら，
　　真っ白＝00，灰色①＝01，灰色②＝10，真っ黒＝11
というように対応させればいいよね！　つまり，0と1が2ケタの場合は，4種
類（＝2^2）の区別ができるわけだね。

　では，さらに0と1のケタを増やしたらどうなるかな？　0と1を使って3
ケタの数字で何種類の区別ができるか考えてみよう！

　ここに次のような，「真っ白」の紙から「真っ黒」の紙まで，「**グラデーシ
ョン**」（**第28**節で学習するよ）がありつつ「灰色」の紙が，合計で8枚あったと
しよう。

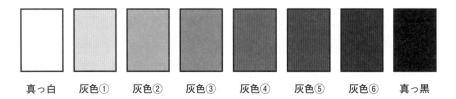

この8種類を区別するなら，
　　　真っ白＝000，灰色①＝001，灰色②＝010，灰色③＝011，
　　　灰色④＝100，灰色⑤＝101，灰色⑥＝110，真っ黒＝111
というように対応させればいいよね！　つまり，0と1が3ケタの場合は，8
種類（＝2^3）の区別ができるんだ。

第
1
章

第
2
章

第
3
章

第
4
章

② バイナリ（2択）の世界

　このような0と1の2択を「**バイナリ**」というよ。

　0と1の2択は単純なように見えるけど，ケタを増やすことによって，区別できる種類をどんどん増やすことができるんだね！　さらに，ケタを増やしていって，0か1を8ケタ分だけ並べると，2^8通り（＝256通り）の表現が可能になるよね。つまり，0か1を8ケタ分だけ並べるだけで，256通りの色の区別が可能になるんだ。

　前ページのような灰色のグラデーションの区別が200種類を超えると，人間は区別できない場合が多いといわれているよ。つまり，0か1を8ケタ分だけ並べるだけで，コンピュータは白黒の区別においては人間の感覚を超えることができるんだね。

　これがコンピュータの強みなんだ。0と1の2択の組み合わせを増やすことによって，人間には不可能なほどの区別を可能にしていることが，人間がコンピュータを使い続けてきた理由だろうね。

　コンピュータは，このような2進法で表された数値の列でできた「**機械語**」を認識して動作しているんだ。

まとめ

❶　人間はおもに10進法，コンピュータは**2進法**で数を認識している。

❷　コンピュータは，電圧の高低により0と1を区別している。

❸　コンピュータは，0と1の2択の組み合わせを増やすことで，部分的に人間の感覚を超えることがある。

アナログとデジタル

この節の目標

☐ Ⓐ デジタルとは何か，アナログとは何かを理解しよう。

☐ Ⓑ A/D 変換とは何かを理解しよう。

イントロダクション ♪♫

「アナログ」（analog）と「デジタル」（digital）っていう言葉は聞いたことがあるよね！　アナログ時計とか，デジタル時計とか聞くよね。たとえば，今日の気温は何℃か調べたらネットで「23℃」と表示されるかもしれない。だけど，厳密な気温を測定したら「23.156……℃」みたいに測定されるかもしれなくて，キリがないよね！　温度や長さ，時間などのように，<u>厳密に測定すればいくらでも細かく測定できるような，連続的に（切れ目なく）変化する量</u>を「**アナログ量（連続量）**」というんだ。自然界で測定される多くの量はアナログ量だよ。

　一方で，そんなに細かい温度まで知りたいわけではないなら「約23℃だよ！」という表現で十分だよね。近い数字で"区切り"をつけて"段階的"に数を表現した，<u>とびとびの値しかとらないような量</u>を「**デジタル量（離散量）**」というんだ！　ものの個数や，歩いた歩数なども，「1，2，3，……」ととびとびの値しかとらないから，デジタル量だといえるよ。

　自然界において「段階的」なデータって，少ないと思わない？　あまり思い浮かばないんじゃないかな。温度は常に変化しながら細かく動いていくし，体重も太陽の光の強さも"連続的"に変化していくよね。このように"連続的"に変化する量がアナログ量なんだ。

> 連続的　……　アナログ
> 段階的　……　デジタル

　この節では，そんなデジタルとアナログの違いについて扱っていくよ！　コンピュータを理解する上でとても大切な内容だから，しっかり学んでいこうね！

ゼロから解説

① アナログデータからデジタルデータへ

　自然界に存在する色や温度，時間などの連続的に変化する「**アナログデータ**」に対して，歩数や個数のように段階的な値は「**デジタルデータ**」といえるね。

　自然界に存在するアナログ量を数値で正確に表現しようとすると，小数のケタ数が無限に続くデータになることがあるんだ。だから，アナログデータをそのままの形でコンピュータで扱うのは難しいんだ。

　そこで，連続的なアナログデータを段階的に"区切って"識別することにしたんだ。これがデジタルデータだね。デジタルデータは区切りをつけられた値なので，たとえば「23℃」のような数として表現するとき「小数第一位を四捨五入して表現する」というルールを決めてしまうと，1つひとつのデータは整数という扱いやすいデータで扱うことができるよね。

② デジタル情報の長所と短所

　デジタル情報の欠点として，アナログデータからデジタルデータに変換する際に細かい情報が失われるということがあるんだ。たとえば「小数第一位を四捨五入して23℃」といわれても，23.1℃なのか，22.9℃なのかわからないから，"細かい情報が失われている"よね。自然界の"風の強さ"や"香り"をデジタルデータで表現しようとしても，人間が感じられる感覚まで再現できないこともあるんだ。

　一方で，デジタルデータは"編集・複製・暗号化・圧縮・検索"ができるようになるといった，現代社会にとって欠かすことのできない長所をもっているんだ。この第❷章で学んでいくよ！

❸ A/D 変換（デジタル化）

「23.01213……」のようなアナログデータにくらべて，「23」のようなキリのいいデジタルデータのほうが便利なことが多いから，アナログデータをデジタルデータに変換して利用するんだ。一定のルールに従ってアナログデータをデジタルデータに変換することを「**A/D 変換（デジタル化）**」といって，とても大切な言葉だから，覚えておいてね！

デジタルがアナログにくらべてすぐれているというわけではなくて，デジタルデータの長所を利用したいときに A/D 変換を用いるんだね！

A/D 変換のイメージとして，たとえば，気温を測るとき，「23.5℃以上24.5℃未満なら24℃とする」「22.5℃以上23.5℃未満なら23℃とする」というように，基準を決めて段階的に数字を決める，ということを想像してほしい。四捨五入するようなイメージだね。だから，A/D 変換をすると，もともとのアナログデータの細かい情報が失われてしまうんだ。

私たちにとって，スマホやタブレットの画面上でも本物に近いデジタルデータを入手できると便利だよね。だから，人間は科学技術を発展させる中で，A/D 変換の精度を高めてきたんだよ。どのように本物に近いデータをデジタルで表現しているか，この章で学んでいくね！

ちなみに A/D 変換（デジタル化）の逆，デジタルデータをアナログデータに戻すことを「**D/A 変換（アナログ化）**」というよ。

まとめ

❶ アナログデータ：自然界に存在する色や温度，時間などの連続的に変化するデータ。
デジタルデータ：歩数や個数のような段階的な値のデータ。

❷ **A/D 変換**：アナログデータをデジタルデータに変換すること。A/D 変換により，もともとのアナログデータの細かい情報は失われる。

第19節 ビットと符号化

この節の目標

☐ **Ⓐ** 符号化とは何かを理解しよう。

☐ **Ⓑ** n bit が何通りの数を表現できるか理解しよう。

イントロダクション ♪🎵

アナログデータを，区切りのあるデジタルデータに変換することを A/D 変換といったね。コンピュータは，アナログデータをデジタルデータに変換してデータを扱っているんだ。

ところで，「**ビット**」っていう言葉は聞いたことがあるかな？　コンピュータは電圧が低いときを 0，高いときを 1 として，データを 0 と 1 で表現しているんだったね。このとき，0 か 1 かで表される情報1個分を「**1ビット（bit）**」というよ。1ビットとはコンピュータが扱う情報量の最小単位なんだ！

この節では，コンピュータのデジタル表現について学んでいこう！

ゼロから解説

1 符号化

コンピュータで扱うすべての情報は，0 と 1 だけの列に置き換える工夫が必要なんだ。

たとえば目の前に4匹のハムスターが並んでいたとするね。この4匹のハムスターを区別するなら，どうすればいいかな。

0 と 1 という数字を合計2回使うと，4種類の表現が可能だったよね。4匹のハムスターがいるなら，たとえば左から数えて，

```
1匹目  ➡  00
2匹目  ➡  01
3匹目  ➡  10
4匹目  ➡  11
```

のように，人間が認識している 0 から 9 までの数字を，コンピュータが扱える 0 と 1 だけの数字に変換すればいいね。

　ここで「**デジタル表現**」とは何なのか説明するね。デジタル表現とは，コンピュータで情報を扱う際の表現方法の 1 つで，<u>情報をすべて整数のような離散的な（とびとびの）値の列として表現して，段階的な量に対応づけて記憶・伝送する方式</u>のことなんだ。

　<u>0 と 1 に変換されたデータを「符号<ruby>符号<rt>ふごう</rt></ruby>」といって，ある一定のルールに従って情報を 0 と 1 に変換すること</u>を「**符号化**<ruby>符号化<rt>ふごうか</rt></ruby>」と呼ぶよ！　具体的な符号化の例を見てみよう！

1 bit の例

　1 bit だと 2 種類を表現することが可能。たとえば，左右を表現できるよ。

```
左  ➡  0
右  ➡  1
```

2 bit の例

　2 bit だと 4 種類を表現することが可能。たとえば，春夏秋冬を表現できるよ。

```
春  ➡  00
夏  ➡  01
秋  ➡  10
冬  ➡  11
```

3bit の例

3bit だと 8 種類を表現することが可能。たとえば，8 方位を表現できるよ。

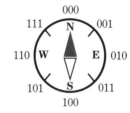

8bit の例

8bit だと 2^8 種類（つまり 256 種類）を表現することが可能。白から黒まで 256 通りで表現すると，こんなにもきれいなグラデーションを表現できるよ！

白
00000000

黒
11111111

24bit の例

24bit だと 2^{24} 種類（つまり，16777216 種類も！）を表現することが可能。

巻末の p.353 に，1 つの写真を「**カラー画像**」「**グレースケール画像**」「**2 値画像**」という 3 つの表現方法で表した写真を載せているから，違いを確認してみてね。

❷ ビット数と対応可能パターン

逆に，表現したいものがあるとき何 bit 必要かを考えることもできるよ！

たとえば，都道府県を表現したいときはどうかな？ 都道府県は 47 種類あるから，$2^6 = 64$ 通りを表現することができれば十分に対応できるよね！ つまり 6bit で足りるんだよ。

アルファベットを表現したいときはどうかな？　アルファベットは26種類あるから、小文字だけなら5bit（$2^5=32$通り）あれば十分に対応できるけど、大文字と小文字を合わせたら全部で52種類あるから、5bitでは足りなくて、6bitあればようやく対応できるんだね！

このように、n bitあると2^n通りの表現が可能なんだね！　次の表現は頻出^{ひんしゅつ}で、これから何回も見かけるようになるから、覚えておいてね！

> n bit では2^n通りの数を表現することができる！

❶ 符号化：ある一定のルールに従って、情報を 0 と 1 に変換すること。

❷ 1 bit（ビット）：0 か 1 かで表される情報 1 個分のこと。n bitでは2^n通りの数を表現することができる。

この節の目標

- ☑ Ⓐ **2**進法における2^{10}通り以降の区別の幅を知ろう
- ☑ Ⓑ ビットとバイトの単位を変換できるようになろう。
- ☑ Ⓒ キロバイトやメガバイトなどの単位を知ろう。

イントロダクション ♪♫

コンピュータは「段階的に」区切られたデジタル情報を扱っているんだよね。

たとえば 0 と 1 を 24 個並べると，2^{24} 通りの区別が可能になるんだ。2^{24} を計算すると 16777216 になって，人間の記憶力や区別できる数を超えているよね。現代のコンピュータは科学技術が発達していて，デジタル情報は 2^{24} 通りの区別を超えて，大きな数になることが多いんだ。

そこで，「8bit」をまとめて「1Byte」と表現することが多いよ。ややこしいけど，bit は小文字の b で，Byte は大文字の B だよ！

$$8\,\text{bit} = 1\,\text{Byte}$$

さらに，Byte の数字も大きくなったときは，単位の前に 2 の何乗かを示す接頭語をつけて表すことがあるんだ。「1MB」とか「1KB」とかいう表記を見かけたことがあるよね。この「K」や「M」といった接頭語は，慣例的に 2^{10} ごとにアルファベットを変えて書く場合が多いよ！

これも非常に大切なところだから，しっかり説明するね！

ゼロから解説

❶ 8 bit＝1 Byte

8 bit は 1 Byte として扱われるんだ。「b」と「B」，小文字と大文字で区別するよ。また，Byte は省略して「B」とだけ書かれる場合もあるよ。

つまり，8 bit＝1 B で，16 bit＝2 B，24 bit＝3 B，……，240 bit＝30 B，……となるんだ。

❷ 1024 Byte＝1 KB

このように，Byte はデータの容量を意味するんだね。8 bit＝1 B として，HDD やメモリなどの容量の単位「B」として使われることが多いよ。

さらに，<u>B の 1024 倍が KB</u>，<u>KB の 1024 倍が MB</u> となるよ。

まずは，次の認識をしてほしい！

$$1024 \, \text{B} \quad = 1 \, \text{KB}$$
$$1024 \, \text{KB} = 1 \, \text{MB}$$

1024 倍って，ちょっとビミョーな基準だと思わない？　たとえば重さの単位だったら，g と kg っていう単位があるよね。これってさ，

$$1000 \, \text{g} = 1 \, \text{kg}$$

だよね。ちょうど 1000 倍だから，こっちのほうがキリがいいと思わない？　でも，<u>コンピュータの世界では 1024 倍で次の単位に進むんだよ</u>。どうしてだと思う？　これは，$2^{10}＝1024$ だからなんだ。

コンピュータにとっては 2 進法のほうが扱いやすいから，$2^{10}＝1024$，つまり，1024 倍で次の単位に進むとしたほうが都合がいいんだ。

「1000倍」と「1024倍」って近い数字だよね。だから，「約1000倍で次の単位に進む」というルールを作り，定着したんだ。

じつは，ここで少しややこしい話があってね。人間にとっては10進法（0〜9の数字で表す表現）がわかりやすいから，$10^3 = 1000$倍で次の単位に進むとすることがあるんだ。

$$1024\,\mathrm{B} = 1\,\mathrm{KB}$$
$$1000\,\mathrm{B} = 1\,\mathrm{kB}$$

というふうに，大文字と小文字で区別して表現することもあるよ。

また，KB とは別に KiB などの単位が1998年あたりから使われることもあったんだけど，大学受験の入試問題として出題される場合は，

「1000 Byte＝1 kB とする」

とか，

「1000 Byte＝1 KB とする」

のように注意書きが書かれることが多いから，そのルールに従って計算しようね。

では，具体例として例題を解いてみよう！

例題 ❶

3バイトは何ビットにあたるか。

解答と解説

1バイトは8ビットなので，3バイトは24ビット 答

— 例題 ❷ —————————————————————————
　次のデータ量を KB を用いて表しなさい。ただし, 1000Byte＝1KB とする。

(1)　2000Byte　　(2)　8000bit　　(3)　160000bit

解答と解説

　1000Byte＝1KB として扱うと,

(1)　2000Byte＝2KB　答

(2)　8000bit＝1000Byte＝1KB　答

(3)　160000bit＝20000Byte＝20KB　答

ちょいムズ

例1　10^7Byte は何 MB か。ただし, 1000Byte＝1KB, 1000KB＝1MB とする。

という問題が出たら, どうやって考えていくかな？

　10^7 とは, 10 が7回, 繰り返しかけ算されているという意味だから,

$$10^7 = 10 \times 10 \times 10 \times 10 \times 10 \times 10 \times 10$$

10×10×10＝1000 で次の単位に進むことに注意して,

$$10 \times 10 \times 10 \times 10 \times 10 \times 10 \times 10 \ (\text{Byte})$$
$$= 10 \times 10 \times 10 \times 10 \ (\text{KB})$$
$$= 10 \ (\text{MB})$$

ということだね！

まとめ

❶　8bit＝1Byte

❷　1024Byte＝1KB

❸　1024KB＝1MB

第21節 ビットによる表現

この節の目標

☑ **Ⓐ** 24ビットフルカラーやハイレゾについて知ろう。

☑ **Ⓑ** オクテットのようなデータ量の単位について理解を広げよう。

イントロダクション ♪♬

コンピュータは2進法が得意で，電圧の高低により0と1を区別しているということは何度も確認してきたよね。

ところで，情報量の基本単位であるbitという名前は「binary digit」に由来するといわれているよ。「binary」は「2進法(2択)」，「digit」は「ケタ」を意味するので，「2進法の1ケタ」という意味だね。つまり，数字の0と1を1回区別することをいうんだ。

具体的にケタを増やすと次のように表せるよ。

> **0** ← これは**1bit**（1ケタ）
>
> **10** ← これは**2bit**（2ケタ）
>
> **101** ← これは**3bit**（3ケタ）
>
> ⋮
>
> **10100111** ← これは**8bit**(＝**1B**)（8ケタ）

ケタを増やすことによって人間の感覚を超える表現が可能になるんだけど，それでは，具体的にどんな場面で人間の感覚を超えると思う？

この節では，ビットによる表現が人間の感覚を超える瞬間について話をしていくよ！

ゼロから解説

① 色の表現……24ビットフルカラー

「**RGB**」って聞いたことあるかな？　コンピュータ上では「光の3原色」である赤(Red)，緑(Green)，青(Blue)を組み合わせて色を表現しているんだ。そのような色の表現方法を**RGB**と呼ぶよ！

それぞれの色のグラデーションは，256段階（8bit）あれば，人間の感覚を超えるほどの区別ができるんだ。それら3つをかけ合わせて色を表現すると，$256 \times 256 \times 256 = 16777216$色（24bit）となる。これだけ色のレパートリーがあれば，普通の人は違いがわからないくらいの細かい種類分けになりそうだよね！

このように，24bit（＝3Byte）を使用すると，理論上は人間の感覚を超えるほどの色の表現が可能なんだ。この8bit×3色によって色を表現する方式を「**24ビットフルカラー**」または「**トゥルーカラー**」と呼ぶことがあるんだ！

② 音の表現……ハイレゾ

音も段階的に分けることによってデジタル表現することができるんだ。音は波として表すことができるけど，波の振幅は音の大きさを表しているよ（p.138参照）。ある基準よりも大きい音なら1，小さい音なら0と区切り，さらに1の音について，ある基準より大きければ11，小さければ01，……のようにどんどん区切りを細かくしていくと，どんどん細かい区別が可能となって，やがて人間の感覚を超えるほど区別できるようになるんだよ。

では，どのくらい音を細かくすると，人間の感覚を超えるんだろうね？

これが，16bitになると，ほとんど区別できなくなるといわれているんだよ。音の大きさを16bitで段階的に表現すること（音のデジタル化は第**27**節でくわしく解説するよ）は，CDという記録方法では世界的によく使われている方法なんだ。

最近では，さらに細かく音の大きさを段階分けした「**ハイレゾ**」という音の表現方法もあって，こちらは 24 bit や 32 bit を使用しているよ。つまり，音の大きさを 2^{24} や 2^{32} 段階に分けているんだ。さすがに本物の演奏とそっくりに聞こえるはずだよね！

　このように，色や音は bit 数を増やすことによって本物そっくりに表現することができるんだ。少なくとも，私たち人間からすると本物と区別ができないくらい正確になる，ということだね。

❸　オクテット

　情報量の最小の単位であるビット（bit）は 2 つの状態（0 と 1，ON と OFF など）を識別できたね。情報の世界では 8bit をひとまとめにすることが多くて，8 つのビットを並べて 1 つの単位としたものを「**1 オクテット**」ということがあるんだ。

　8bit をひとまとめにする理由として，キリがいいから，という理由があるよ。8bit（＝1Byte）というのは，すなわち 256 通りで，これは，

❶　白黒のグラデーションを 256 通り並べると人間の識別限界を超える。

❷　アルファベット（大文字と小文字）＋ 記号をひと通り表現できる。

❸　日本語のひらがな ＋ カタカナをひと通り表現できる。

というように，人間の表現パターンから見てキリがいいことがあるんだ。

　あと，$2^8 = 256$ だけど，256 という数字は $16 \times 16 = 256$ とも表現できるから，16^2 でもあるよね。

　第**23**節で「16 進法」という表現方法を習うんだけど，256 という数字は 2^8 と 16^2 という 2 通りの表し方で表現できて，2 進法から 16 進法へ変換しやすいから，キリがいいとされることが多いんだ。

　ちなみに，「オクテット」（octet）の語源は「oct」が「8」を表すラテン語だからといわれているよ。海に棲んでいるタコっていう生物がいるよね？　タコは英語でオクトパスっていうけど，あれは足が 8 本あるからオクトパスなんだ。8bit で 1 オクテット（1Byte），覚えておこうね！

4 データ量の単位と読み方の整理

データの量を「**データ量**」と呼ぶことがあるよ。たとえば「この画像は100Byte のデータ量だけど，あの画像は200KB のデータ量だからデータ量が多いね」というように使われることがあるんだ。このデータ量について，単位とその読み方を整理しておくね。

単位	読み方	単位	読み方
bit	ビット	TB	テラバイト
Byte	バイト	PB	ペタバイト
KB	キロバイト	EB	エクサバイト
MB	メガバイト	ZB	ゼタバイト
GB	ギガバイト	YB	ヨタバイト

まとめ

① 1色のグラデーションは 8bit で人間の識別可能なパターン数を超える。

② 画面上では赤・緑・青の3色により多くの色を表現する。

③ 8bit×3色によって色を表現する方式を **24ビットフルカラー**という。

④ ハイレゾ音源は 2^{24} や 2^{32} 段階に音の大きさを分けている。

⑤ 8bit はキリがよく，1**Byte** や1**オクテット**と表現される。

この節の目標

☐ Ⓐ **10進法の数の重みについて知ろう。**

☐ Ⓑ **2進法の数の重みについて考えよう。**

☐ Ⓒ **10進法の数を2進法の数に変換できるようになろう。**

イントロダクション ♪♫

たとえば254という数字は，200＋50＋4 と分けることができるよね。

百の位，十の位，一の位に注目すると，

$$（百の位）×100＋（十の位）×10＋（一の位）×1$$

と表現することができるよね！ 具体的には，

$$254＝2×100＋5×10＋4×1$$

$$987＝9×100＋8×10＋7×1$$

のような形だよ。

これは，「百の位には 100 の重み」があり，「十の位には 10 の重み」があり，「一の位には 1 の重み」がある，と考えることができるよね。

これが，私たちが日常的に使用している 10進法という数の特徴なんだ！

それでは，この節では「2進法ではどうなっているか？」を学んでいこう！計算が出てくるけど，安心してね。初めて勉強する人でもわかりやすいように，丁寧に説明するよ！

第**1**章

第**2**章

第**3**章

第**4**章

ゼロから解説

❶ 2進法の数の重み

10進法では,

> **100 の重み，10 の重み，1 の重み**

のように分けたよね。

　ずばり，2進法では

> **4 の重み，2 の重み，1 の重み**

のようになるんだ！

　どういうことか？　考えていこう！

　具体的な説明の前に，2進法の表記について説明しておくね。この本の中では，2進法で書かれた数字に対して，2進法の目印として，<u>数の右下に小さく(2)と書く</u>，という表記をするよ。たとえば $101_{(2)}$ といった具合に表記するね。

　2進法で，1から数字を数えていくと，

$$1_{(2)} \quad \leftarrow \textbf{1}番目の数字……①$$
$$10_{(2)} \quad \leftarrow \textbf{2}番目の数字……②$$
$$11_{(2)}$$
$$100_{(2)} \quad \leftarrow \textbf{4}番目の数字……③$$
$$101_{(2)}$$
$$110_{(2)}$$
$$111_{(2)}$$
$$1000_{(2)} \quad \leftarrow \textbf{8}番目の数字……④$$

と数字やケタが増えていくんだ。

　つまり，2進法では，

$$1ケタ目は「\textbf{1}」の重み……①$$
$$2ケタ目は「\textbf{2}」の重み……②$$
$$3ケタ目は「\textbf{4}」の重み……③$$

　　　　　4ケタ目は「**8**」の重み……④

ということになるんだね。

　つまり，2進法で，

　　　　　$100_{(2)}$

と書かれたら，

　　　　　$1 \times 4 + 0 \times 2 + 0 \times 1 = 4$

と計算して，10進法に換算したときの「4」の重みがある，と解釈できるんだ。
これは，10進法で，

　　　　　276

と書かれたときに，

　　　　　$276 = 2 \times 100 + 7 \times 10 + 6 \times 1$

と表現して，それぞれの位について，

　　　　　「100 の重みが 2，10 の重みが 7，1 の重みが 6 である」

と解釈するのと同じだね。

　ここで，

> **2進法で書かれた「100」は「$100_{(2)}$」と書き，**
> **10進法で書かれた「100」は「$100_{(10)}$」と書く**

という決まりが有名だから，ここでもそう書いていくね。

　実際は，日常生活では10進法を用いることが多くて，10進法で表された数
については数字の右下に (10) と書くことは少ないけど，ここでは2進法と10
進法を区別するために，強調して (10) と書いておくね。

　慣れるために，具体的な例を書いていくよ！

$$1_{(2)} = 1_{(10)}$$
$$10_{(2)} = 2_{(10)}$$
$$11_{(2)} = 3_{(10)}$$
$$100_{(2)} = 4_{(10)}$$
$$101_{(2)} = 5_{(10)}$$
$$110_{(2)} = 6_{(10)}$$

$$111_{(2)} = 7_{(10)}$$

$$1000_{(2)} = 8_{(10)}$$

$$1001_{(2)} = 9_{(10)}$$

$$1010_{(2)} = 10_{(10)}$$

$$\vdots$$

となるんだ！

② 2進法を10進法に変換する

それでは，少しケタの大きい2進法の数を，10進法の数に変換する方法を見てみよう！

例題

次の □ に入る数字を答えなさい。

$$101010_{(2)} = \boxed{}_{(10)}$$

解答と解説

2進法で書かれた $101010_{(2)}$ は，10進法ではどんな数字で表されるかな？という問題だね！

それでは，2進法の「重み」を考えてみよう！

2進法では，1ケタ目は1，2ケタ目は2，3ケタ目は4，4ケタ目は8，5ケタ目は16，6ケタ目は32の重みがあるんだ。

だから，$101010_{(2)}$ という2進法の数は，

$$1 \times 32 + 0 \times 16 + 1 \times 8 + 0 \times 4 + 1 \times 2 + 0 \times 1$$

$$= 42_{(10)}$$

と変換することができるね！

だから答えは，

$$101010_{(2)} = 42_{(10)} \quad \text{答}$$

となるんだ！

まとめ

❶ 10進法 ➡ 「百の位には 100 の重み」
「十の位には 10 の重み」
「一の位には 1 の重み」

❷ 2進法 ➡ 「右から3つめの数には 4の重み」
「右から2つめの数には 2 の重み」
「右から1つめの数には 1 の重み」

この節の目標

☐ **A** 16進法の必要性について知ろう。

☐ **B** 色の表現において16進法が使用される具体例を知ろう。

イントロダクション ♪♫

コンピュータが得意とする0と1の2進法は、ケタ数が増えると横に長くなるよね。たとえばさ,

$$1011010100010111001_{(2)}$$

とか書かれたら、大変だよね？　人間からすると、読みづらい。

そこで、2進法を短く表現する方法を人間は考えたんだ。

それが「**16進法**」というものだよ。16進法とは、0から9までの10通りの数字と、AからFまでの6通りのアルファベットを合わせて、合計で16通りの英数字を用いた表記のことなんだ。

ここから先では、16進法で表された数字の右下に (16) と書くことにするね。具体的には、16進法で書かれた 100 は $100_{(16)}$ と表すね。

じつは、2進法の4ケタが、16進法の1ケタになるんだ！　たとえば,

2進法で4ケタ（4bit）あった場合

➡ 16進法に変換すればきれいに1ケタにできる。

2進法で8ケタ（8bit）あった場合

➡ 16進法に変換すればきれいに2ケタにできる。

2進法で400ケタ（400bit）あった場合

➡ 16進法に変換すればきれいに100ケタにできる。

このように、2進法で表された数のケタ数を4分の1に短縮できることが、16進法の強みなんだね！

この節では16進法について学んでいくよ！

ゼロから解説

① 16進法の表現と強み

16進法は，身近なところだと「色」の表現で使われることがあるよ。

$$\text{FFFFFF}_{(16)} \quad \Rightarrow \quad \text{真っ白}$$
$$000000_{(16)} \quad \Rightarrow \quad \text{真っ黒}$$

というように，0からFまでの16種類の英数字を使用して，16進法の6ケタ，つまり2進法の24ケタ（24 bit）に対応するように表記しているんだ！　つまり24 bitフルカラーの大量の場合分けを，16進法ならたった6ケタで表現可能なんだね。

今まで「8 bit＝1 Byte」ということを学んで，「8 bitは人間にとって区切りがいい」という話をしたね！　これは16進法を考えても区切りがよくて，2進法で8ケタということは，16進法でぴったり2ケタということになるよね！「8 bit＝1 Byteは16進法だと2ケタなんだな」というイメージをもっておいてね！

10進法	2進法	16進法
$0_{(10)}$	$0_{(2)}$	$0_{(16)}$
$1_{(10)}$	$1_{(2)}$	$1_{(16)}$
$2_{(10)}$	$10_{(2)}$	$2_{(16)}$
$3_{(10)}$	$11_{(2)}$	$3_{(16)}$
$4_{(10)}$	$100_{(2)}$	$4_{(16)}$
$5_{(10)}$	$101_{(2)}$	$5_{(16)}$
$6_{(10)}$	$110_{(2)}$	$6_{(16)}$
$7_{(10)}$	$111_{(2)}$	$7_{(16)}$
$8_{(10)}$	$1000_{(2)}$	$8_{(16)}$
$9_{(10)}$	$1001_{(2)}$	$9_{(16)}$
$10_{(10)}$	$1010_{(2)}$	$A_{(16)}$
$11_{(10)}$	$1011_{(2)}$	$B_{(16)}$
$12_{(10)}$	$1100_{(2)}$	$C_{(16)}$
$13_{(10)}$	$1101_{(2)}$	$D_{(16)}$
$14_{(10)}$	$1110_{(2)}$	$E_{(16)}$
$15_{(10)}$	$1111_{(2)}$	$F_{(16)}$
$16_{(10)}$	$10000_{(2)}$	$10_{(16)}$

② 2進法を16進法に変換する

2進法の数を16進法の数に変換するには，右上の表をイメージするといいよ！

では，次の2進法の数を16進法の数に変換してみよう。

例 2進法で表された次の数を，16進法で表しなさい。

10011011$_{(2)}$

この8ケタの2進法の表記を，4ケタずつに区切って，最初の右側の4ケタの2進法の表現は16進法ではどう対応しているかを書いて，次の左側の4ケタの2進法の表現は16進法ではどう対応しているかを書くんだ！

下の図のように，2進法の10011011$_{(2)}$ は，16進法では9B$_{(16)}$ だね！

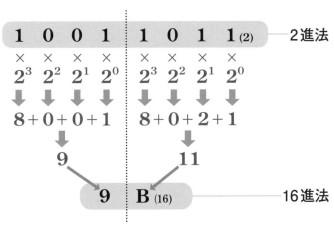

▲2進法の数を4ケタずつ区切って16進法の数に変換。

⸜ちょいムズ⸝

2進法と16進法は，ケタ上がりのタイミングが見事に一致しているから，前半の4ケタと後半の4ケタを別々に16進法に変換しても誤差が生じないんだ。

前ページの表でも，2進法の1111$_{(2)}$ と，16進法の F$_{(16)}$ は対応していて，次の数になると，同じタイミングでくり上がりをして，1ケタ目が「0」から再スタートするよね。

> ❶ 16進法は，0 から F までの16種類の英数字を用いて数を表現する。
>
> ❷ 16進法の1ケタは，2進法の4ケタに相当する。
>
> ❸ 2進法の数を16進法の数に変換するときは，4ケタずつに区切って変換してよい。

第24節 補数

この節の目標

- ☑ **A** 補数の考え方を知る。
- ☑ **B** 10進法における補数を考える。
- ☑ **C** 2進法における補数を考える。
- ☑ **D** 2進法における補数を自力で求められるようになる。

イントロダクション ♪♫

たとえば，3+7＝10 だよね。このとき，3 という数に 7 という数を足すと，ちょうどケタが上がるよね。

このように，3 と 7 のような，足すとちょうどケタが上がる関係に注目してみてほしいんだ。

3 に 7 を足すとケタが上がる。このとき，7 は 3 の「**補数**」というんだ。

4 は 6 の補数だし，51 は 49 の補数。もっと正確にいうと，

> 7 は（10 進法における）3 に対する 10 の補数
>
> 4 は（10 進法における）6 に対する 10 の補数
>
> 51 は（10 進法における）49 に対する 100 の補数

だよ。

じゃあ，97 に何を足すと，ケタが上がると思う？ 3 だよね。

> （10 進法における）97 に対する 100 の補数は 3

ということだよね。

これは，どうやって計算したかな？ 100−97＝3 と答えを出す人が多いよね。

じゃあ，2345243 に何を足したらケタがちょうど上がると思う？ 2345243 の補数はいくつかな？ 工夫して答えを出すことはできるかな。じつは簡単に出す方法があるんだ。

この節では，補数について学んでいくよ！

コンピュータの世界の中では，この補数という考え方が重要になる場面があるから，ぜひしっかり学んでいこうね！

ゼロから解説

❶ 補数（ケタ上がりの直前に注目する）

まず，"ケタ上がりする直前の数"をイメージしよう。

"ケタ上がりする直前の数"について説明するね。

今，7ケタの2345243にある数を足して，ケタを1つ増やした8ケタの10000000にすることを考えているよね。

10000000の1つ前の数字は9999999だよね。この場合の9999999のような数字を，この場では"ケタ上がりする直前の数"と名づけるね。

そして次の引き算，

$$\begin{array}{r} 9999999 \\ -2345243 \\ \hline 7654756 \end{array}$$

を計算してから，まるで背中を押してやるように，1を足してやればいいんだよ。

つまり，7654756＋1＝7654757ということだね。この7654757が，2345243の補数だよ。

2345243に7654757を足して10000000となるか確認してみよう。

$$\begin{array}{r} 2345243 \\ +7654757 \\ \hline 10000000 \end{array}$$

で，ぴったりケタ上がりをしたよね！

このようにして，ぴったりケタ上がりする数字を見つけることができるんだ。「99999」のようにギリギリまで大きな数字を詰めてから，背中を押してやるように1を足してあげれば，ぴったりケタ上がりする数字を見つけることができるんだ。

② 2進法の補数

　コンピュータは 0 と 1 の2択，バイナリな世界だったね。それでは，2進法の補数はどうなっているかな？

　たとえば $1_{(2)}$ の補数は？

$$1_{(2)}+1_{(2)}=10_{(2)}$$

だから $1_{(2)}$ だね。もっと正確にいうと，

　　　　（2進における）$1_{(2)}$ に対する $10_{(2)}$ の補数は $1_{(2)}$

だね。

　じゃあ，$10_{(2)}$ の補数は何だと思う？　答えは $10_{(2)}$ だね。

$$10_{(2)}+10_{(2)}=100_{(2)}$$

だから $10_{(2)}$ だね。

> 2進法の計算については巻末の *p.*352を確認してね

　じゃあさ，$100010111011001_{(2)}$ の補数はいくつだと思う？　答えは，

　　　　$011101000100111_{(2)}$

なんだよね。どういうことかというと，まず10進法と同じように，"ケタ上がりする直前の数" を考えるんだ。もともとの，

　　　　$100010111011001_{(2)}$

は15ケタだね。16ケタの $1000000000000000_{(2)}$ のケタ上がりする直前の数は，

　　　　$111111111111111_{(2)}$

になるよ。この数と $100010111011001_{(2)}$ の差は，引き算をして，

$$
\begin{array}{r}
1\,1\,1\,1\,1\,1\,1\,1\,1\,1\,1\,1\,1\,1\,1_{\,(2)} \\
-\,1\,0\,0\,0\,1\,0\,1\,1\,1\,0\,1\,1\,0\,0\,1_{\,(2)} \\
\hline
0\,1\,1\,1\,0\,1\,0\,0\,0\,1\,0\,0\,1\,1\,0_{\,(2)}
\end{array}
$$

になるよね！　この，

　　　　$011101000100110_{(2)}$

という数字に，背中を押してやるように，$1_{(2)}$ を足すんだ。そうすると，

　　　　$011101000100111_{(2)}$

になるよね。この $011101000100111_{(2)}$ が，$100010111011001_{(2)}$ の補数だよ。

　つまり，"ケタ上がりする直前の数" に，背中を押すように $1_{(2)}$ を足してあげているから，ちょうどピッタリケタ上がりするよね。

この補数の計算は慣れが必要だから，練習していこうね！

❸ 反 転 法

2進法における補数を求めるための考え方を，もう1つ教えておくね。さっきの例の，

    $100010111011001_{(2)}$　……★

の0と1を反転させてみると，

    $011101000100110_{(2)}$　……☆

だよね。

　ここで，★の数字と☆の数字を足してみると，

$$
\begin{array}{r}
1\,0\,0\,0\,1\,0\,1\,1\,1\,0\,1\,1\,0\,0\,1\,_{(2)} \\
+\ 0\,1\,1\,1\,0\,1\,0\,0\,0\,1\,0\,0\,1\,1\,0\,_{(2)} \\
\hline
1\,1\,1\,1\,1\,1\,1\,1\,1\,1\,1\,1\,1\,1\,1\,_{(2)}
\end{array}
$$

となるよね。このようにして，ぴったりケタ上がりする直前の数字を作ることができるんだ。「$1111_{(2)}$」のようにギリギリまで大きな数字を詰めてから，背中を押してやるように $1_{(2)}$ を足してあげれば，ぴったりケタ上がりする数字を見つけることができるんだね。

　つまり，★の補数は，☆の背中を押してあげるように $1_{(2)}$ を足した，

    $011101000100111_{(2)}$

なんだね。このように，0と1を反転させてから $1_{(2)}$ を足して補数を求める方法を，この本では「反転法（はんてんほう）」と呼ぶことにするね。

　それでは，確認のために問題を解いてみよう！

2進法で表記された次の数について，補数を答えなさい。

(1)　$10_{(2)}$　　　　(2)　$101_{(2)}$

(3)　$10101_{(2)}$　　(4)　$100011101_{(2)}$

解答と解説

今回は，反転法で求めていくね。

(1)　$10_{(2)}$　答

　$10_{(2)}$ の 0 と 1 を反転させると，$01_{(2)}$ となって，背中を押してあげるように $1_{(2)}$ を足すと，$10_{(2)}$ になるね！

　2進法だから，$10_{(2)}+10_{(2)}=100_{(2)}$ と繰り上がるんだ。

(2)　$011_{(2)}$　答

　$101_{(2)}$ の 0 と 1 を反転させると，$010_{(2)}$ となって，背中を押してあげるように $1_{(2)}$ を足すと，$011_{(2)}$ になるね！

(3)　$01011_{(2)}$　答

　$10101_{(2)}$ の 0 と 1 を反転させると，$01010_{(2)}$ となって，背中を押してあげるように $1_{(2)}$ を足すと，$01011_{(2)}$ になるね！

(4)　$011100011_{(2)}$　答

　$100011101_{(2)}$ の 0 と 1 を反転させると，$011100010_{(2)}$ となって，背中を押してあげるように $1_{(2)}$ を足すと，$011100011_{(2)}$ になるね！

まとめ

❶　補数とは，足すとちょうどケタ上がりする数。

❷　補数を求めるためには，ケタ上がりする直前の数に注目する。

❸　ケタ上がりする直前の数に 1 を足すことで補数が求まる。

文字のデジタル表現

この節の目標

☐ **A** 文字コード体系について理解しよう。

☐ **B** ASCII コード，シフト JIS コードについて理解しよう。

☐ **C** シングルバイト文字とダブルバイト文字の違いを理解しよう。

イントロダクション ♪♫

コンピュータは 0 と 1 だけですべてのデータを管理しているんだったよね。だから，コンピュータは文字のことも 0 と 1 だけで区別しているんだ！

たとえば「A」という文字を認識したいとき，私たち人間は「A」という文字で認識できるよね？　でも，コンピュータはそのまま認識しているわけではなくて，たとえば「$1000001_{(2)}$」と認識しているんだ。

この節では，コンピュータにおける文字の表現方法について学んでいくよ！

ゼロから解説

1 文字コード・上位コードと下位コード

コンピュータでは，たとえば「K」という文字は「$1001011_{(2)}$」と認識していたりするんだよ。このとき, 最初の「100」のことを「**上位コード**」，次の「1011」のことを「**下位コード**」と呼ぶことがあるんだ。このような，0 と 1 で表された，文字や記号を2進数で表す方法を取り決めたものを「**文字コード**」というんだ！

ちなみに, この本では n 進法で表された数を,「n 進数」と呼ぶことにするね。

私たち人間が認識する「A」や「B」といった文字と，コンピュータが認識している文字コードの対応関係を「**文字コード体系**」というよ！

2 ASCII コード

じつは文字コード体系には，日本語，英語，中国語などの言語の違いにより
さまざまな種類があって，必要な 0 と 1 の数（ビット数）も違うんだ。

たとえば，アルファベットを表現することを考えてほしい。アルファベット
って A 〜 Z の 26 種類しかないから，アルファベットを表現するだけなら，0
と 1 の組み合わせが 7 つくらいあれば，十分に区別が可能なんだ。

なぜかというと，アルファベット 26 種類それぞれに大文字と小文字の 2 パ
ターンあるけど，それらを区別しても 52 種類しかない。さらに「×」や「÷」
のような主要な記号を加えたとしても，128 通りの表現の幅があれば英語は表
現可能なんだ！　7bit あれば，0 と 1 の組み合わせを 7 回繰り返すことができ
るから，$2^7 = 128$ 種類の場合分けができるよね。

だから，アメリカ国内や英語圏内で，英語だけを使ったコンピュータで意思
疎通をする分には，アルファベット 1 文字を 7 ビットで表せば十分にアルファ
ベットの表現が可能で，コミュニケーションできるんだよ。

このように，7 ビットで英数字や記号などを表現する文字コード体系の代表
例として「ASCII コード」があるよ。

ASCII コードはコンピュータが開発された初期に作られた文字コード体系
で，歴史的に古いんだ。この ASCII コードを参考にしたり，コード体系を拡
張したりして，日本語や中国語のような他の言語での文字コード体系が作られ
るようになったんだ。つまり，文字コード体系の元祖といえるコード体系だね。

次ページの表は ASCII コード表だよ。たとえば，ASCII コードで「$1000110_{(2)}$」
に対応するのは F なんだ。コードを上位 3 ビット「100」と下位 4 ビット「0110」
に分けて，表でぶつかったところの文字が対応しているよ。

3 シフト JIS コード

じゃあ，日本語に対応した文字コードってどうなると思う？

日本語は英語と違って，漢字があるよね。漢字って種類が多くない？　種類
が豊富だよね。日常で使用する常用漢字は 2000 字以上もあるといわれている

ASCII コード表

		\multicolumn{8}{c}{上位3ビット}							
		000	001	010	011	100	101	110	111
下位4ビット	0000			(空白)	0	@	P	`	p
	0001			!	1	A	Q	a	q
	0010			"	2	B	R	b	r
	0011			#	3	C	S	c	s
	0100			$	4	D	T	d	t
	0101			%	5	E	U	e	u
	0110			&	6	F	V	f	v
	0111			'	7	G	W	g	w
	1000			(	8	H	X	h	x
	1001			)	9	I	Y	i	y
	1010			*	:	J	Z	j	z
	1011			+	;	K	[	k	{
	1100			,	<	L	\	l		
	1101			–	=	M	]	m	}
	1110			.	>	N	^	n	~
	1111			/	?	O	_	o	

▲上位3ビットと下位4ビットの合計7ビットで文字を表現。

んだ。もっと細かくいうと、「さいとう」という苗字の人がいたとして、「斉藤さん」も「斎藤さん」も「齋藤さん」もいるよね。「斉」「斎」「齋」は似ているけど細かい違いがあるから、別の漢字として認識できなければならないんだよ。日本語の文字コードの表現には、ひらがな、カタカナ、漢字などが必要で、漢字だけでも3万種類以上あるといわれているんだ。

　日本語は英語より文字の種類が豊富なんだね。アルファベットを区別するASCIIコードは8ビット以内で十分だけど、日本語を区別する文字コードはもっと多くのビット数が必要なんだ。

　そこで、日本語は1バイト（8bit）ではなく2バイト（16bit）で表す文字コード体系が用いられることがあるんだ。

　その1つを「**シフトJISコード**」というよ。

⁴ ダブルバイト文字

コンピュータで日本語を扱うとき，たとえばシフト JIS コードは1文字で2バイト必要だから，たとえば4文字入力したら8バイト必要ということになるよね。

1文字あたり1バイトでは足りなくて，<u>1文字あたり2バイトも必要になる文字</u>のことを，2バイト文字という意味で「**ダブルバイト文字**」ということがあるんだ！

ちなみに日本語の入力では「ア」と「ｱ」のように，「全角」と「半角」と呼ばれる文字の横幅の違いに合わせた呼び名の違いがあるんだ。

「ア」のような全角は1文字あたり2バイト必要だけど，「ｱ」のような半角は1文字あたり1バイトですむ場合もあるよ。でも，日本語をひと通り表現できる文字コード体系はダブルバイト文字だと思ってほしい。

一方で，英語だけ表現できればよいという文字コード体系は<u>1文字あたり1バイト</u>で表現できるよ。代表例は ASCII コードだよ。ASCII コードのような文字コード体系を「**シングルバイト文字**」というよ。

情報の勉強をしているとたまに見かける分け方だから，ダブルバイト文字とシングルバイト文字は区別できるようにしておこうね！

まとめ

❶ **ASCII コード**：アルファベットを対応させた歴史的に古い文字コード。

❷ **シフト JIS コード**：ひらがなやカタカナや漢字など，日本語をひと通り表現できるように，日本で開発された文字コード体系。

❸ シフト JIS コードは1文字あたり2バイト必要な**ダブルバイト文字**。ASCII コードは1文字あたり1バイト必要な**シングルバイト文字**。

この節の目標

- ☑ Ⓐ 文字化けについて理解する。
- ☑ Ⓑ Unicode の必要性について理解する。
- ☑ Ⓒ パリティビットについて理解する

イントロダクション ♪♫

　0 と 1 で表現された文字コードを認識してコンピュータは文字を扱っているんだよね。アメリカで ASCII コードが作られてから，日本や中国など他の国でも文字コード体系が作られていったんだね。

　日本語には日本語に対応する文字コード体系が作られて，中国語には中国語に対応する文字コード体系が作られたんだ。

　だけど，ここでトラブルが発生するんだ。

　たとえば，「$1000110_{(2)}$」という文字コードがあったとして，ASCII コードで表示すると「F」と認識される一方で，他の文字コード体系で表示すると違う文字として認識されてしまうんだ。

　考えてみれば当たり前で，0 と 1 の数字の列と文字を 1 つずつ対応させているから，それぞれの国が独自に文字コード体系を作成したら，同じ 0 と 1 の数字の組み合わせが違う文字として認識されてしまうこともあるよね。ある文字コードでは「F」と表示されても，別のある文字コードでは「S」と表現されてしまうかもしれない。

　このように，文字コード体系が異なると，文字が正しく再現されない現象を起こすこともあって，注意が必要なんだ。このようなトラブルを「**文字化け**」というよ。

　この節では，文字化けと，その解決策である「**Unicode**」について学んでいくね！

ゼロから解説

① Unicode

　文字化けのトラブルを解決するために，1993年に **Unicode** という世界共通の文字コードの国際規格が作られ，現在の日本やアメリカでは定着しているんだ。

　文字コード体系には，ASCII コード，JIS コード，シフト JIS コード，EUCなどがあり，文字や記号に割り振られた固有の数値が決められているんだ。

　コンピュータが発明された当初は，インターネットで世界中がつながるという発想はなくて，各国や各企業が独自の文字コード体系を使用していたんだよ。多くの国では，ASCII コードを拡張して自国の言語を扱えるようにしてきたんだ。

　あちこちで個別の文字コードを定めた結果，多数の文字コードが現れ，重複も生じて，文字化けし，扱いにくくなってしまった。このことを解決するために，世界中の多くの文字を統一して扱える国際的な文字規格である **Unicode**が考えられたんだ。重複やズレのないように，それぞれの国が独自に作るのではなく，多国語を共通して利用できるように開発された文字コード体系の1つに Unicode がある，ということだね。

② 日本の文字コード

　各国は独自の文字コードを作ってきた経緯があるんだけど，日本の場合はどうだったかな？　日本語では，漢字・ひらがな・カタカナを扱うから，英語と違って文字のレパートリーが多いんだよね。

　1バイトでは $2^8=256$ なので，256 種類までの文字しか表現できないから，コンピュータが日本語を扱うときは，2バイト（$2^{16}=65536$）にして，65536種類の文字を表現できるようにしたんだ。

　歴史的には，1バイトで英数字と半角カタカナが扱える「JIS X 0201」が定められ，そのあと，2バイトで漢字や"ひらがな"まで扱える「JIS X 0208」が定められたんだ。これらをもとにして，JIS コード（ISO-2022-JP），シフト JISコード，EUC-JP などの異なる文字コードが考案されたんだ。

3 制御文字

ASCII コードは，英数字・記号・「**制御文字**」のみを表しているんだ。

制御文字とは，文字コードなどで規定された文字のうち，通信制御や周辺機器の制御などに用いる特殊な文字のことだよ。ひと言でいうと，<u>コンピュータに指示を出す特別な意味をもつ文字</u>が**制御文字**なんだ。具体的には「改行して！」とかだね。

4 パリティビット

ASCII コードは1文字あたり1バイトだけ必要なんだ。ここで，文字のデジタル表現について，もう少し正確に説明するね。

次の8ケタのコードを見てみてほしい。

$01000110_{(2)}$

最初（一番左）にある文字を「**最上位コード**」というよ。この例では「0」だね。最上位コード以外のコードは「1000110」だね。

ASCII コードでは，文字を表す情報として使われているのは「1000110」の部分なんだ。最上位コード「0」はエラー処理に使われているよ。このようなビットを「**パリティビット**」といって，先頭または末尾に1ビットだけ追加したパリティビットの数字を確認することで，データが誤っているかどうか判定することができるよ。くわしくは *p*.321 で扱うね。

8ビットで文字を表しているけど，文字を区別するために使われる部分は7ビット分だから，$2^7 = 128$ 種類の文字を表すことができるんだ。

まとめ

❶ **Unicode**：世界の文字の多くを1つの文字コード体系にまとめたもの。

❷ **制御文字**：通信制御や周辺機器の制御などに用いる特殊な文字。

❸ **パリティビット**：データが誤っているかどうかを判定するビット。

第27節 音のデジタル化

この節の目標

- ☑ Ⓐ 音とは何か，音のデジタル化とは何かを理解しよう。
- ☑ Ⓑ サンプリング周波数や量子化ビットを知ろう。
- ☑ Ⓒ PCM方式でデジタル化した音源のデータ量を求めてみよう。

イントロダクション ♪♫

音って何だと思う？　たとえば，太鼓って叩くと音が出るよね。太鼓を叩くと，太鼓の表面がふるえて音が出るんだ。表面がゆれないように押さえてから太鼓を叩くと，音は出なくなるよ。つまり，物体がふるえることで音が出るんだね。音の振動をマイクロホン(マイク)でとらえることにより，連続的に変化するアナログの"波"として表示することができるよ。

▲ 空気の振動をマイクロホンで電気信号（電圧の変化）に変換する。

音は連続的なアナログデータであるのに対して，コンピュータは段階的に変化するデジタルデータとしてデータを処理しているから，アナログデータをコンピュータの扱えるデジタルデータに変換する必要があるんだ！　これを**A/D変換**といったよね。

物体が振動すると音が出るよ。音の振動は波（音波）となって，いろいろなものを介して耳に届くんだ。この音波を，マイクで拾って，波形を表示してデジタル化することで，**K-POP**アイドルの音楽や**LINE**通話のような音声を通信で転送したり，記録したり，複製したりすることができるよ！　デジタルデータの長所を活用できるようになるよ。

この節では，音のデジタル化について学んでいくよ！

ゼロから解説

1 音波を0と1だけで表現する

　私たち人間は音を感じるよね。一方で，コンピュータは0と1だけで音を区別するわけだけど，どのようにして区別しているのかな？　考えていこう！

　人間の感じている音と，コンピュータが扱っている0と1の2進法の世界をどのようにしてつないでいくか学んでいこうね！

　音のデジタル化は,以下の手順に従って行うよ！　音をマイクなどで拾って，波形に表現してから，

デジタル化の手順

- Ⓐ **標本化（サンプリング）**：一定の間隔に区切って波の高さを取り出す。
- Ⓑ **量子化**：波の高さに近い段階値を読み取る。
- Ⓒ **符号化（コード化）**：量子化された数値を0と1に変換する。

という3段階の手順を踏むんだ。

　次からはⒶ，Ⓑ，Ⓒのそれぞれをくわしく解説していくね！

2 標 本 化

　右の図は，ある空気の振動を，マイクで電気信号に変換し，時間の経過にともなう変化をグラフにした波形だよ。縦軸は電圧，横軸は時間になっているよ。この音の波形をデジタル化していこう。まずは標本化してみよう。

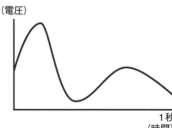

　Ⓐの「**標本化**」とは，音を一定の間隔で区切ること。もっと正確には"時間間隔で区切ること"なんだ。この図に，縦に区切りを入れていく形だね。標本化は「**サンプリング**」ともいって，波を一定の時間間隔に分割して，波の高さを量として取り出すんだ。

波の高さとして取り出すのは，「音の波形」と「縦線」との交点にするよ。この取り出した点を「**標本点**」というよ。

標本化するときに，1秒あたりに何回標本点を取るか決めた値を「**サンプリング周波数**」または「**標本化周波数**」（単位：Hz，ヘルツ）というんだ。正確には，標本点を取る頻度を単位時間あたりに直した値のことをいうよ。

また，標本点と次の標本点との間の時間間隔のことを「**サンプリング周期**」というよ。

次の図では，1秒間に10回サンプリングしているので，「サンプリング周波数10Hz」と表現するんだ。サンプリング周波数は高ければ高いほど，実際の音の波形に近い形をデジタル表現できるよ。

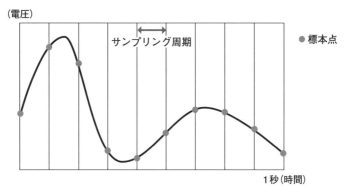

❸ 量子化

次に，縦軸の電圧を，何段階かのとびとびの値に分けるよ。このとき，あとで2進法の値に変換（❸の符号化）できるように，段階の数は2の累乗にするよ（$2^2＝4$段階，$2^3＝8$段階，$2^4＝16$段階，……など）。

そして，❹の標本化で拾い出した標本点の値に最も近い段階の値を割り当てる操作が，❸の「**量子化**」なんだ。たとえば「0」と「1」と「2」と「3」という4段階の数値に分けるとしたとき，「1.25」という値を一番近い「1」に割り当てる操作のことだよ。

このとき，波形の値を2の何乗の段階の数値で表現するかを示す値を「**量子化ビット数**」というよ！　つまり，「どれだけ細かく区切るか」ということだね。サンプリング周波数は縦に細かく区切るのに対して，量子化ビット数は横

に細かく区切るイメージだよ。

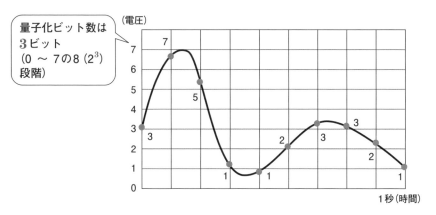

量子化ビット数は
3ビット
（0 ～ 7の8 (2^3)
段階）

波を標本化し量子化することで，次の図のように波が細かいギザギザになっていく流れ，これがデジタル化だ！

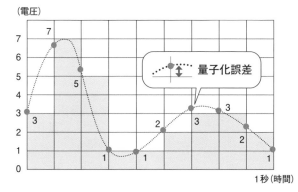

量子化誤差

ちなみに，アナログデータをデジタルデータに変換する際に生じる，もとの数値とデジタル化したあとの数値の間の誤差のことを「**量子化誤差**」というよ。

たとえば右の図では，標本点は「4」という位置に近いから，量子化すると「4」となるよね。量子化するときに，少し誤差が出ることになるね！　その誤差が量子化誤差だよ。

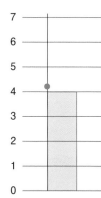

4 符号化

❹の「**符号化**」とは「**コード化**」ともいって，**❸**で量子化された値を順に2進法の値に変換する操作をいうんだ。

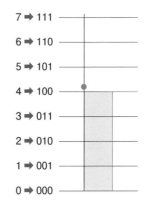

たとえば**❸**の量子化で「4」と表現された標本点の高さは，**❹**の符号化では「$100_{(2)}$」と表現されるよ！　つまり，**❸**の量子化では10進法で表現されたとして，**❹**の符号化ではその10進法の数を2進法に変換するんだね。これが符号化と量子化の違いで，最初は理解しづらい人もいるところだから，注意しておこう！　コンピュータでも理解できる0と1のデータに翻訳するために，デジタル化する際は最終的に符号化するんだね。

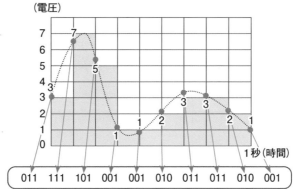

このときに2進数で表す数値のケタ数は量子化ビット数に合わせるよ。

たとえば8段階に区切るとき，量子化ビット数はいくつかな？　$8=2^3$ だから，2進法で表す数値のケタ数は3ケタだよね。こういうときは，量子化ビット数は「3ビット」と表現するんだ。だから，たとえば1は「001」と表示するし，2は「010」と表示する。小さい数字のとき，最初に0が入ることがあるから，注意しておこうね。

```
─ デジタル化の順番 ─────────
      標本化 ➡ 量子化 ➡ 符号化
```

ここで，音のアナログデータをデジタル化するとき，もとのアナログデータの波形により近い波形にしたい場合はどうしたらいいか考えてみよう！

　サンプリング周波数が高くなればなるほど，また，量子化ビット数が大きくなればなるほど，もとの音のアナログデータの波形との誤差を小さくすることができるよね！

❺　音のデジタル化のビット数

　今まで音のデジタル化を学んできたけど，音のデジタルデータのデータ量はどうやって計算するのかな？

　説明のために簡単な例で考えてみるね。さっきと同じように，標本点の高さを8段階で区切ってみよう。0，1，2，3，4，5，6，7の8段階で分けるよ。

　もし❸の量子化で「1　4　2　3」と区切られたら，❹の符号化では，

　　　001 100 010 011₍₂₎

と表現されるんだ。これは，右のように符号化されるということだね！

$$
\begin{array}{cccc}
\underline{1} & \underline{4} & \underline{2} & \underline{3} \\
\downarrow & \downarrow & \downarrow & \downarrow \\
001 & 100 & 010 & 011
\end{array}
$$

　8段階に区切るから，量子化した「1」という数値は，2進法では3ケタ（3ビット）の「001」で表現しなければいけないね。つまり，8段階で「1つの標本点の高さ」を表現するためには，3ビットが必要なんだ。

　音をデジタル化するとき，たとえば標本点の高さを4回測定したら，3ビット×4回＝12ビットだから，音のデジタルデータは12ビット必要ということになるんだ。上に書いた「001 100 010 011₍₂₎」という表現は，まさに12ケタ，12ビットで表現されているよね。標本点1つに対してそれぞれ3ビットずつ必要だから，標本点が4つのときは12ビット必要，ということだね。

❻　トレードオフ

　このように，標本点が増えれば増えるほど，必要なビット数が増えるという関係性があるんだ。1秒あたりの標本点の数が多ければ多いほど，なめらかな

音波を表現できるよ。音はサンプリング周波数と量子化ビット数を増やすと，より正確なもとの波に似ている形を表現できるんだ。

一方で，細かく区切れば区切るほど，ビット数（データ量）は増えてしまう。

つまり，高音質になればなるほどデータ量は増えてしまう。逆に，データ量を減らすと音質が悪くなってしまう。このように，一方をよくしようとするともう片方が悪くなってしまう関係のことを「トレードオフの関係」というよ。"データ量"と"精密さ"は，しばしばこの関係にあるよ。

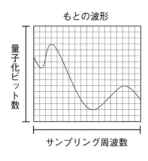

もとの波形

量子化ビット数

サンプリング周波数

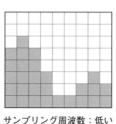

サンプリング周波数：低い
量子化ビット数：小さい

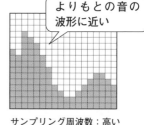

よりもとの音の波形に近い

サンプリング周波数：高い
量子化ビット数：大きい

7 チャンネル

音を流すときの音が発生する場所を「チャンネル」や「音波発生源」というよ。また，チャンネルの数を「チャンネル数」というよ。たとえば，"右と左から違う音声を出す"なら2つ。バンドの演奏やオーケストラを録音するとき，"右・左・前の3か所で別々に録音して，別々の録音データとして保存する"なら3つだと思っておいてね。特に，1つのチャンネルで再生する方式を「モノラル」といい，左右2つのスピーカーで異なる2つのチャンネルを再生する方式を「ステレオ」というよ。

1つの演奏を録音するだけでも，右から録音するときと，左から録音するときは，楽器の位置や響き方によって，聞こえ方が少し違うよね。チャンネル数を増やして複数の録音地点を用意することで，奥行きのある音声データを収録することができるんだ。

音が発生する場所の数が1つから2つへと2倍になると，記録に必要となるデータ量も2倍になるんだ。ステレオで再生するときのデータ量は，モノラルの2倍になるということだね。単純に2つなら2倍。3つなら3倍になるよ！

だから，高音質なデータを用意しようとすると，データ量はすごく大きくなるんだね。

音がどの方向から聞こえてくるか，音に空間的な広がりをもたせるためには複数の音波発生源（チャンネル）が必要で，チャンネル数に比例してデータ量は大きくなる，ということだね！

⑧ PCM 方式

これまでに示したような，<u>アナログデータに標本化と量子化を行ってデジタルデータに変換する方法</u>を「**PCM（パルス符号変調）方式**」というよ！

PCM 方式は，音楽 CD などで利用されていて，音楽 CD の場合は，<u>サンプリング周波数は 44.1 kHz を採用している</u>よ。44.1 kHz とは，44.1×1000 Hz と計算して，1秒間に44100回サンプリングを行うんだ。さらに，<u>量子化ビット数は 16 ビットを採用している</u>よ！

⑨ 音のデジタルデータのデータ量

ここまで，音のデジタル化の原理を学んだね！　デジタルデータは，● bit，▲ Byte，■ KB，……というように，データ量を数値で表したり，計算したりすることができるんだ。音のデータ量は，どうやって決まるんだろう？

PCM 方式でデジタル化された音のデータ量の求め方を，先ほどの例で示した波形で考えてみようね！

先ほどの例を符号化すると，右のような2進数で表せたよね。

符号化したときの2進数の値を並べると30ケタになるため，30ビットになるね。

上の例におけるサンプリング周波数は10 Hz，量子化ビ

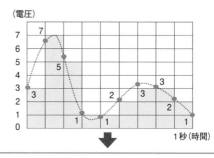

011　111　101　001　001　010　011　011　010　001

ット数が3ビットだから，1秒間あたりのデータ量は，10Hz×3ビット＝30ビット，とも求めることができるよ！

また，このデータ量は，あくまでもモノラルの場合だね。モノラルって覚えているかな？　チャンネルの数が1つしかないものがモノラルなんだ。このチャンネル数が2つになると，データ量は2倍になるね！　チャンネル数が2つのことをステレオといったね。

再生する際の方式がモノラルかステレオかでデータ量が異なるため，音のデータ量は次のようにして求めるよ！

┌─ 音のデータ量の求め方 ─────────────
　　　1秒あたりのデータ量（ビット）
　　＝ サンプリング周波数 × 量子化ビット数 × チャンネル数
└──────────────────────────────

･ちょいムズ･

音は空気の振動だったね。デジタルデータは0と1で表現されるような区切られたデータであるのに対して，音は連続的に変化する「波」のアナログデータだよね。

音は波の大きさや形によって，音の大小や高低が変わるんだ。

音の大小は，「**振幅**」という「波の大きさ」によって表されるよ。

音の高低は，「**周波数**」という「1秒間に繰り返す波の数」によって表されるんだ。この周波数の数値が高い場合に「高音」として認識されて，周波数の数値が低い場合に「低音」として認識されるよ。

音の音色は，波形という，波の形の違いによって表現されるんだ。同じ周波数であっても，その波の形が異なることで，人はその音色の違いを区別できることがあるよ。「オシロスコープ」という装置を使うと，その違いを見ることができるよ！

情報Ⅰの授業ではよく，音を波として表現しているけれど，これは音をオシロスコープを通して観察した形なんだね。

ま と め

❶ 音は，空気を振動させることによって伝わる波。

❷ 音はもともとアナログデータで，コンピュータでも扱えるように するために，デジタルデータに変換する **A/D 変換**が行われる。

❸ 音をデジタルデータに変換する手順は
　　標本化（サンプリング） ➡ 量子化 ➡ 符号化（コード化）

❹ 音のデジタル化における標本化を**サンプリング**といって，取り出 した点を**標本点**という。

❺ 標本点と次の標本点との間の時間間隔を**サンプリング周期**といい， 1 秒間あたりに標本化する回数を**サンプリング周波数**という。単 位は Hz（ヘルツ）と表記することがある。

❻ 標本化で拾い出した標本点の値を，最も近い値に割り当てる操作 を**量子化**という。このとき，波形の値を 2 の何乗の段階の数値で 表現するかを示す値を**量子化ビット数**という。

❼ サンプリング周波数と量子化ビット数を多くするほど，より正 確なもとの波に似ている形を表現できる。

❽ **PCM**（パルス符号変調）方式を採用している音楽 CD は，サン プリング周波数は **44.1kHz**，量子化ビット数は **16 ビット**を採用 している。

❾ 音質とデータ量は**トレードオフ**の関係。

❿ 音波発生源の数のことを**チャンネル数**という。

画像のデジタル化

この節の目標

- ☐ **A** 画像のデジタル化の仕組みについて理解する。
- ☐ **B** 画像を扱うソフトウェアやファイル形式についての知識を身につける。

イントロダクション ♪♫

　人間はあざやかな色を認識して，なめらかな景色を見ることができるよね。この景色をコンピュータに認識させるためには，どうすればいいかな？　景色という連続したデータをデジタル化して，コンピュータが扱える画像を作る必要があるんだ！

　音のデジタル化でも学んだ通り，デジタル化とは区切ることなんだよ。

　もう少し正しくいうと，デジタル化の考え方は，音声，画像，映像すべてにおいて，連続するデータを区切って，ビット化することなんだ！

　この節では，画像を 0 と 1 の数値としてコンピュータで扱えるようにするA/D変換について学んでいくよ！

ゼロから解説

1 画像のデジタル化の手順

　右の図のようなアナログ画像をデジタルデータに変換する方法について考えてみよう！　デジタル化では区切ることが大切だから，この画像をどうやって区切るか，考えていこうね！

step1 標本化（サンプリング）

今回のデジタル化では,「真っ白」か「真っ黒」かの2択で選択するものとするね。まず,もとのアナログ画像を小さい正方形のマスに区切ってみよう。この小さな正方形のマスを「**画素（ピクセル）**」というよ。1つの正方形のマス目を見たとき,そこに「白が多いか,黒が多いか」を,コンピュータは2択で判断するんだ。

たとえば「このマス目は,黒色が正方形の面積の50%以上を占める。じゃあ "黒" だ」,「このマス目は,黒色が正方形の面積の50%未満しかないな。じゃあ "白" だ」というように,1つひとつのマス目に区切って,マス目の色を決定することを「**標本化（サンプリング）**」というよ! 画像を画素に区切って,代表となる色を取り出すことを標本化というんだね。

step2 量子化

読み取った色をとびとびの値（離散的な値）で表現することを「**量子化**」というよ! さっきの標本化では「黒か白か」を決定したよね。一方で,この量子化では,「黒なら 1 という数字」「白なら 0 という数字」というように,具体的な値で表現するんだ。何段階かに分けた数値に変換することを量子化というんだね。

step3 符号化（コード化）

量子化した数値を2進法の 0 と 1 に変換する操作を「**符号化**」というよ。ここでは step2 の時点で 0 と 1 の数字しかないから,そのままの数字を並べる作業になるよ。画像の左上から順に符号化を進めていくね。画像の左上には 0 が書かれていて,左から右に順番に読んでいくと,一番上の段には,

0111100000011110

と書かれているよね。その1つ下の段に進むと，

      1111110……

と続いているよね。

この画像の場合は1画素あたり0か1の1ビットで表現できている，ということになるんだ。

ここでは量子化の時点で0と1だけになっていたけれど，量子化の時点で0と1ではなく5や6のような数字が発生した場合は，5や6という10進法の数字を，101や110のような2進法の数字に変換するんだ。10進法はコンピュータでは扱いにくいから，2進法の数値に変換する必要がある。これが符号化なんだね。

このように，コンピュータで扱う画像は細かい画素（ピクセル）の集まりで，標本化 ➡ 量子化 ➡ 符号化の順番にデジタル化が進んでいるよ！

┌─ デジタル化の順番 ──────────────────
│
│   標本化 ➡   量子化 ➡   符号化
│
└────────────────────────────────
---

② デジタル画像のデータ量

画像は画素（ピクセル）という小さな正方形から構成されていて，1つの画素ごとにデータが詰まっているんだね。画像はたくさんの画素が集まって構成されているから，画像は画素の数によってデータ量が変わるんだ。

ちなみに，色情報をもった点のことを「**ピクセル**」というよ。画素とピクセルはまったく同じ意味で，1画素とか1ピクセルと表現するよ。一方で，ディスプレイなどで見られる点のことを「**ドット**」ということがあるよ。

たとえば640×480ピクセルの画像データであれば，その画像を構成するピクセル（画素）の数は640×480＝307200個になるんだよ！

1画素あたり1ビットで表現した画像データは，307200個それぞれに1ビットずつのデータが詰まっているから，画像全部で307200ビットのデータ量があるということになるんだよ！

画像のデータについて，このようにデータ量を計算する問題が出ることがあ

るから，しっかり学んでいこう！

> 例 右の画像のデータ量を求めなさい。

総画素数は，16×16＝256ピクセル。

1ピクセルあたり1ビットであるから，

データ量は，

（総画素数）×（1画素あたりのビット数）

＝256×1

＝256ビット

16ピクセル

16
ピクセル

３ 解像度

　画像をどのくらい細かく区切るかを表した値を「**解像度**」というんだ。この解像度は，ディスプレイやプリンタなどの性能を表しているんだ。

　たとえば，4Kディスプレイの場合だと，解像度は3840×2160なんだけど，3840×2160というのは，「横に3840マス，縦に2160マスある長方形ですよ」という意味だよ。

　プリンタの場合だと，1インチ（2.54cm）の幅の中に印刷できるドットの数であるdpi（dots per inchの略）っていう単位を使うよ！　たとえば，300dpiであれば，1インチの幅の中に300個のドットが含まれているってことになるよ！

４ 解像度による画像の違い

　次の図を見てみると，解像度の違いによって，画像の粗さが違うことがわかるね！　解像度が高いほうが，よりなめらかな画像になって，より自然だよね！

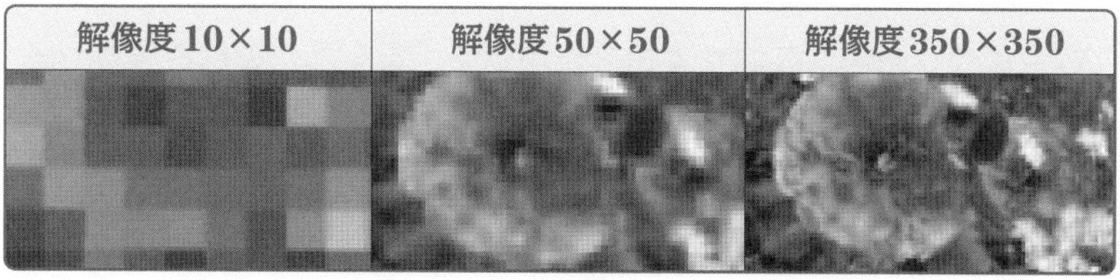

解像度10×10	解像度50×50	解像度350×350

第
1
章

第
2
章

第
3
章

第
4
章

一方で，解像度が高くなると，その分だけデータ量も大きくなって，PCで処理するのに時間がかかったりすることがあるよ。利用する目的に応じて適切な解像度を選ぶ必要があるね！　画像が粗すぎたら見にくくなるけど，逆に必要以上に高画質になって送信や受信に時間がかかって表示できなかったら，本末転倒だもんね。画像の解像度とデータ量はトレードオフの関係である，ということだね！

⑤　色の表現

各色の濃淡を何段階で表すことができるかを「階調(グラデーション)」というよ！　階調が大きいほど多くの色を表現することができるんだ。

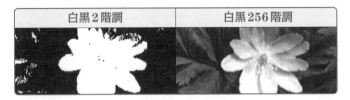

| 白黒2階調 | 白黒256階調 |

たとえば，同じ赤でも濃い赤と薄い赤があるよね？　これが階調ってことだよ！　階調の数値が大きいほど色の濃淡をなめらかに表現することができるんだよ！　特に，白黒256階調のことを「**グレースケール**」と呼ぶこともあるよ。

⑥　加法混色と減法混色

テレビやコンピュータなどのディスプレイでは，1つひとつのドット（画素）を表現するために，赤（R），緑（G），青（B）（光の3原色）の光の強さを調整して色を表現しているんだ。光を重ねると明るさが増し，やがて白に近づくんだ。この表現方法を「**加法混色**」というんだ！

その一方で，プリンタなどの印刷ではシアン（C），マゼンタ（M），イエロー（Y）（色の3原色）を混ぜて色を表現しているんだ。これらを重ねると明るさは減少していき，やがて黒に近づくんだ！　この表現方法を「**減法混色**」といって，ディスプレイの加法混色と違う表現方法だから，区別できるようにしておこう！

ややこしいから整理するね！

　ディスプレイは光を使って色を表現する。テレビって，電源を消していると
きって真っ暗だよね？　つまり黒からスタートするんだ。電源をつけると光が
ついて，白色まで表現できるようになるよね。これが加法混色だよ！

　一方で，プリンタは紙にインクを塗って色を表現する。プリンタの紙って，
最初は普通は白色だよね？　つまり白からスタートするんだ。インクを塗る
と，シアンやマゼンタやイエローが混ざって，組み合わせるとやがて黒色に近
づいていく。これを減法混色というんだ！　インクを加えていくのに，減法。
まぎらわしいけど，色の性質として<u>黒色は光を失った色</u>だから，黒に近づくこ
とを減法というんだ，と思っておいてほしい。

　巻末の $p.353$ に「光の3原色」と「色の3原色」のイラストを載せたから，
加法混色，減法混色を確認してね。

　ちなみに，ディスプレイをよーく見ると，1ドットが3色に分かれているよ。

　ディスプレイは1つひとつの小さな画素（ピクセル）で表現されていること
を学んだけど，ディスプレイでは，その1つ1つのドットに，それぞれ3色
の光の発生源が用意されていて，その3色の強さの加減によって色の具合を表
現しているんだ。現代のテレビは，約800万画素で1つのテレビになってい
ることも珍しくないよ。つまり800万粒のドットがテレビの画面に敷き詰め
られていて，その1つひとつがそれぞれ色を表現しているという，想像を絶す
るような世界なんだ！

⑦　画像処理ソフトウェア

　君がスマホやPCで画像を見るときに，拡大すると画像がギザギザに見えた
ことはないかな？　「PDF（ピーディーエフ）」というファイル形式の文字は拡大してもキレイに
読めるのに，「JPG（JPEG）（ジェイペグ）」というファイル形式だとボヤケて見える，という
ように，拡大したときにギザギザに見えるデータと，ギザギザにならないデー
タがあるんだよ。

　このように，現代のコンピュータで表現される画像データは，大きく2種類
に分けられるんだ。名称も大切だから紹介するね。<u>拡大したときにギザギザに</u>

見えてしまう「ラスタデータ（ビットマップデータ）」と，拡大してもなめらかに見える「ベクタデータ（ベクトルデータ）」だよ！

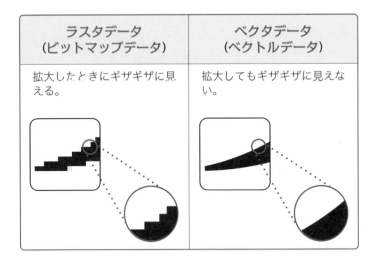

ラスタデータ （ビットマップデータ）	ベクタデータ （ベクトルデータ）
拡大したときにギザギザに見える。	拡大してもギザギザに見えない。

ラスタデータ（ビットマップデータ）は，画像を色のついた点（ドット）の集合として表現したデータなんだ。点の集まりだから拡大するとギザギザに見える。このようなデジタル化された画像に発生する階段状のギザギザのことを「ジャギー」というよ！　ビット（小さな点）を「マッピング（位置づけ）」したデータだから，ビットマップデータ，だと覚えておいてほしい。ビットマップデータは，「ペイント系ソフトウェア」と呼ばれるソフトウェアで扱われるよ。

　一方でベクタデータ（ベクトルデータ）は，画像を構成する点や線，面を数値データで処理し，表示するときに計算処理をして表現するデータなんだ。点の集合として登録せず，向きや大きさでデータを登録するんだ。

　さっきのビットマップデータは点（小さな正方形）の集合だから，拡大されたらギザギザになってしまう。一方で，ベクトルデータは座標や数式で画像を表し，表示されるたびに計算し直すから，なめらかに表示できるんだよ！

まとめ

❶ デジタル化するときは"区切る"ことが重要な意味をもつ。画像を画素に区切って，代表となる値を取り出すことを標本化という。何段階かに分けた数値に変換することを量子化という。量子化した数値を２進法の０と１に変換する操作を符号化という。

❷ 画像をどのくらい細かく区切るかを表した値を解像度という。

❸ 各色の濃淡を何段階で表すことができるかを階調（グラデーション）という。

❹ テレビやコンピュータなどのディスプレイでよく見られる色の表現方法を加法混色という。プリンタなどの印刷でよく見られる色の表現方法を減法混色という。

❺ 画像データは，拡大したときにジャギーというギザギザが見えてしまうラスタデータ（ビットマップデータ）と，拡大してもなめらかに見えるベクタデータ（ベクトルデータ）の２種類に分けられる。

イントロダクション ♪♫

　ここまで画像のデジタル化を学んできたけれど，スマホでは画像だけではなく動画も撮ることができるよね。動画って，コンピュータではどのように扱われているんだろう？　動画は，1枚1枚の静止画像を連続して見せることで，動いているように表現しているんだ。人間の脳は，直前まで見ていた静止画像の記憶が残ったまま次の静止画像を見ると，前の画像からつなぎ合わせて動いているように認識するんだ。

　「パシャパシャ！」と連続して何回も写真を撮っていると，撮った枚数に比例してデータ量が増えていくよね？　写真をたくさん使って動画を表現するから，動画は写真の何倍ものデータ量になるんだ。

　この節では，動画のデジタル化について学んでいこう！

ゼロから解説

1 動画のデジタル化

　「わずかに異なる静止画像を，短い時間間隔で連続して見ていると，人間の視覚の特性により，動いているように見える」現象を「**残像効果**」といって，これを利用して「**動画**」が作られるよ。パラパラ漫画も，このようにして作られる動画の1つだね！

　動画を構成する1枚1枚の静止画像を「**フレーム**」といって，1秒あたり

に表示するフレーム数を「**フレームレート**」（単位は fps, frames per second の略）というよ！

たとえば，3枚の写真を「パシャパシャパシャ！」と撮って，その3枚を1秒でペラペラめくってコマ送りにしたとするね。そのとき，1秒あたりのフレーム数は3枚ということになり，「3 fps」と表現されるんだ。

映画では24 fps，テレビでは30 fps または60 fps が一般的だよ！　すごい枚数の画像の集まりなんだね。だから，動画のデータ量はとても大きくなることが多いよ。フレームレートが小さいと，カクカクしたぎこちない動きになってしまうね。

動画の仕組み

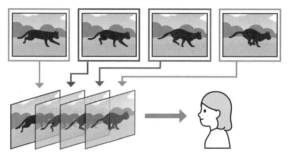

2 動画のデータ量

動画のデータ量を求める問題を考えてみよう！

動画を画像の集まりとして考えると，

> **動画のデータ量＝画像のデータ量×画像の枚数**

で，動画のデータ量を求めることができるよね。

たとえば，画像1枚のデータ量が100 bit だったとしよう。1枚100 bit の画像を5枚集めたら，100 bit×5 で，500 bit のデータ量ということになるよね。

つまり，動画のデータ量を求めるときは，まず1枚の画像のデータ量を求めて，次に，その画像が何枚集まって動画が作られているか考えて，かけ算をすればよいということになるよね。

じゃあ，具体的な問題を見ていこう！

例題

　解像度が 1000×800 の24ビットフルカラー画像のデータ量は，何MB になるか。また，この画像を1フレームとして30fps で3分間の動画を作成すると，データ量は何 GB になるか。ただし，8bit＝1B，1000B＝1KB，1000KB＝1MB，1000MB＝1GB とする。

解答と解説

　まずは1枚の画像のデータ量を求めよう！

　解像度が 1000×800 だから，画素（ピクセル）の数は 1000×800 で 800000個あるということになるよね。

　次に，「24ビットフルカラー」って何だっけ？　1画素あたり 24bit ずつ使用することであざやかな色を表現する方法だよ。つまり，1画素ごとに 24bit ずつあるということは，800000個の画素があったら，

$$800000×24\text{bit}$$

ということになるよね！　ここで，数字が大きいから，単位を変換して数字を小さくしていこう。

　800000×24bit は，あくまで bit だよね。まずは bit を B にしよう。ここでは ÷8 をすれば B にできるよね。

　この B を KB にしよう。ここでは ÷1000 すれば KB にできるよね。

　さらに，KB を MB にしよう。ここでは ÷1000 すれば MB にできるよね。ということは，

$$800000×24\text{bit}÷8÷1000÷1000＝2.4（\text{MB}）\ \text{答}$$

ということになる。これが1枚の画像のデータ量だよ！

　次に，動画のデータ量を考えよう！

　1枚あたり 2.4 MB だったね。この画像を1フレームとして30fps で3分間の動画を作成する。

　まず30fps を考えるよ。30fps っていうのは何だっけ？　「1秒あたり30フレームありますよ」という意味だったね。だから，1秒あたりに必要なデータ量を求めるなら，×30 をすればいいんだ。

では，1分あたりのデータ量はどう求めればいいかな？　1分は60秒だから，×60 すればいいよね。

次に，ここでは3分のデータ量を求めたいから，×3 をすれば3分間のデータにできるね。

最後に，計算していくと数字が大きくなることが予想されるから，単位を変換して数字を小さくしていこう。MB を GB にしたいから ÷1000 するよ。

それでは次の式を "どこまで求めたか" 意識しながら立てていくね。

$$2.4 \text{(MB)} \times 30 \times 60 \times 3 \div 1000 = 12.96 \text{(GB)} \quad \boxed{答}$$

ただ公式にあてはめるのではなく，計算の意味を考えて式を立てれば，必ず正解できるからね。

ま と め

① 人間の視覚の特性によって，少しずつ変化する何枚もの静止画を次々と表示していくと動いているように見える。この現象を残像効果という。

② 少しずつ描き換えた1枚1枚の画像（フレーム）を表示して動画にする。1秒あたりに表示するフレームの数はフレームレートと呼ばれ，**fps** という単位で表す。映画は **24**fps，一般的なテレビ放送は **30**fps または **60**fps 程度で製作されている。

この節の目標

- ☑ Ⓐ 可逆圧縮と非可逆圧縮について理解しよう。
- ☑ Ⓑ ランレングス法について理解しよう。
- ☑ Ⓒ ハフマン法について理解しよう。
- ☑ Ⓓ バーコードと QR コード® について理解しよう。

イントロダクション ♪♫

　メールを使って動画ファイルを送信するとき，データ量が大きいと送信に時間がかかるっていう現象があるんだ。そんなときは，ファイル圧縮ソフトというソフトを利用して，データを圧縮すると，効率よく送信できることがあるよ！

　この節では，そんなデータの圧縮について学んでいこう。

ゼロから解説

1 データの圧縮，圧縮率

　内容や意味を保ったままデータを別のデータに変換し，データ量を減らす処理を「圧縮」というんだ！　逆に，圧縮されたデータをもとに戻すことを「展開」というよ。

　また，データが圧縮された度合いを「圧縮率」といい，次のような式で計算できるよ。

```
┌─ 圧縮率の求め方 ──────────────
│
│   圧縮率 ＝   圧縮後のデータ量   × 100
│            ─────────────
│              圧縮前のデータ量
│
```

$$圧縮率 = \frac{圧縮後のデータ量}{圧縮前のデータ量} \times 100$$

　具体的な例で考えていこう。

例 100MB のデータを圧縮したところ，30MB となったときの圧縮率は何%になるか。

圧縮率の式にあてはめると，

$$圧縮率 = \frac{30}{100} \times 100 = \mathbf{30}（\%）$$

となるよ！

② 可逆圧縮と非可逆圧縮

圧縮したデータを展開したとき，損失が起こらずに完全にもとのデータと同じになる圧縮方法を「可逆圧縮」というよ。

それに対し，圧縮したデータをもとに戻そうとしても完全にはもとに戻らず，データの一部が損失する圧縮方法を「非可逆圧縮」というよ！

可逆圧縮	非可逆圧縮
TXT　圧縮→　ZIP　←展開　もとに戻せるが圧縮率は低い	RAW　圧縮→　JPEG　✕　もとに戻せないが圧縮率は高い
テキストファイルやプログラムデータの圧縮に用いられる。	戻らなくても人間が大きな違いを感じない，音声や画像，動画などに適している。
例 LZH，ZIP など	例 MP3，JPG など

一般に，可逆圧縮より非可逆圧縮のほうが圧縮率は高いんだ。つまり，もとに戻せない圧縮方法のほうが，小さいデータに圧縮できる傾向にあるということだね。

だから，音声や画像などのデータは，少しデータに欠損があってもあまり問題ないので，圧縮率の高い非可逆圧縮が用いられることが多いよ！

それに対し，テキストファイルやプログラムは，展開したときに完全にもとに戻らないと大変なことになってしまうので，可逆圧縮が用いられているよ！

つまり，用途に応じて圧縮方法を選択する必要があるんだね！

3 ランレングス法

可逆圧縮のうちの1つで，同じデータが連続する部分に注目して圧縮する方法を「ランレングス法」というよ。

例1 「AAAAABBAAAABBBBBBBBAAAAAA」の25文字を，ランレングス法で圧縮しなさい。また，圧縮率を求めなさい。

まず，同じ文字をカタマリに分けると，

| AAAAA | BB | AAAA | BBBBBBBB | AAAAAA |

次に，同じ文字が繰り返される回数を数で表すと，

| A5 | B2 | A4 | B8 | A6 |

圧縮されたデータは，「A5B2A4B8A6」の10文字になるね！

よって，もとの文字列と比較すると，圧縮率は，

$$\frac{10}{25} \times 100 = \mathbf{40}（\%）$$

となるよ。

例2 「ABCDE」の5文字を，ランレングス法で圧縮しなさい。また，圧縮率を求めなさい。

これを**例1**と同じ方法で圧縮してみると，「A1B1C1D1E1」の10文字になるね！　よって，もとの文字列と比較すると，圧縮率は，

$$\frac{10}{5} \times 100 = \mathbf{200}（\%）$$

となるよ。つまり，データ量が逆に多くなってしまうこともあるんだね。

ランレングス法は，連続する同じ値が多い場合に有効な圧縮法なんだね。たとえば，白黒しかない白黒印刷で利用されているよ。

たとえば，右の図はアルファベットの「E」を表すビットマップデータだよ。ビットマップデータっていうのは，「この場所は黒」「この場所は白」って，1マスずつデータを決定しているデータのことで，格子状に配置された画素の集まりだね。

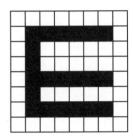

このデータの白を「A」，黒を「B」にして，AとBの文字がそれぞれ連続して何回続くか表現することで，データ量を圧縮することができるんだね！

　このデータの場合は，

　　　左上からスタートして，Aが9回連続

　　　その次はBが6回連続

　　　その次はAが2回連続

　　　その次はBが1回連続

　　　その次はAが7回連続

　　　　　⋮

だから，圧縮すると次のようになるよ。

　　　A9B6A2B1A7B1A7B6A2B1A7B6A9

ランレングス法は，連続したデータを短くすることが得意な圧縮方法だよ！

4　ハフマン法

　可逆圧縮の例として，「**コンパクト符号**」という符号を使った「**ハフマン法**」という圧縮方法もあるよ。

　ここで少し復習しよう！

　0と1に変換されたデータを「**符号**」といって，ある一定のルールに従って情報を0と1に変換することを「**符号化**」といったよね。また，意味を保ったままデータ量を減らす処理を「**圧縮**」といったね。

　それでは，次のデータを圧縮するには，どうすればいいかな？

例　「ACBDBABCBBCE」を，ハフマン法で圧縮しなさい。

　まず，このデータの中には，A, B, C, D, Eの5種類の文字があるよね。5種類の文字を区別するには，コンピュータは1文字あたり $2^3=8$ 通りの表現ができる3bitが必要ということになるよね。符号化してみると，

　　　A　➡　000

　　　B　➡　001

　　　C　➡　010

D ➡ 011

E ➡ 100

と対応させると,「ACBDBABCBBCE」というデータは,

000 010 001 011 001 000 001 010 001 001 010 100

と表現されるね。3 bit×12文字で36 bit 必要な符号だよ。

　でもさ,ちょっと考えみてほしいんだ。このデータの中に,繰り返し出てくる文字があると思わない？

　Bが多いよね。5回も出てくる。

　Cも多いよね。3回出てくる。

　Aは2回出てきて,DとEは1回ずつしか出てきていないよね。

　じゃあ,次のように符号を決めたら,全体の列は短くなると思わない？

B ➡ 0

C ➡ 10

A ➡ 110

D ➡ 1110

E ➡ 1111

と対応させると,「ACBDBABCBBCE」というデータは,

110 10 <u>0</u> 1110 <u>0</u> 110 <u>0</u> 10 <u>0 0</u> 10 1111
　　　　B　　　　B　　　B　　BB

と表現されて,この符号は25 bitだよ。さっきは36 bitだったから,短くなった！

　以上がハフマン法の大まかな手順だよ。

　ハフマン法とは "コンパクト符号" という符号を使った圧縮法の例,と最初に紹介したね。コンパクト符号の意味がもうわかるかな？

　「B ➡ 010」と対応させるのではなく,「B ➡ 0」と対応させると,符号がコンパクトになるよね。

　これがハフマン法の本質的にすぐれている部分なんだ。

　ハフマン法とは,<u>各記号の出現確率を事前に求め,出現確率の高い文字を短い符号で,出現確率が低い文字を長い符号で表現することで,データ量を小さくする圧縮技術</u>なんだね。「JPEG」や「ZIP（Deflate）」などの圧縮フォーマットで使用されているよ。

5 可変長符号，固定長符号　ちょいムズ

ちなみに，ここでは，

B ➡ 0，C ➡ 10，A ➡ 110，D ➡ 1110，E ➡ 1111

と対応させたよね。君は読んでいて「え，短くするなら "A ➡ 11" とかにした
ほうがよくない？」とか思わなかった？

じつは，「A ➡ 11」と対応させてしまうと，うまくいかないんだ。たとえば
「111110110」という符号を見たとき，どこで区切ればいいかわからないよね？

でも，

B ➡ 0，C ➡ 10，A ➡ 110，D ➡ 1110，E ➡ 1111

と決めて，「"0" または "4連続の1" を区切りにして次の文字に進む」というル
ールを作ったらどうかな？

110100111001100100010111

を見たとき，ルールに従って文字を読解することができると思わない？

110（0 が出てきたから区切る），10（0 が出てきたから区切る），

0（0 が出てきたから区切る），1110（0 が出てきたから区切る），

0（0 が出てきたから区切る），110（0 が出てきたから区切る），

0（0 が出てきたから区切る），10（0 が出てきたから区切る），

0（0 が出てきたから区切る），0（0 が出てきたから区切る），

10（0 が出てきたから区切る），1111（1 が 4 連続で出てきたから区切る）

とすることができるよね！

ハフマン法は，こういうルールを決めて圧縮しているんだ。

ちなみに，出現率によって符号の長さが変わる符号のことを「可変長符号」
というよ。たくさん出現する文字は 0 と短く，たまにしか出現しない文字は
1111 などと長くする形式のことだね。

一方で，割り当てた符号の長さがすべて一定である符号を「固定長符号」
というよ。000 は A，100 は E，というようにビット数を固定する形式のこと
だね。

⑥ バーコードと QR コード®

ここまでデータの圧縮について学んできたね。圧縮とは，あるデータを，そのデータの情報量をできる限り保ったまま，データ量を減らした別のデータに変換することをいうんだったね。「データ量を減らす」ことを学んだあとは，「より多くの情報を伝える工夫」についても学んでみよう！

たとえば，お菓子の袋には「**バーコード**」がついているよね。

バーコードとは，太さの異なるバー（棒）とスペースの組み合わせにより，数字や文字などを機械が読み取れる形で表現したものだよ。バーコードスキャナと呼ばれる装置を使って，値段や賞味期限などの情報を読み取るんだ。

バーコードは大きく分けると，縞模様で構成された「**1 次元コード**」と，「**QR コード®**」など四角い形をした「**2 次元コード**」の 2 タイプがあるよ。

1 次元コード	2 次元コード
1234567891231	▲ QR コード®

QR コード® は正方形だね。縦と横の 2 次元に広がっているから 2 次元コードと呼ばれるんだ。1 次元から 2 次元への拡張により，2 次元コードはバーコードの 100 倍以上のデータを保存できるよ。

QR コード® は，バーコードが拡張されたものとして考えられるんだ。保存できるデータ量が 100 倍以上で，せまいスペースに印字できるといった特徴から，急速に市場に浸透したよ。

さらに，QR コード® のすぐれている点として「**ファインダパターン**」と呼ばれるマークをコードの中に含めたことが挙げられるよ。**ファインダパターン**とは，QR コード® の右上，左上と左下の 3 か所にあるちょっと大きな枠つきの四角形のことで，この 3 つの四角形があることで，バーコードスキャナ

が QR コード® の向きも含めて高速に読取れるようになったんだ。QR コード® の QR とは，Quick Response（高速応答）の略字だよ。

また，右下あたりにある1点の「アライメントパターン」も重要な役割をもつよ。**アライメントパターン**は，~~ゆがみによって生じる位置ずれを補正する~~んだ。

ファインダパターン
（切り出しシンボル）

アライメントパターン

さらに，QR コード® は工場や物流の現場で汚れる可能性を想定して開発されたから，汚れによってコードの一部が読めなくても，補正されて正しく読み取られる機能が備わっているんだ。QR コード® がゆがんで見えた場合でも，読めない部分のデータをコード自身で復元して，結果として正確に読み取られるんだよ。

ちなみに，QR コード® は日本企業の株式会社デンソーウェーブが開発したよ。日本企業が特許権をもっているんだ。特許権で保護されている QR コード® が，どうしてこんなに普及したと思う？　それは，この会社が，QR コード® に対しては特許権の権利行使はしないと明言しているからなんだ。普通は使用に際して利用料金を請求するはずなのに，多くの人に使ってもらうことを優先して，無償で QR コード® を提供したんだ。

じゃあ，この会社はどうやって利益を得たと思う？　じつは，特許権をもっているこの会社は，QR コード® を読み取るスキャナの特許も取得しているんだ。QR コード® が普及すればするほど，それを読み取るスキャナが必要となり，そのスキャナを製造・販売することで大きな利益を得ることができる，という仕組みだね。

まとめ

① 内容や意味を保ったままデータ量を減らす処理を圧縮という。

② 圧縮されたデータをもとに戻すことを展開という。

③ データが圧縮された度合いを圧縮率という。たとえば200MB のデータを圧縮したところ90MB となったとすると，このときの圧縮率は45％になる。

④ もとに戻せる可逆圧縮にくらべて，もとに戻せない非可逆圧縮のほうが，小さいデータに圧縮できる傾向がある。

⑤ 可逆圧縮の1つで，同じデータが連続する部分に注目する圧縮方法をランレングス法という。

⑥ 可逆圧縮の1つで，コンパクト符号を用いた圧縮方法をハフマン法という。

⑦ バーコードは大きく分けて，縞模様で構成された1次元コードと，QR コード® など四角い形をした2次元コードの2タイプがある。

☑ **A** 情報デザインとは何かを理解しよう。

☑ **B** 現代社会における情報デザインの必要性について理解しよう。

☑ **C** 情報デザインの例を理解しよう。

イントロダクション ♪♫

　情報を伝えることを「**通信**」というんだ。文字の発明以降は飛脚や伝書鳩が通信手段として利用されたよ。1793 年には塔の上の指示台から巨大な手旗や望遠鏡を使って遠方と通信する「**腕木通信（セマフォ）**」が始動したり，1800年には間隔・短点・長点の組み合わせでアルファベットを表す「**モールス符号**」を用いた「**モールス電信機**」による通信が実用化されたりしたんだ。さらに19 世紀に「**近代郵便制度**」が確立されたことで手紙が一般的になったよ。

　このように，人類は通信やコミュニケーションのために技術を開発してきたんだ。コミュニケーションとは情報の発信者と受信者の認識を共通にすることをいうよね。

　現代のコミュニケーションは大きく2種類に分けることができるよ。言葉を使うコミュニケーションを「**バーバルコミュニケーション**」，言葉を使わないコミュニケーションを「**ノンバーバルコミュニケーション**」というんだ。言葉を使わないコミュニケーションは，身振り手振りで意思疎通したり，色や形を表示して標識として伝えたりすることがあるよ。言語の壁を超えることができるから，国際的なコミュニケーションにも有効なんだ。

　情報を効率よく伝えるためには，工夫が必要な場合があるんだ。この節では，情報伝達の工夫について学んでいくよ！

ゼロから解説

① 情報デザイン

　私たちが暮らす社会には，耳が聞こえづらい人や，視力が弱い人，年齢や価値観や言語が違う人などさまざまな人がいるから，多くの人に効率よく情報を伝えようとするときどういう工夫が必要になるか考えることは，現代を生きる上で有益なことなんだ！

　伝えたい情報を正しく伝えられるように，情報の表現を工夫することを「**情報デザイン**」というよ！

　情報デザインの際は，情報を相手に視覚的にわかりやすく伝えたり，操作性を高めてコミュニケーションの円滑化をはかったりと，情報の受信者の立場に立ってデザインを考える必要があるんだ！

　具体的な例を考えてみよう！　家具メーカーである IKEA という会社の製品は，組み立てマニュアルに文字による説明が一切ないんだ。図を見るだけで家具を組み立てられるような説明書がついているんだよ。文字ではなくて絵で説明すると，世界中の多くの人が理解できるようになるから，よい工夫といえるよね。

② ピクトグラム

　この画像を見てみてほしい。非常時になったらここから逃げられる，っていうことが，言葉を使わずに伝えられているよね。このような，文字を使わないで情報を伝達できる図記号のことを「ピクトグラム（**案内用図記号**）」というんだ。言語や文化の違いなどに関係なく，誰でも直感的にわかることがピクトグラムの特徴だね！

　どういうときに有効な表示だと思う？　これはまさに，違う言語を使う人々が1箇所に集まるような地域で有効活用できるはずだよね。たとえばオリンピ

ックなどの国際的なイベントでは，とても大切になるはず。同じように，小さな子どもから高齢の方まで幅広い年齢層の人々が利用する駅などの公共施設，商業施設などでも有効で，街中でもよく見かけるよね！

身のまわりで見かけるピクトグラムの例

ところでピクトグラムって，日本全土で統一されているほうが便利だよね？北海道でも東京でも沖縄でも，同じ図で同じことを伝えられれば便利だよね。そういうルールの具体例として，日本の産業製品生産に関する規格である「JIS」が有名だよ。

2019 年には，JIS に「AED（自動体外式除細動器）」および「加熱式たばこ専用喫煙室」の 2 つのピクトグラムが追加されたよ。こうやって JIS にピクトグラ

AED（自動体外式除細動器）　　加熱式たばこ専用喫煙室

ムが追加されていくことで，日本全土で共通のピクトグラムが増えていって，便利な社会になっていくんだ！

❸　インフォグラフィックス

それでは，右の図はどうかな？

この図を見るだけで，山頂のまわりがぐるっと 3km くらいということが伝わるよね！　このように，文字や数

山頂周辺

約3km

字だけでは伝わりづらい情報を視覚的に把握しやすいようにした表現手段を「インフォグラフィックス」というよ！

　ピクトグラムはインフォグラフィックスの1つなんだ。他にも，標識や地図，電車の路線図なんかもインフォグラフィックスだよ。

４ 情報デザインの手法

抽象化

　ここまで学んだピクトグラムやインフォグラフィックスのように，余分な要素を削ぎ落とした上で情報の要点だけを抜き出し，伝えたいことを絵・図などでシンプルに表現する手法を「抽象化」というよ。

| 卓球 | エスカレータ | 駐車場 |

▲ピクトグラムは「抽象化」の代表例。

構造化

　情報デザインの具体例はまだまだあるんだ。

　文章を整理したり，強調したりして，構造をわかりやすくする手法も，立派な情報デザインなんだ。これを「構造化」というよ！

　この本も「情報Ⅰ」っていう教科で学習する内容を構造化してまとめていることになるね！

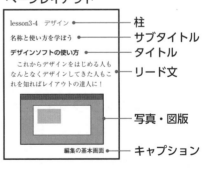

▲構造化の例。

可視化

　データを表やグラフを用いて視覚的にわかりやすく表現する手法を「可視化（かし）」というよ！

　中学の理科で，せきつい動物の進化について学習したのは覚えているかな？最初に生命が海中に現れて，その一部が進化して魚類が誕生したと考えられているよね。さらに，魚類の一部が進化して両生類になり，さらにその一部が進化しては虫類になった。鳥類はは虫類から，ほ乳類は両生類から進化したといわれているね。

　今，私が伝えようとしていた情報を「**ダイヤグラム**」にして可視化してみたのが右の図だよ。どうかな？私が伝えたいことがわかりやすくなったかな？

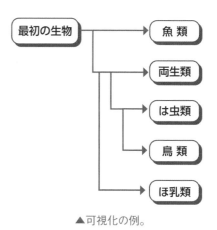

▲可視化の例。

⑤　アートとデザインの違い

　ちなみに，美術館で展示されているようなアート作品は，受け取った人それぞれが自由な解釈をもつこともあるよね。

　一方で情報デザインでは，「非常口はこちらです！」というように，伝えたい情報が定まっているんだ。

アート	情報デザイン
見た人それぞれが自由な解釈をする。	誰が見ても正しい意図が同じように伝わる。

右の図のように，「黒い人の横顔だ」
と思うと黒い人の横顔にしか見えなく
て，「白い壺だ」と思うと白い壺にし
か見えなくなる絵もある。情報を受け
取る際に思い込みがあると，偏った解
釈をしてしまうこともあるよ。

まとめ

❶ 情報を受け手にわかりやすく伝える工夫や手法を情報デザインと
いう。

❷ 情報デザインの手法として，抽象化，構造化，可視化などがある。

❸ 抽象化の具体例として，ピクトグラムやインフォグラフィック
スがある。

❹ アートと情報デザインの違いは，伝えたい情報が定まっている
か否か。

この節の目標

☑ Ⓐ バリアフリーとユニバーサルデザインの違いを理解しよう。

☑ Ⓑ アクセシビリティやユーザビリティとは何かを理解しよう。

☑ Ⓒ UX とは何かを理解しよう。

イントロダクション ♪♫

　社会には年齢や性別，言語や人種の違いだけじゃなく，右利きの人や左利きの人，身体に障がいのある人など，さまざまな人がいるよね。現代の社会では，さまざまな人が同じ場で共生するようになってきているよ。

　だから，情報を伝える工夫にはさまざまな種類があるんだ。「目が悪い人でも見えるようにしたいな」「人種差別的な表現になっていないかな」「右利きでも左利きでも使いやすい形になっているかな」というように，使用する人や状況を想定したデザインが求められているんだ。

　現代の社会に暮らすすべての人が等しく安全・快適に過ごせることを目指したデザインの工夫や考え方を，「ユニバーサルデザイン（Universal Design/UD）」というよ。年齢，性別，国籍などの違い，能力や障がいの有無などにかかわらず，誰もが利用できるような設計について学んでいこう。

ゼロから解説

1 ユニバーサルデザイン

　お風呂場でシャワーを浴びてシャンプーを探すときのことを考えよう。お風呂場ではメガネをはずすから，目が見えない状況の人も多いよね。そこで，目が悪い人でも苦労せずにシャンプーとリンスを区別できるように，容器にギザ

ギザをつけるという工夫がされているよね。

　同じように，自動販売機を考えてほしい。自動販売機って，100円玉とかを投入する場所が低い位置にあると思わない？　あれは，子どもや車いすの人も使いやすいように配慮されているんだよ！　このように，ユニバーサルデザインは身近な場所にたくさんあるんだ。

　ユニバーサルデザインに似た意味の言葉に「バリアフリー」があるけど，違いは説明できるかな？　体の不自由な人にとっての障壁を取り除く工夫をバリアフリーというのに対して，すべての人が不自由なく使えるように設計する工夫がユニバーサルデザインだよ。

② アクセシビリティとユーザビリティ

アクセシビリティ

　幅広い人々が「使える」かどうかの度合いを「アクセシビリティ」というよ。使いやすいことを「アクセシビリティが高い」と表現するんだ。たとえば，難しい"説明書"を想像してほしい。機械を買ったときに，難しい文章でギッチリ説明文が書かれていたら，読むだけで疲れてしまうし，読みたくなくて機械を使わなくなってしまう人もいるかもしれないよね。

　でも，わかりやすい図や絵を用いて説明されていたら，文章をじっくり読まなくても理解することができるよね。まさにアクセシビリティを高くする具体例だよ！

ユーザビリティ

　みんなはコピー機の使い方ってわかるかな？　コンビニの大きなコピー機って，使い方がわからなくても，タッチパネルの案内に従って進めば，簡単に印刷できるようになっているんだ。タッチパネルのボタン表示も大きくて，押しやすくなっているし，読みやすくなっている。このような「使用しやすさ」や「操作しやすさ」の度合いを「ユーザビリティ」というよ！

　もっと正確にいうね。何かを使うとき，ストレスを感じることなく，簡単にその使用目的を達成できるような設計や技術のことをユーザビリティというん

だ。

　コンピュータがどんなに便利な機能をもっていたとしても，使い方がわからなかったら意味がないよね。たとえば「文字が大きく表示されているから読みやすい！」「操作がわかりやすい！」という単純な工夫もユーザビリティの向上につながるよ。機械の操作が苦手な人や視力が弱い人も利用できて，社会が便利になるんだね。

　多くの人が使いやすいデザイン，ユニバーサルデザインを実現する上で必要なのが**アクセシビリティ**と**ユーザビリティ**なんだ。

❸　アクセシビリティとユーザビリティの違い

　アクセシビリティは誰もが「使える」状態にすることに重点があって，ユーザビリティは，ユーザーにとってより「使いやすい」ことに重点があるんだ！アクセシビリティを高くしてからユーザビリティを高くすると，多くのユーザーに「使えるし，使いやすい！」と思ってもらえるんだね。

❹　カラーユニバーサルデザイン（CUD）

　色はだれにでも同じように見えているわけではなくて，ある人にとって区別しやすい配色が，別の人には区別しにくいことがあるんだ。色の違いを認識する感覚を"色覚"といって，色覚が弱い人の一部は赤と緑の区別がしづらいんだ。

　このような問題に配慮した情報デザインを「**カラーユニバーサルデザイン（CUD）**」というよ。色の感じ方（色覚）の個人差に配慮し，多くの人が情報を見分けられるような配色にするなどの工夫を施したデザインがカラーユニバーサルデザインだよ。

❺　ユーザインタフェース（UI）

　スマホを使うとき，人間はスマホの画面を見て，指でタッチして，スライドして操作するよね！　スマホの画面はタッチパネルになっているよね。このタ

ッチパネルのような，人間と機器をつなぐ部分は「ユーザインタフェース（UI）」というんだ。

　PC を操作するユーザインタフェースとして，たとえば，マウスやキーボードなどがあるね。さらに，最近では音声入力や身振り手振りによるユーザインタフェースも発展してきている。つまり，ユーザインタフェースを工夫することは，機械を使いやすくすることにつながるね。

⑥　ユーザエクスペリエンス（UX）

　スマホを使ったとき，「使いやすい！」と思ったことはあるかな？　あるいは，ゲームをしたとき，「このゲームすごく面白い！」って感動したことがあるかもしれない。このように，製品やサービスを通じて利用者が得られる体験のことを「ユーザエクスペリエンス（UX）」というんだ！

　「使いやすい」「わかりやすい」というのが「ユーザインタフェースの向上」であるのに対して，「感動した！」「使ってよかった！」と思ってもらえることは「ユーザエクスペリエンスの向上」ということになるね！

　ユーザエクスペリエンスは製品やサービスの利用を通して得られる体験の総称だから，使い心地や感動，印象なども重視される，多くの要素を含んだ幅広い概念といえるね。

⑦　CUI と GUI と NUI

　初期のコンピュータは，電源を入れると真っ黒な画面が出てきて，情報の表示を文字だけで行い，すべての操作はキーボードで行う「CUI（Character User Interface）」というユーザインタフェースが主流だったんだ。

　一方，現在のコンピュータは，マウスやタッチパネルなどを使って直感的に誰もが操作できるようなユーザインタフェースが利用できるようになったんだ。これを「GUI（Graphical User Interface）」というよ！　初心者でも使いやすいように工夫されているんだね。

　どういうことか少し整理するね。

まず昔のコンピュータは，マウスがなかったんだ。マウスがないとポインタを動かすことができないよね？　だから，たとえばキーボードの上ボタン(↑)や下ボタン（↓）でカーソルを移動して，入力する場所を調整していたっていうことだよ。これって，すっごく面倒くさくない？

　そこで，マウスを使ってスムーズに動かせるようになったということだね。現代ではさらに，画面を直接タップすれば画面が切り替わることも多いよね。指でスライドさせると，動かしたい方向に画面が動くよね。このように，<u>人間が普段行っている動作のような身振り手振りによるユーザインタフェース</u>を「**NUI（Natural User Interface）**」といって，テレビゲームにも利用されているんだ。どんどん直感的に操作できるように工夫されているんだね。まさにユーザインタフェースの進化だよ。

　機器の使いやすさや快適さは，ユーザインタフェースに大きく影響されるよ。これからも人間の特性を考えた，適切なユーザインタフェースを検討し続けていく必要があるんだね。

⑧　シグニファイア

　ゴミ箱って，捨てる穴が丸かったり，四角だったりするのってみたことあるかな？　コンビニやショッピングモールのゴミ箱の捨てる穴を考えてみてほしい。ゴミの種類によって投入口

の形が異なっていることがあるんだ。ペットボトルを捨てる穴が丸い穴，燃えるゴミを捨てる穴が四角い穴だったりするんだ。

　見慣れてくると，ゴミを捨てるときに「このゴミ箱はペットボトル用かな？」って予想できるときがある。このように，<u>直感的に伝わり，かつ人の行動を左右するような表示方法</u>のことを「**シグニファイア**」というよ！

　つまり，利用者がものを使うとき，直感的に適切な行動ができるようにするヒントやサインのことをシグニファイアというんだ。

　ゴミ箱の場合，丸い形状の投入口は「缶やペットボトルを捨てること」を示すシグニファイアであり，細長く四角い投入口は「雑誌や新聞を捨てること」

を示すシグニファイアなんだね！

　これらのシグニファイアがゴミ箱についていることにより，利用者はより直感的にゴミを分別することができるんだ。私たちのまわりには，利用者に適切な行動を促すようにデザインされたものもあるということだね。

　ちなみに，「ピクトグラムとシグニファイアの違いは何？」と聞かれて，答えられるかな？

　ピクトグラムはただ情報を伝えること自体が重要であるのに対して，シグニファイアは「行動を促す」という意味合いが強いから，区別できるようにしておこうね！

　シグニファイアの他の例として，次のようなものがあるよ！

例1　Web ページ内の文字が青色であれば，リンクがありそうだと感じる。

(https://jukuweb.com/profile/)

例2　封筒に7つの四角がついていたら，郵便番号を書く場所のような気がする。

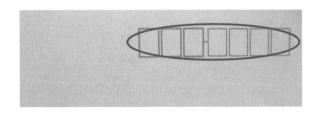

　これら2つの例は，見ただけで「自分は何をすればいいのか」がわかり，行動を決定づけるようなきっかけになるものだよね！

⑨ フェイルセーフ

上記のシグニファイアの例では，人間の行動と，物の設計について考えたね。シグニファイアの他にも，人が快適に安全に生活できるようデザインされていることがあるんだ。

日常生活で使用する設備を設計するとき，「人がミスをすること」を前提として設計することがあるよ。たとえば，水道の蛇口って，「レバーを上げると水が出て，レバーを下げると水が止まる」という設計の蛇口が多いんだ。どうしてだと思う？　それはね，地震や事故で物が落ちてきて，物が蛇口のレバーに当たってレバーが誤って下がったとしても，水が出ないようにすることで，床が水浸しにならないようにしているんだ。

このように，事故や災害で装置自体が故障し，さらなる被害を拡大させることを防ぐために，正しく動作していない状態ではシステムを停止させるなど，安全を確保する配慮をすることを「**フェイルセーフ**」というんだ！

昔の古い蛇口より最近の新しく作られている蛇口のほうが，このタイプは多いよ。人々が安全に暮らせるデザインは，新しく発見されたら新製品として世界中に広まっていくんだね。フェイルセーフのデザインの例として，

例1　衝撃を受けたら止まる石油ストーブ
例2　停電で電力が途絶えたら自重で遮断機が降りる踏切

などがあるよ。「緊急時は一時的にストップさせる」ことで，安全を守ることができるんだね。

⑩ フールプルーフ

上記のフェイルセーフとあわせて覚えておきたいのが「**フールプルーフ**」だよ。

たとえば，機械に乾電池を入れるときを想像してみてほしい。乾電池を入れる場所って，「＋」と「－」があるよね？　そのときさ，「＋」と「－」を間違えて逆向きに乾電池を入れてしまうと，乾電池が安定しなくてガタガタになっ

てしまうけれど，正しい向きで乾電池を入れると「ピタッ！」とハマるんだ。つまり，正しく操作したときと，間違って操作したときで，反応が異なるんだよね。

　このように，利用する人間が操作を誤ることによって事故や不良が起こる可能性があるとき，利用する人間に操作ミスを気づかせるような反応が用意されている仕組みを「**フールプルーフ**」というんだ！

　フールプルーフのデザインの例として，お気に入りファイルを削除しようとしたら「本当に削除しますか？」と表示される確認メッセージがあるよ。「本当に大丈夫？　間違ってない？」と確認してくれる仕組みは，人間にとってとてもありがたいよね。

　フェイルセーフとフールプルーフの違いをまとめると，失敗したとしても安全を守る仕組みがフェイルセーフで，そもそも失敗しないように確かめてくれる仕組みがフールプルーフだよ。

まとめ

❶ すべての人が等しく安全・快適に過ごせることを目指したデザインの工夫や考え方をユニバーサルデザイン（UD）という。

❷ 幅広い人々が「使える」かどうかの度合いをアクセシビリティという。

「使いやすい」かどうかの度合いをユーザビリティという。

❸ 多様な色覚の個人差に配慮したデザインをカラーユニバーサルデザイン（CUD）という。

❹ 人間と機器をつなぐ部分をユーザインタフェース（UI）という。

❺ 利用者が得られる体験をユーザエクスペリエンス（UX）という。

❻ 昔のコンピュータの UI として，情報の表示を文字だけで行い，すべての操作をキーボードで行う CUI がある。

現代のコンピュータの UI として，マウスやタッチパネルなどを使って直感的に誰もが操作できる GUI がある。

人間が普段行っている動作のような身振り手振りによる UI として NUI がある。

❼ 直感的に伝わり，かつ人の行動を左右するような表示方法のことをシグニファイアという。

❽ 正しく動作していない状態ではシステムを停止させるデザインをフェイルセーフという。

利用者に操作ミスを気づかせる反応が用意されたデザインをフールプルーフという。

練習問題

問題1.

次の文中の ☐ 内に入る適切な語句や数字を答えなさい。

コンピュータ内部で高電圧と低電圧の区別をし，0と1を分ける基準になっている値を ☐(ア) という。0か1を3ケタ分だけ並べると， ☐(イ) 通りに表すことができる。同様に，0か1を8ケタ分だけ並べると， ☐(ウ) 通りの区別をすることができる。

解答：(ア) しきい値　(イ) 8　(ウ) 256

問題2.

次の文中の ☐ 内に入る適切な語句を答えなさい。

自然界には連続的な量の ☐(ア) データが多いが，コンピュータで扱いやすいデータは段階的な ☐(イ) データであり， ☐(ア) データを ☐(イ) データに変換することを ☐(ウ) という。

解答：(ア) アナログ　(イ) デジタル　(ウ) A/D 変換

問題3.

52種類のトランプを区別するためには，最低何ビット必要か。次の①～④の中から1つ選びなさい。

① 3 bit　② 6 bit　③ 8 bit　④ 24 bit

解答：②

解説：$2^6＝64$ で，64通りあれば52種類のトランプを十分に表現可能なので，6 bit が正解。

─ 問題4. ─

次の文中の ☐ 内に入る適切な数値を答えなさい。ただし，
1024 Byte = 1 KB とする。

　　24576 bit は，☐ KB である。

解答：3

解説：24576 bit = 3072 Byte
　　　　　3072 Byte = 3 KB

─ 問題5. ─

次の文中の ☐ 内に入る適切な語句や数字を答えなさい。

8 bit は1 (ア) や1 (イ) と表現され，(ウ) 通りの表現に対応
している。赤色，緑色，青色それぞれ8 bit ずつ使用して表現したものは
(エ) または (オ) と呼ばれ，1ドットを表現するために24 bit を必
要とする。

解答：(ア) バイト　　(イ)オクテット　((ア)，(イ)は順不同)

　　　　(ウ) 256

　　　　(エ) 24ビットフルカラー　　(オ)トゥルーカラー　((エ)，(オ)は順不同)

─ 問題6. ─

11011110(2) を16進法に変換しなさい。

解答：DE(16)

解説：

11011110(2) を下位から4ビットずつ区切り，それぞれを16進法の英数字に
置き換える。

　　　1101(2) は D(16)，1110(2) は E(16)

であるから，11011110(2) は DE(16) と変換できる。

問題7.

2進法で表記された，次の数の補数を求めなさい。

110110101110111011001$_{(2)}$

解答：00100101000100111$_{(2)}$

解説：

反転法で求めると，

110110101110111011001$_{(2)}$

の0と1を逆にした符号は，

00100101000100110$_{(2)}$

であり，背中を押すように1を足して，

00100101000100111$_{(2)}$

となる。

問題8.

シフトJISコードで「こんにちは」と入力したときのデータ量を，次の①～④の中から1つ選びなさい。

① 5ビット ② 10ビット ③ 5バイト ④ 10バイト

解答：④

解説：1文字あたり2バイト，「こんにちは」は5文字なので 2×5＝10バイトとなる。

―― 問題9. ――

藤原進之介くんは，毎日，日記を書くことにした。1日400文字ずつ日記を書くとして，1週間続けるとデータ量は何 KB になるか計算しなさい。ただし，使用する文字コードはシフト JIS コード，1 KB＝1000バイトとする。

解答：5.6 KB

解説：1日400文字ずつ日記を書くと，1日800バイト。
1週間続けると，800×7＝5600バイト。
よって，5600バイト＝5.6 KB。

―― 問題10. ――

次の文中の ☐ 内に入る適切な語句を答えなさい。

コンピュータが作られた当初にアメリカで作られた文字コードのうち現在も使用されている ｜ ⑦ ｜ は，7bit でアルファベットを表現する。そのあと，各国は ｜ ⑦ ｜ を拡張して独自の言語に対応する文字コード体系を作成したが，文字化けするため世界共通の ｜ ⑦ ｜ が作られた。

解答：⑦ ASCII コード　⑦ Unicode

―― 問題11. ――

標本化，符号化，量子化の3つのプロセスで，アナログデータをデジタルデータに変換する場合の手順として適切なものを，次の①～④の中から1つ選びなさい。

① 標本化→量子化→符号化　② 符号化→量子化→標本化

③ 量子化→標本化→符号化　④ 量子化→符号化→標本化

解答：①

解説：デジタル化は「標本化→量子化→符号化」の順で行う。

┌─**問題12.**──────────────────────────────

　サンプリング周波数44100Hz，量子化ビット数16ビットのPCM方式でデジタル化した，5分間のステレオ音声のデータ量を求めなさい。ただし，1KB＝1024B，1MB＝1024KBとして計算し，小数点以下は四捨五入して答えなさい。

└──────────────────────────────────

解答：50MB

解説：

　ステレオ音声は左右2チャンネル，16ビットは2バイトであるから，
　　　44100（Hz）×2（バイト）×2×300（秒）＝52920000（バイト）
　1KB＝1024B，1MB＝1024KBであるから，
　　　52920000（バイト）÷1024÷1024≒50.4…（MB）≒50（MB）

┌─**問題13.**──────────────────────────────

　画素数1280×720ピクセルの24ビットフルカラー画像のデータ量は何MBになるか求めなさい。ただし，1KB＝1024バイト，1MB＝1024KBとして計算し，小数第3位を四捨五入して答えなさい。

└──────────────────────────────────

解答：2.64MB

解説：

　静止画のデータ量は「1画素のデータ量×画素数」で求められ，1画素は24ビット＝3バイトであるから，
　　　3×（1280×720）＝2764800（バイト）
　　　2764800バイト＝2700KB＝2.6367…MB≒2.64MB

問題14.

次の太郎さんと先生の会話文を読み，空欄に当てはまる文として最も適当なものを，次の⓪～③のうちから1つ選びなさい。

太郎：二次元コードって様々なところで使われていて，便利ですね。

先生：二次元コードといってもいろいろ種類があるけれど，日ごろよく目にするものは日本の企業が考えたんだよ。

太郎：すごい発明ですね。企業だから特許を取ったのでしょうか。

先生：もちろん。　　　　　世の中で広く使われるようになったんだよ。

図1　二次元コードの例

解答群

⓪　そこで，使用料を高くすることでこの二次元コードの価値が上がったから

①　しかし，そのあと特許権を放棄して誰でも特許が取れるようにしたから

②　そして，特許権を行使して管理を厳密にしたから

③　でも，特許権を保有していても権利を行使しないとしていたから

（大学入学共通テスト，情報Iサンプル問題）

解答：③

解説：⓪，②のように使用料を高くしたり，管理を厳密にしたりすると，広く行き渡らない。①のように誰でも特許を取れるようにすると，他の企業が特許をとってしまい広められない可能性がある。「広く使われるようになった」という文章がヒントになる。
③が正解。特許権は保有していても行使しないことが可能。

問題15.

次の文章を読み，空欄 (ア)〜(ウ) に入れるのに最も適切なものを，あとの解答群のうちから1つずつ選びなさい。

注意や情報をひと目で理解できるように示すため，右の図1のようなピクトグラムが用いられている。ピクトグラムは ［ (ア) ］ ため，特定の言語に依存しない情報伝達が可能となる。ピクトグラムには，日本の産業製品生産に関する規格である ［ (イ) ］ で制定された図記号に含まれるものもある。ピクトグラムに関してこのような制定を行うことには，［ (ウ) ］という利点がある。

図1

(ア) の解答群

  ⓪ 絵で情報を伝える   ① 著作権が放棄されている

  ② 音声で情報を伝える   ③ 表意文字をもとに作られている

(イ) の解答群

  ⓪ ASCII   ① IEEE   ② JIS   ③ Unicode

(ウ) の解答群

  ⓪ 同じ意味を表す異なるピクトグラムの乱立を防ぐことができる

  ① ピクトグラムを誰もが自由に改変できるようになる

  ② ピクトグラムの解釈に多様性が生まれる

  ③ 日本の産業製品生産に関する規格の信頼性が増す

解答：(ア) ⓪   (イ) ②   (ウ) ⓪

問題16.

誰でも必要な情報にアクセスできるようにし，情報格差が生まれない
ようにすることが大切である。これに関する次のA～Cの記述と最
も関係の深い語句の組み合わせを，下の①～⑥の中から1つ選びなさ
い。

A　機器やサービスの使いやすさを全般に表す。

B　視覚に障がいがある人に対して音声読み上げ機能を提供して，情報
を得やすくする。

C　年齢，国籍，利き腕や障がいの有無などによらず，どのような人や
場合でも適切に使えるように設計する。

　　　①　A　ユニバーサルデザイン　B　フィルタリング
　　　　　　C　パブリックドメイン

　　　②　A　ユーザビリティ　　　　B　パブリックドメイン
　　　　　　C　ユニバーサルデザイン

　　　③　A　ユニバーサルデザイン　B　アクセシビリティ
　　　　　　C　ブロックチェーン

　　　④　A　ユーザビリティ　　　　B　アクセシビリティ
　　　　　　C　ユニバーサルデザイン

　　　⑤　A　ユーザビリティ　　　　B　フィルタリング
　　　　　　C　ユニバーサルデザイン

　　　⑥　A　ユニバーサルデザイン　B　パブリックドメイン
　　　　　　C　ブロックチェーン

解答：④

解説：Aは「使いやすさ」とあるのでユーザビリティ，Bは「情報の
　　　　得やすさ」とあるのでアクセシビリティ，Cは「どのような人
　　　　や場合」とあるのでユニバーサルデザインに関する記述である
　　　　とわかる。

この節の目標

- ☑ **Ⓐ** コンピュータの構成と動作の仕組みについて理解しよう。
- ☑ **Ⓑ** 基本ソフトウェアと応用ソフトウェアの違いについて理解しよう。

イントロダクション ♪♫

ここからは 第**3**章！　コンピュータの構成やプログラミングを学習するよ。

コンピュータって何だと思う？　コンピュータとは計算機（電子計算機）という意味で，計算したり暗号（第**49**節で学習するよ）を作ったりするために使われていたんだけど，人間にはできないくらいの大量の計算ができて，人間とは異なる得意分野があるから，人類はコンピュータを単純な計算以外の用途にも使うようになったんだ。

コンピュータに行ってほしい作業を指示する命令のことを「**プログラム**」というよ。現代では，冷蔵庫や炊飯器やエアコンの中にも小さなコンピュータが入っていて，計算や制御を行っているんだ！　コンピュータに適切なプログラムを入力することで，人間はコンピュータを便利に使えているよ。コンピュータっていうと難しく感じるかもしれないけど，現代を生きる君にとってとても身近な存在なんだ。

この節では「コンピュータの構成要素」について学習していこう！

ゼロから解説

❶ コンピュータの構成

コンピュータの五大装置

現代におけるコンピュータとは，人間からの命令を制御し，数値の記憶・

演算・外部との入出力を行う機能をもった電子機器だよ。第❷章で，文字や画像のデジタル表現について学んだよね。コンピュータは0と1だけの2進法を用いてデジタルデータを認識して，編集したり記憶したりしているんだね。そんなコンピュータが，具体的にどのような装置から構成されているか，学んでいこう！

　コンピュータは「**ハードウェア**」と「**ソフトウェア**」の2つの要素で成り立っているんだ。簡単にいうと，ハードウェアとは「装置＝もの」であり，ソフトウェアとは「中身＝プログラム」なんだ。人間でたとえるなら，君の体はハードウェアで，君の記憶や思考はソフトウェアだよ。

　スマホを想像してみよう。スマホ本体だけあっても，アプリがインストールされていないと，通話もゲームもできないよね？　このように，ハードウェアだけあっても，すべての作業ができるわけではないんだ。つまり，ハードウェアとソフトウェアが互いに連携して動作することで，目標を達成していくんだ。

　ハードウェアは「**入力装置**」「**出力装置**」「**記憶装置**」「**演算装置**」「**制御装置**」の5つの装置に分けることができるんだ。これら5つの装置を総称して「**コンピュータの五大装置**」と呼ぶよ。

　装置というと難しく感じるかもしれないけど，私たちの日常生活にも対応して考えることができるんだ。たとえば君がコンビニでパンを買うときのことを考えてみてほしい。

パン1個100円という値札を見る　➡　入力装置に対応

100円払えばパンを買えると覚える　➡　記憶装置に対応

100円なら安いから買おうか考える　➡　演算装置に対応

パンを買うという行動を取る　➡　出力装置に対応

余計なものを買わないように感情をコントロールする

➡　制御装置に対応

　このうちコンピュータで演算処理を実行する上で特に重要なのが，演算装置と制御装置の2つで，まとめて「**CPU（Central Processing Unit）**」といって「**中央処理装置**」と訳されるよ。人間でたとえるなら「頭脳」にあたる部位だね。

また，記憶装置はプログラムやデータを一時的に記憶する「**主記憶装置（メインメモリまたはメモリ）**」と，長期的に記憶する「**補助記憶装置（ストレージ）**」に分けることができるんだ。

補助記憶装置は，大量に情報を保存できる一方で，取り出しに時間がかかるよ。データの読み出し・書き込みの速さのことを「**アクセス速度**」といって，主記憶装置と補助記憶装置で速度が異なるんだ。

また，補助記憶装置には，磁気を利用して記録する「**ハードディスク**」や，電気を利用して記録する「**フラッシュメモリ**」があるよ。

コンピュータの五大装置

五大装置		役割	おもな装置の例
制御装置	中央処理装置（CPU）	プログラムの命令を実行し，各機能に指示を出す装置。	CPU
演算装置		演算を行う装置。	
記憶装置	主記憶装置	プログラムやデータを一時的に記憶する装置。	メインメモリ
	補助記憶装置	プログラムやデータを長期的に記憶する装置。	ハードディスク，SSD，光ディスク，フラッシュメモリ
入力装置		外部から情報を入力する装置。	キーボード，マウス，スキャナ，タッチパネルディスプレイ
出力装置		外部に情報を出力する装置。	ディスプレイ，プリンタ，タッチパネルディスプレイ

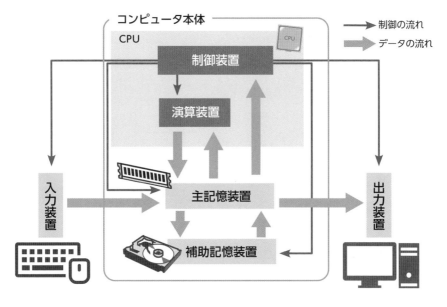

コンピュータの処理速度と CPU

　CPU と主記憶装置の性能は，人の作業にたとえるとわかりやすいよ。CPU は "作業する人の能力" にたとえられるよ。作業する人の能力が高いほど，作業効率は向上していくよね。また，主記憶装置は "机の広さ" にたとえられるよ。机が広ければ広いほど，作業する効率は向上するよね。コンピュータの処理速度は，CPU や主記憶装置（メモリ）の性能に左右されるんだ。

　もう少し，きちんと説明するね。メモリには，「足し算して〜」とか「引き算して〜」といった，基本的な命令が書かれたプログラム（命令）が収納されているんだ。さらに「a は 10 だよ」とか「b は 30 だよ」といったデータも収納されているよ。つまり，メモリが広ければ広いほど，たくさんのデータやプログラムを並べることができるよね。これが「メモリは机の広さ」とたとえられる理由なんだ。

　一方で CPU は，メモリから命令やデータを次々に読みだして実行するんだ。つまり，CPU が高性能であればあるほど，高速の演算が可能になるんだね。これが「CPU は作業する人の能力」とたとえられる理由だよ！

　CPU での操作の結果は，メモリに書きこまれるよ。つまり，CPU はメモリから命令やデータを出し入れしながら計算を進めているんだね。CPU には「レ

ジスタ」という高速の記憶装置があって，演算に使うデータを入れたり，演算結果をさらに別の演算に適用するようなとき，演算結果を一時的に格納するために用いられたりするよ。

右の図を見ながら，整理してみようね。メモリに書かれたプログラムには命令やデータが並べられていて，CPU はそれらを利用するんだ。

このとき，メモリには多くのデータや命令が記録されているから，どこにあるか探すのが大変だよね。そこで，メモリに格納された命令やデータを示す番地である「**アドレス**」を指定することで，読み出しや書き込みができるようになっているんだ。

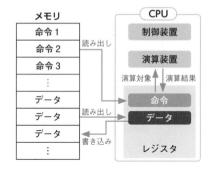

ちなみに，それら一連の作業の制御を行っているのが制御装置だよ。大切な役割だよね。

② クロック周波数

コンピュータの各回路での処理動作を行うタイミングをコントロールするために用いられる信号を「**クロック信号**」といって，クロック信号を単位時間あたり何回発振するかを表す値を「**クロック周波数**」（単位は **Hz**）というよ。

もう少し説明するね。CPU が信号を送受信するタイミングをそろえるために規則正しく刻まれる周期的な電気信号のことを**クロック信号**というよ。コンピュータの内部には複雑な回線が張りめぐらされていて，その回線を流れる電流の電圧の高低を調整しているんだ。その電圧の高低を「決定して命令」する回数が多ければ多いほど，多くの指示を出すことができるんだ。機械がこの命令を効率よく認識するためには，指示を規則正しいリズムで発する必要があるんだ。その「1 秒あたりの命令の回数」が**クロック周波数**，と考えてもらえると伝わるかな。同じ CPU なら，クロック周波数が高いものほど，計算能力が高く高性能ということになるよ。

③ コンピュータの周辺機器

コンピュータ本体に接続して使う機器を「**周辺装置（周辺機器）**」と総称するよ。キーボードやマウス，プリンタなどの周辺装置を接続することで，コンピュータの機能を拡張することができるんだ。周辺機器をコンピュータ本体に接続することで，入力装置，出力装置，記憶装置などの機能を拡張することができるんだね！　ケーブルで周辺機器を接続する規格を「**インタフェース**」といって，「**USB（Universal Serial Bus）**」がよく用いられるよ。

④ ソフトウェアの分類

ソフトウェアとはコンピュータの動作手順を記述したプログラムの集まりであり，「**基本ソフトウェア**」と「**アプリケーションソフトウェア（応用ソフトウェア）**」の2つに分けることができるよ。

文書の作成や表計算を行うなど，特定の目的のために設計されたソフトウェアが，**アプリケーションソフトウェア（応用ソフトウェア）**だ。単純に「アプリ」と呼ばれることもあるよ。スマホのアプリとは，アプリケーションソフトウェアの略だね。

一方，ハードウェアと応用ソフトウェアの仲介役をするソフトウェアを**基本ソフトウェア**といって，「**OS（Operating System）**」とも呼ばれるよ。コンピュータの制御をするための基本的な機能をもつソフトウェアでもあるんだ。具体例として，Windows や macOS などが有名だね。

ちなみに，OS はデータを効率的に保存できるように管理しているよ。たとえば君がコンピュータで画像を保存するときは，データに「**ファイル**」という形式の名前をつけて補助記憶装置に記録するよ。スマホやタブレットなどの場合は，名前は自動で決められていることもある。さらに，これらのファイルをまとめて1つの「**フォルダ**」に整理することができるよ。フォルダは「**ディレクトリ**」と呼ぶこともあるよ。

ま と め

① ハードウェア：コンピュータを構成する物理的な装置。

② コンピュータは入力装置，出力装置，記憶装置，演算装置，制御装置の5つの装置で構成される。これをコンピュータの五大装置という。

③ 演算装置と制御装置をまとめて**CPU**（中央処理装置）という。

④ 記憶装置はプログラムやデータを一時的に記憶する主記憶装置と，長期的に記憶する補助記憶装置に分けることができる。

⑤ 周辺機器：コンピュータ本体ではないが，コンピュータと接続して使用する機器。コンピュータは周辺機器を接続することで，機能を拡張することができる。
　入力装置の具体例：キーボード，マウス
　出力装置の具体例：ディスプレイ，プリンタ
　補助記憶装置の具体例：ハードディスク，フラッシュメモリ

⑥ ソフトウェア：コンピュータの動作手順を記述したプログラムの集まり。
　このうち，コンピュータのハードウェアやソフトウェアを管理・制御するための基本となるソフトウェアを基本ソフトウェアといい，文書の作成や表計算など特定の目的のために設計されたソフトウェアをアプリケーションソフトウェア（応用ソフトウェア）という。

第34節 コンピュータにおける演算の仕組み

この節の目標

- ☑ **Ⓐ** コンピュータが演算を行う仕組みを知る。
- ☑ **Ⓑ** 論理回路の仕組みを知る。
- ☑ **Ⓒ** 半加算回路や全加算回路の役割や構成を知る。

イントロダクション ♪♫

電卓のような計算機で「1+1」を入力すると「2」と出力されるよね。コンピュータが演算を行う仕組みはどうなっているのかな？ コンピュータは，すべての情報を2進法の値に置き換えて処理している機械で，コンピュータの内部では0と1の2種類の信号を入力することで演算を行っているんだね。0と1の2つの値だけを使った演算を「**論理演算**」といって，論理演算を行う回路を「**論理回路**」というよ。そして，どんな複雑な論理回路も，「**AND回路**」「**OR回路**」「**NOT回路**」の3種類の組み合わせで実現することができるんだ！

$$入力 \Rightarrow 論理回路 \Rightarrow 出力$$

現代のコンピュータは記憶装置に命令とデータの両方が格納されていて，順番に演算装置であるCPUに読み込まれることで演算が実行されるんだよ！

ここでは，論理回路について学習していこう！

ゼロから解説

1 論理回路

基本的な論理回路として，「AND回路」「OR回路」「NOT回路」の3種類があるよ。それを1つずつ紹介していくね。

AND 回路

「AND 回路」とは，2つの入力と1つの出力をもつ回路で，2つの入力がどちらも1のときだけ出力が1となる回路のことをいうよ。

> **AND回路**
>
> 「カレーも好きだし，カツも好きだから，カツカレーを食べる！」
> 「カレーが好き（AND）カツが好き ▷ カツカレーを食べる！」

この演算を「論理積」といって，スイッチが直列接続の回路図をイメージするとわかりやすいよ。2つのスイッチA, Bを入力として，スイッチをONにしたときを「1」，OFFにしたときを「0」として，電球Cを出力として，点灯を「1」，消灯を「0」として考えよう。

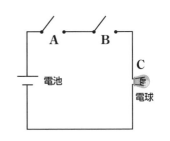

2つのスイッチがともにON（＝「1」）のとき，電球Cは点灯（＝「1」）するね。しかし，どちらかがOFF（＝「0」）のときは電球は消灯（＝「0」）するね。

このとき，スイッチの動作の組み合わせは全部で4通りあるよ。具体的には，

> 入力Aが0（OFF），入力Bも0（OFF）のとき　➡　出力Cは0
> 入力Aが0（OFF），入力Bが1（ON）のとき　➡　出力Cは0
> 入力Aが1（ON），入力Bが0（OFF）のとき　➡　出力Cは0
> 入力Aが1（ON），入力Bも1（ON）のとき　➡　出力Cは1

このようなすべての入力と出力の関係を表す表を「真理値表」というんだ。

AND 回路

① 論理回路の図記号

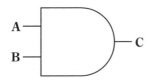

② 真理値表

入力		出力
A	B	C
0	0	0
1	0	0
0	1	0
1	1	1

OR 回路

「OR回路」とは，2つの入力と1つの出力をもつ回路で，2つの入力のうちどちらか一方でも1であれば出力が1となる回路のことだよ。

・OR回路・・・・・・・・・・・・・・・・・・・・・・・・

「ケーキが好きか，コーヒーが好きか，どちらかにあてはまるから，喫茶店に行く！」

「ケーキが好き（OR）コーヒーが好き ▷ 喫茶店に行く！」

この演算を「論理和」といって，スイッチが並列接続の回路図をイメージするとわかりやすいよ。2つのスイッチA，Bのうちいずれか一方でもON（＝「1」）のとき，電球Cは点灯（＝「1」）するね。しかし，両方のスイッチがOFF（＝「0」）のときは電球は消灯（＝「0」）するね。

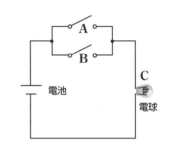

OR 回路

① 論理回路の図記号

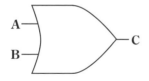

② 真理値表

入力		出力
A	B	C
0	0	0
0	1	1
1	0	1
1	1	1

NOT 回路

「NOT 回路」とは，1 つの入力と 1 つの出力をもつ回路で，<u>入力と反対の結果を出力する回路</u>だよ。

> **NOT回路**
>
> 「藤原先生に勉強するなと言われた。だから勉強してやる！」
> 「勉強するなと言われた　▷　勉強する！」

この演算を「**論理否定**」というよ。

NOT 回路

① 論理回路の図記号

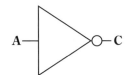

② 真理値表

入力	出力
A	C
0	1
1	0

NAND回路　**ちょいムズ**

AND 回路の出力に NOT 回路を組み合わせた回路を「**NAND 回路**」といい，この演算を「**否定論理積**」というんだ。たとえば，A=0，B=0 を AND 回路に入力すると「0」と出力され，その値をそのまま NOT 回路に入力すると「1」と出力されるよね。A=0，B=0 を NAND 回路に入力すると，C=1 が出力されることになるんだ。2 つの入力がどちらも「1」のときだけ「0」が出力され，それ以外は「1」が出力される回路だよ。

NAND 回路

① 論理回路の図記号

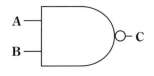

② 真理値表

入力		出力
A	B	C
0	0	1
0	1	1
1	0	1
1	1	0

XOR回路 ✦✦ちょいムズ✦✦

NAND 回路と OR 回路の出力を AND 回路に入力したものを「**XOR 回路**」
といい，この演算を「**排他的論理和**」というんだ。たとえば，A=0，B=0
を NAND 回路に入力すると「1」が出力され，同様に OR 回路に入力すると「0」
が出力されるね。これらの値 1，0 を AND 回路に入力すると 0 が出力される。
つまり，A=0，B=0 を XOR 回路に入力すると C=0 が出力されることにな
るんだ。2 つの入力が異なるときに「1」が出力され，2 つの入力が同じとき
は「0」が出力される回路だよ。

XOR 回路

① 論理回路の図記号

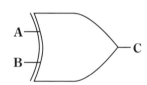

② 真理値表

入力		出力
A	B	C
0	0	0
0	1	1
1	0	1
1	1	0

② 加算（足し算）の回路

論理回路を組み合わせることによって，次のような加算（足し算）の回路を
作ることができるよ。

半加算回路

2 進法での 1 ケタの足し算ができる論理回路のことを「**半加算回路**」とい
うんだ。出力 C を「繰り上がり（Carry）」，S を 1 ケタ目の「和（Sum）」と
すると，1 ケタの 2 進法の加算と同じ結果になるよ。

次のページの論理回路を見てみよう。

> **入力 A が 1(ON)，入力 B も 1(ON)のとき**
> ➡ **出力 C は 1，出力 S は 0**

になることで，繰り上がりを表現できているよ。試しに，A=1，B=1 を入力
して，X，Y，Z，S，C がそれぞれどのような結果になるか確認していこうね！

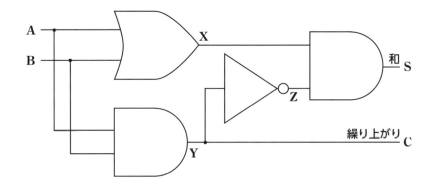

　最初に X に着目しよう。A=1，B=1 が入力されているから，OR 回路の演算で X=1 が出力されるよね。

　次に Y に着目しよう。A=1，B=1 が入力されているから，AND 回路の演算で Y=1 が出力されるよね。

　次に Z に着目しよう。Y=1 が Z の NOT 回路に入力されているから，NOT 回路の演算で Z=0 が出力されるよね。

　次に S に着目しよう。X=1 と，Z=0 が S の AND 回路に入力されるから，S=0 が出力されるんだね。

　最後に C に着目しよう。Y=1 がそのまま C に到達するから，C=1 が出力されるんだね。

　以上の流れによって，C=1，S=0 が出力されることで，$1_{(2)}+1_{(2)}=10_{(2)}$ の繰り上がりの計算を示すことができるんだね！

半加算回路の真理値表

入力		出力	
A	B	C	S
0	0	0	0
0	1	0	1
1	0	0	1
1	1	1	0

全加算回路

　半加算回路は，最下位の加算はできるけど，下位からのケタ上げを考慮する必要がある最下位以外のケタの場合はできないんだ。そこで，2進数の1ケタのA，Bと，下位からのケタ上げをXとした3つの入力を用意し，ケタ上げを可能とした回路を「**全加算回路**」というよ。

　丸暗記する必要はないけど，存在は知っておいてね！　1つの全加算回路は，2つの半加算回路と1つのOR回路から構成されるよ。

Ｂ　バ　グ

　プログラムの誤りのことを「**バグ**」というよ。英語で虫を意味する単語で，1940年代にハーバード大学の技術者がコンピュータに入り込んだ蛾を取り除いて不具合を修復したことが語源とされているよ。バグを修正する作業を「**デバッグ**」といって，バグがないかチェックする人を「**デバッガー**」というよ。

　コンピュータもミスをするんだ。もう少し正確にいうと，コンピュータは定められたビット数でデータを扱うから，扱える値の範囲に限りがあるんだ。だから，想定していない大きな値の処理では正しくない値になるよ。正しく計算させるにはどうすればいいかな？　単純に，処理に使用するビット数を増やすことが有効な手段だよ。ちなみに，数値として表せる範囲を超えた場合を「**オーバーフロー**」というよ。

･.ちょいムズ .｡

　ここまでコンピュータの処理について学んできたね。次は，コンピュータが「数」をどう処理しているのか学んでいこう！

　「数」は小数やマイナスなど無限に存在するけど，コンピュータが扱える「数」はビット数に左右されるよね。nビットでは2^n種類しか表現できないんだ。

　つまり，コンピュータ上では限られた範囲の数しか扱えなくて，特定のビット幅に収まりきらなかった数は，四捨五入や切り上げ，切り捨てなどを使って，特定のビット幅に収まるように表現されるんだ。このとき，もとの数字との誤差が発生するんだけど，その誤差を「**丸め誤差**」と呼ぶんだ。

　それでは，コンピュータは "マイナス" や "小数" をどうやって表現しているのかな？　数の表現の例のひとつに，「**浮動小数点表現**」と呼ばれるものがあるんだ。大切な考え方だから，がんばってついてきてね！

　コンピュータが処理できるデータ量には限りがあるから，できるだけデータ量は小さくしたいんだ。たとえば光の速さっておおよそ，

　　　　299800000 m/s

なんだけど，これってケタが多いよね？　ここで，

　　　　2.998×10^8 m/s

って書けば，ケタを減らすことができるよね！　「$\times 10^8$」のような表現をすると，小数点の位置をズラすことができるんだ。このような数は，小数点の位置をプカプカ移動させて表現するから「**浮動小数点数**」というよ。

　同じように，2進法における $1100_{(2)}$ という数は，

　　　　$1100_{(2)} = 110.0_{(2)} \times 2^1 = 11.00_{(2)} \times 2^2 = 1.100_{(2)} \times 2^3$

と表現することができるんだ。

　ところで2進法の場合は，整数部分は 0 か 1 しかあり得ないよね。浮動小数点数では，整数部分を「1ケタだけ」にして，必ず「1 だけ」にするんだ。つまり上の数だと，

　　　　$1.100_{(2)} \times 2^3$

にするということだね。

　数字が 0 と 1 しかなく，整数部分は 0 以外の1ケタの数だから，1 しかない

んだ。整数部分が 1 に決まりきっているのなら，その 1 は書かなくてもわかるはずだよね。そうすると，整数部分の「1」の部分は記録しなくてもよい（どうせ 1 と決まっているから省略してよい）ことになり，ここで1ビットだけメモリを節約できるんだ！

このようにして，1ビット節約する表現を「**けち表現**」というよ。

では，浮動小数点表現の具体的な表記方法を説明するね。

浮動小数点表現は，次の3つの部分からなるよ。

浮動小数点表現

❶ **符号部分**（プラス・マイナスの部分）

❷ **指数部分**（"何乗しているか"の部分）

❸ **小数部分**（仮数という）

どういうことか，説明していくね！

2進法の数字を表現するために，特定の幅のビット列を上から順に次の3つのフィールドに分割するよ。

---

❶ 最上位ビットを符号ビット（常に **1** ビット）として

❷ あるビット幅を指数部（**8** ビットが多い）として

❸ 残りの部分を仮数部（**23** ビットが多い）として

表現するんだ。

まず❶では，プラスかマイナスかという符号を符号ビットで表現するんだ。プラスまたはゼロのときは 0 と表示して，マイナスのときは 1 と表示するよ。

❷の指数部には2進法の数字を入れないといけないんだ。たとえば，2^3 なら指数の 3 にあたる数字を2進数 $11_{(2)}$ に変換して，$2^{11_{(2)}}$ として考えるんだ。

たとえば，$-1.0101101_{(2)} \times 2^{11_{(2)}}$ を表現しようとすると，以下のようになるよ！

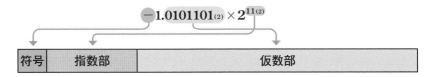

❸の仮数部は, 小数点以下の部分について記載するんだね。右側が余ったら, すべて0と表記するよ。整数部分は 1 と決めていて, 省略するきまりだね。

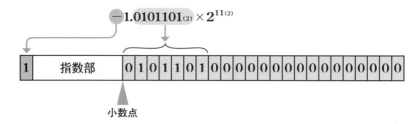

小数点

指数部分は 127, つまり $1111111_{(2)}$ を足した数を入れるよ。たとえば $2^{11_{(2)}}$ だったら, $11_{(2)} + 1111111_{(2)}$ をして 10000010 を書くんだ。127 を足すと決めていることによって, 指数がマイナスのときも対応できるんだ。

高校の数学では「2^{-5}」のような "指数がマイナスの数" について習うんだけど, こういった指数がマイナスの数に対しても, 指数に 127 を足すことで対応できるようになっているんだ。浮動小数点表現では, たとえば $-1.01_{(2)} \times 2^{-10}$ のようなマイナス乗の数を表現するときも, -10 に 127 を足すことで, プラスの数として指数部に入れることができるんだね！

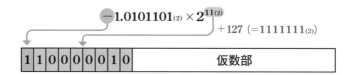

ちなみに, 浮動小数点数において, <u>計算結果が「0.000…1」のように小さくなりすぎてコンピュータが表現できなくなった状態</u>のことを「<u>アンダーフロー</u>」というよ。

現代のコンピュータは高性能になったから意識されることは少ないけど, 演算結果は誤差を含む可能性があるんだ。

ま と め

❶ 論理演算：コンピュータが行う，0 と 1 だけを使う演算。

❷ 論理演算を行う回路を論理回路という。どんなに複雑な処理も基本的な3種類の回路の組み合わせで実現することができる。

❸ 真理値表：論理回路の考えられるすべての入力の組み合わせと対応する出力を表にまとめたもの。

❹ AND 回路：入力がすべて 1 のときだけ出力が 1 となる回路。
OR 回路：入力のどれか1つでも1なら出力が1となる回路。
NOT 回路：入力と反対の結果を出力する回路。

❺ 半加算回路：2進数での1ケタの足し算ができる論理回路。

❻ バグ：プログラムの誤り。

アルゴリズムとプログラミング

この節の目標

- ☑ **Ⓐ** アルゴリズムとプログラムを理解しよう。
- ☑ **Ⓑ** 簡単なアルゴリズムをフローチャートで表現できるようになろう。

イントロダクション ♪♫

　私たちは料理を作るとき，レシピを見ながら作るよね？　料理のレシピと同様に，コンピュータに何らかの問題を処理させようとするときも，「ああして，こうして……」といった手順を与えてあげる必要があるんだ。そのような問題を解決するための方法や手順を「**アルゴリズム**」というよ。また，このアルゴリズムをコンピュータでも理解できるような命令（処理）として記述したものを「**プログラム**」や「**ソースコード**」といい，プログラムを作成することを「**プログラミング**」というよ。

　コンピュータで問題を解決するときのイメージをざっくり示すと，次の図のとおりだよ。問題の解決手順（＝アルゴリズム）を書き起こして，コンピュータが理解できる命令（＝プログラム）に翻訳して，コンピュータで実行させていくんだ。

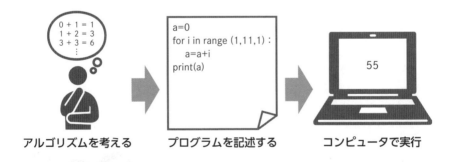

| アルゴリズムを考える | プログラムを記述する | コンピュータで実行 |

　ここでは，アルゴリズムやプログラミングの基本について学習していくよ！

1 アルゴリズム

アルゴリズムとフローチャート

アルゴリズムを視覚的にわかりやすく表現した図の１つとして「**フローチャート（流れ図）**」があるよ。アルゴリズムに含まれる手順を「箱」で表し、「箱」と「箱」を「矢印」でつなぐことによって，手順の流れを視覚的に表現するんだ。

フローチャートは，日本工業規格（JIS規格）によって定められた記号を使って書く必要があるんだ（下表参照）。この取り決めがあるおかげでフローチャートは誰が見てもわかるんだ。

フローチャートに用いるおもな記号

記号	名称	意味	記号	名称	意味
	端子	プログラムの開始・終了		処理	演算などの処理
	表示	表示装置に表示されるデータ		分岐	条件による分岐
	データ	データの入出力		反復（ループ）	反復の始まりと終わり
	手操作入力	キーボードなどから入力されるデータ		線	データの制御の流れ

よいアルゴリズム

では次に，「効率性」について勉強するね。同じ問題を解決するにしても，アルゴリズムによっては処理の効率は大きく変わるんだ。

たとえば，４枚の食パンの耳を切り落としてサンドイッチ用のパンにするとき，みんなだったら，どのような手順でやるかな？

第1章
第2章
第3章
第4章

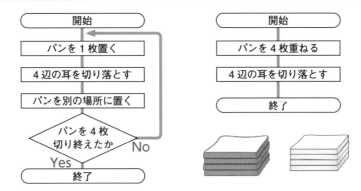

4枚の食パンの耳を切り落としてサンドイッチ用のパンにするとき，1枚ずつ耳を切り落とすよりも，4枚を重ねて耳を切り落とすほうが，切る回数を減らすことができて効率がいいよね。

アルゴリズムでも同じことがいえて，同じ結果を得るにしても，いくつかの手段があるんだ。ある処理を行うアルゴリズムが複数考えられる場合，わかりやすさや効率のよさを考慮するとよいね。

② プログラミング

プログラミング

では，ここからいよいよプログラミングに挑戦していこう！

まずは，言葉の確認から始めていくね。コンピュータに対する命令（処理）を記述したものを**プログラム**（または**ソースコード**）といい，プログラムを記述することを**プログラミング**というんだよね。

すべてのコンピュータや機械は，プログラムに従って動作しているよ。自動販売機で「コーラ」を買うシーンを想像してみよう。「コーラ」を購入するためのボタンを押すと，その信号が自動販売機内に組み込まれたCPU内で「コーラを出しなさい！」という命令となって，コーラが出てくるんだよ。これも「ボタンが押されてコーラを出しなさいという命令が出たら，コーラが格納されている場所からコーラを出す」というプログラムが自動販売機に組み込まれ

ているから，コーラを買うことができるんだよ。

　何気なく使っている機械の中にもプログラムが組み込まれているから，私たちは不自由なく機械を使うことができるんだね！

プログラミング言語

　日本語，英語，中国語，フランス語……などのように，地球上の人類はさまざまな言語を使うよね。それと同様に，プログラミングのために考えられた言語にはさまざまな種類があり，それらを「**プログラミング言語**」と総称するよ。代表的な言語として，Python，JavaScript，Scratch……などがあるんだ。プログラミングでよく使われるプログラミング言語とその特徴を，次の表にまとめておくね。

Python	少ない記述で実行できるプログラミング言語。人工知能（AI）や統計・解析などのさまざまな分野で使われる（本書ではこのPython を使ってプログラミングしていくよ）。
JavaScript	ブラウザだけで動作確認ができ，Web 系に強いプログラミング言語。
VBA	表計算ソフトウェアで自動処理を行うために用いられるプログラミング言語。
C 言語	機械語に近く，多くの言語の知識が学べるプログラミング言語。
Scratch	ブロックでプログラミングでき，直感的でわかりやすいプログラミング言語。小学校や中学校などで教育用として利用される。

　このように，プログラミング言語によって，得意とする処理や計算が異なるので，適切なプログラミング言語を選択することが大切だよ。

コンパイラ方式とインタプリタ方式　ちょいムズ

　ちょっと難しい話なんだけど，プログラミング言語はプログラムの実行のしかたにより，「**コンパイラ方式**」と「**インタプリタ方式（インタープリタ方式）**」の2種類に分けることができるんだ。

コンパイラ方式は，プログラムの全部を機械語に翻訳し（これを「**コンパイルする**」ともいうよ），これを CPU が実行していく方式であって，**インタプリタ方式**は，インタプリタと呼ばれるプログラムがソースコードを1行ずつ直接実行する方式なんだ。

別の言い方で説明するね。コンパイラ方式は「英語の本をいったんすべて日本語に翻訳してから，翻訳された本を読むようなイメージ」で，インタプリタ方式は「通訳が介在しながら1行ずつ英語を日本語に訳してくれるイメージ」だよ。

コンパイラ方式のメリットは実行速度が速い点にあるよ。デメリットとしては，いったんコンパイルするという手間がかかることや，コンパイルした機械語のプログラムは他の環境では（OS や CPU が異なると）実行できないことなどが挙げられるよ。

インタプリタ方式は作成したソースプログラムをただちに実行できるという点がメリットだよ。一方，解釈しながら実行されるために，コンパイル型にくらべると実行速度が遅いというのが欠点なんだ。

コンパイラ方式は C 言語などで利用されていて，インタプリタ方式は JavaScript や Python などで利用されているよ。

③ 制御構造

どんな複雑なアルゴリズムでも，小さな処理に分割すると，「順次構造（逐次処理）」「選択構造（条件分岐）」「反復構造（繰り返し）」の3つの基本構造で組み立てられるんだ。それではくわしく見ていこう。

上から下へ順番に処理が行われることを**順次処理（逐次処理）**というよ。たとえば「カップ麺を作るとき，ふたを開けて，お湯を注いで，3分待つ」といった処理のことだ。

また，ある条件により処理が分かれることを**選択構造（条件分岐）**というよ。たとえば「もし雨が降っていたら傘を持っていこう，そうでなければ傘を置いていこう」という処理のことだよ。なお，条件を満たしている場合は「**真**」といい，満たしていない場合を「**偽**」というんだ。

最後に，条件が成り立つ間，処理を繰り返すことを**反復構造（繰り返し）**というよ。たとえば「1万円貯まるまで，毎日500円を貯金箱に入れる」といった処理のことだよ。終わりが決められているんだね。

　これら3つの基本構造をまとめて「**制御構造**」というよ。制御構造を組み合わせれば複雑なプログラムを作ることができるんだ。

　これら3つの基本構造を表でまとめると，次のようになるよ。

順次構造（逐次処理）	選択構造（条件分岐）	反復構造（繰り返し）
処理が順番に行われる。	条件により処理が分かれる。	条件が成り立つ間、処理を繰り返す。
処理1 / 処理2	条件 → 処理1 / 処理2	ループ端 / 処理 / ループ端

まとめ

❶ アルゴリズム：問題を解決するための方法や手順。

フローチャート（流れ図）：アルゴリズムを視覚的にわかりやすく表現した図。

❷ プログラム（ソースコード）：コンピュータに対する命令（処理）を記述したもの。

プログラミング：プログラムを記述すること。

プログラミング言語：プログラミングのために考えられた言語。

例　Python，JavaScript，VBA，C言語，Scratch など

❸ コンパイラ方式：プログラムの全部を機械語に翻訳し，これをCPU が実行していく方式。

インタプリタ方式：インタプリタと呼ばれるプログラムがソースコードを1行ずつ直接実行する方式。

❹ 制御構造には，順次構造（逐次処理），選択構造（条件分岐），反復構造（繰り返し）がある。

順次構造（逐次処理）：処理が上から下へ順番に行われること。

選択構造（条件分岐）：条件により処理が分かれること。

反復構造（繰り返し）：条件が成り立つ間，処理を繰り返すこと。

第36節 プログラミングの基本① —— 文字列と数値

この節の目標

☑ **Ⓐ** Python を用いて文字列を表示させられるようになろう。

☑ **Ⓑ** Python を用いて簡単な四則演算ができるようになろう。

イントロダクション ♪♫

本書ではプログラミングの入門として，プログラミング言語の 1 つである「**Python**」について学習していくよ。この Python は「**人工知能（AI）**」や「**Web アプリケーション**」（Web ブラウザ上で動作するアプリケーション）の開発などに広く利用されているんだ。Instagram という SNS アプリを使ったことはあるかな？　じつは Instagram も Python で作られているんだ。

本来であれば Python の実行環境（プログラミングができる環境）を用意して勉強するといいけど，今回はブラウザ上で動作確認ができて手軽に始められる「Google Colaboratory」（https://colab.research.google.com/?hl=ja）を利用して，Python の学習をしてみるね！

PC が手もとにある人は，一緒に画面を開いて進めてみてほしい。スマホでも使えるけど，画面が小さくて使いにくいと思うから，PC を使うことを推奨するよ。

Python の学習を始める前に，Google Colaboratory の使い方から説明しておくよ。

step1 まずは，https://colab.research.google.com/?hl=ja にアクセスするよ。次の図のような画面が表示されたら，「ノートブックを新規作成」をクリックしてね。

step2 すると，Google Colaboratory が起動するよ。

step3 そうしたら，「1+1」と入力してみよう。

step4 入力が完了したら，実行ボタン ▶ をクリックしてみよう。

step5 すると，実行結果「2」が表示されるよ。

これが Google Coloboratoryの簡単な使い方だよ。

それでは，Pythonを利用して文字列や数値を表示させるプログラムを作成していこう！

ゼロから解説

1 文 字 列

まず，コンピュータに対し命令を与えるための文字の列のことを「**コード**」というよ。Python は短くシンプルなコードでプログラムを作成できることが

魅力なんだ。

たとえば，「print('Hello,World!')」とコードを記述し，実行するだけで「Hello,World!」という文字列が簡単に表示されるんだ。

では，自分の名前が表示されるプログラムを作ってみよう。1行目に「print('藤原進之介')」と入力して，実行ボタンをクリックしてみよう。「藤原進之介」の部分は自分の名前に変えて試してみよう。なお，英数字や「'」「"」などの記号はすべて半角文字で入力するようにしよう。全角文字で入力するとエラーが発生してしまい，プログラムは動作しないから気をつけようね！　うまくプログラムが作動したら，「藤原進之介」と表示されるよ。

次は2行目に，「print("藤原進之介")」と入力して実行してみよう。先ほどと同じように「藤原進之介」と表示されていれば正解だよ。うまくできたかな？

今度は3行目に，「print(藤原進之介)」と入力して実行してみよう。すると，「NameError」というエラーが表示され，残念ながらプログラムはうまく動作しないんだ。

ここまでをまとめると，「藤原進之介」という文字列を表示したいなら，「**'（シングルクォーテーション）**」または「**"（ダブルクォーテーション）**」で囲むとうまく表示されるんだね。ちなみに文字列は，どちらで囲んでも同じ出力結果になるよ。

もし，このどちらかで囲んでいない場合は，エラーとなりプログラムは正常に動作しないので気をつけようね。本書では以降，文字列は「'」で囲むことにするね。

文字列

「print(文字列)」で文字列を表示させる命令で，文字列は「**'（シングルクォーテーション）**」または「**"（ダブルクォーテーション）**」で囲む必要がある。

---

② コメント

次にコメントという機能を覚えよう。コメントは，プログラムには反映されない"メモ"のようなものだよ。プログラミングを進めていると，プログラミ

ングを書いている途中にメモを残したくなることがあるんだ。そういうメモを
プログラムの中に書き残しておくために，コメントという機能を使うんだよ。
コードに関するメモや，一時的に実行させたくないコードをコメントとしてお
くと便利だよ！

　行頭に「#（ハッシュ）」を書くことで，行末までコメントとみなされるよ。
では，次のプログラムを作成して，実行してみよう。

例

```
▶ 1 print("藤原進之介")
  2 #この行はコメントです。ハムスター大好き!
⤷   藤原進之介
```

　プログラムは1行目から実行されるよ。まず，1行目が実行されて「藤原進
之介」が表示されるね。次に2行目が実行されるはずなんだけど，2行目はコ
メントとして処理され，「この行はコメントです。ハムスター大好き!」は結果に反映さ
れず，完全無視されているね。

── コメント ──

❶ コメントはコードが実行されるとすべて無視される。

❷ コメントはプログラムの実行結果には影響しない。

❸ コメントはコードに関するメモや一時的に実行させたくないコードを書
き残しておくために使うと便利。

Ｂ　数　値

　ここからは，数値の扱い方について学習するよ。まず，数値を表示させるプ
ログラムを作成してみよう。

例1

```
▶ 1 print(3)
⤷   3
```

数値は文字列と異なり，「'」や「"」マークで囲まないんだ。
　次は，コンピュータに計算させるプログラムだよ。

例2

```
▶ 1 print(4+5)
  2 print(7-2)
↪ 9
  5
```

　1行目では「4+5」の計算結果として「9」が表示されるよ。同様にして，2行目では「7-2」の計算結果として「5」が表示されるよ。つまり，数値は数学と同じ記号「+」「-」を用いて足し算や引き算が可能なんだ。

　続いて，3行目以降に，次のプログラムを入力して実行してみよう！　初めて見る記号があるかもしれないね。まずは見てみてほしい！

```
▶ 3 print(3*5)
  4 print(2**10)
  5 print(21/3)
  6 print(4//5)
  7 print(10%3)
↪ 15
  1024
  7.0
  0
  1
```

　3行目では「3×5」の計算結果として「15」が表示されるよ。プログラミングでは「*」のマークが「×」という意味なんだね！

　4行目では「2の10乗」の計算結果として「1024」が表示されるんだ。「**」のマークが「〜乗」という意味なんだ。

　このように，計算を表す記号が存在するんだ！

　5行目では「21÷3」の計算結果として「7.0」が表示されるよ。「/」のマークが「÷」という意味なんだ。

　6行目の「4//5」では「0」が表示されるね。「4÷5＝0あまり4」だよね？つまり，「//」は，この「0」の部分を表示する記号なんだ！

　7行目の「10%3」では「1」が表示されるね。「10÷3＝3あまり1」だよね？つまり，「%」は，この「1」の部分を表示する記号なんだ！

6, 7行目が難しいかな？

```
//  ……  割り算の商の整数部分
%   ……  割り算の余り
```

だよ！　コンピュータで掛け算や割り算を計算させるときは，普段の数学の授業で使っている記号とは異なるものを使うので気をつけようね！　今までの内容を整理しながら進めていくね。

　<u>数値の計算を行うことを「**演算**」といい，演算に用いる記号を「**演算子**」</u>というよ。たとえば「＋」や「－」などの記号を演算子といい，特に<u>数値の計算で扱う演算子のことを「**算術演算子**」</u>というんだ（演算子には，「**代入演算子**」や「**比較演算子**」などもあるけれど，これらはあとで紹介していくから，まずは算術演算子を覚えようね）。代表的な算術演算子を次に整理しておくよ。

```
┌ 算術演算子の例 ─────────────────
│   ＋  ➡  加算（足し算）
│   －  ➡  減算（引き算）
│   *   ➡  乗算（掛け算）
│   /   ➡  除算（割り算）
│   //  ➡  除算の商の整数部分
│   %   ➡  除算の余り
│   **  ➡  累乗
└──────────────────────────────
```

　特に「％」が除算の余りを表すっていうのは，プログラミングの問題でよく見かけるよ。たとえば，

　　　105%10

の場合は「5」が出力されるんだ。「105÷10」を計算したときの余りは「5」だからね。「61%12」は「1」，「123%12」は「3」だよ。

ちょいムズ

文字列と数値の違いについて理解を深めておこう！

次の2つのプログラムは，とても似ているよね。でも出力結果が違うんだよ！

```
▶ 1  print(5+3)
  2  print('5+3')
  8
  5+3
```

1行目のように「5+3」とすると，数値として解釈され，「5+3」の計算結果である「8」が表示されるよ。その一方，2行目のように「'5+3'」のようにクォーテーションで囲むと，文字列として解釈され，そのまま「5+3」が出力されてしまうよ。

つまり，クォーテーションで囲むと文字列と認識され，囲まないと数値として認識されるというわけなんだ。プログラミングでは文字列と数値はまったく異なるものとして扱われてしまうので気をつけようね！

まとめ

❶ 文字列の表示：たとえば「print('藤原進之介')」と入力し実行させると，「藤原進之介」と文字列が表示される。
  ➡ 文字列は「'（シングルクォーテーション）」または「"（ダブルクォーテーション）」で囲む必要がある。

❷ 数値の表示：たとえば「print(3)」と入力し実行させると，「3」と数値が表示される。
  ➡ 数値の場合は「'（シングルクォーテーション）」または「"（ダブルクォーテーション）」で囲まないようにする。

❸ 演算：数値の計算を行うこと。
  例 「print(5*3)」と入力し実行させると，5×3の計算結果「15」が表示される。

第37節 プログラミングの基本② ——変数と代入, データ型

この節の目標

- ☐ **Ⓐ** Python の変数と代入の仕組みを理解しよう。
- ☐ **Ⓑ** 文字列型と数値型の違い, 文字列型と数値型を連結させる方法を理解しよう。
- ☐ **Ⓒ** データ型について理解し, 異なるデータ型どうしを結合させる方法を理解しよう。

イントロダクション ♪♫

円の面積を求めたいとき, どうやって計算する？ 仮に円周率を 3.14 とすると, 「半径×半径×3.14（円周率）」で求めることができるよね。半径の値が 10 です！ っていわれたら, 面積は 10×10×3.14 で求まるよね。

つまり, 半径の値が 1 つに決まると, 円の面積は 1 つに定まるんだね。

半径 5 の円の面積を求めることを考えてみよう。

求め方1 5×5×3.14

これは普通の求め方だよね。じゃあ, 次のように求めたらどうかな？

求め方2 半径を r として, 円の面積の式 r×r×3.14 を立てる。
次に, この式の r に r=5 を代入して, 5×5×3.14

このように, 文字を使った式を立てて, その文字に値を代入して求めることもできるよね！

求め方1 は単純でとてもわかりやすいけど, 半径の値を変えたいときに, 2 か所を修正する必要があるよね。その一方で, **求め方2** はちょっと難しく見えるけど, 半径の値を変えたいときは r の値の 1 か所を修正すればいいよね！ **求め方2** の考え方はとても重要なんだよ！

今は単純な計算問題だから **求め方1** でも問題ないけど, これが複雑な計算問題になったらどうかな？ 値を修正するとき, ちょっと大変そうだよね。ここでは, **求め方2** のような方法で, コンピュータに計算させるプログラムの作り方について学習していくね！

ゼロから解説

1　プログラムの構成要素──変数と代入

変数と代入

　プログラミングをするにあたって、「変数」と「代入」という大事なキーワードがあるから、しっかり理解しよう。

　まず、**変数**とはデータ（文字や数値など）を入れておく箱のようなものとイメージしよう。この箱（＝変数）に名前（＝変数名）

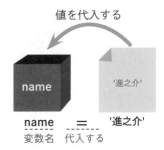

値を代入する

name　＝　'進之介'
変数名　代入する

をつけておくことで、その変数名を用いて変数に値を入れることや、変数から値を取り出すことができるんだ。

　変数は「変数名＝値」で定義し、変数名はクォーテーション（'）などで囲む必要はないんだ。また、気をつけてほしいことがあってPythonなどのプログラミング言語では、「＝（イコール）」は「等しい」という意味ではなく、「右辺を左辺に**代入**する」という意味になるんだ。数学の世界とは「＝（イコール）」の意味が異なるので気をつけようね。なお、この「＝（イコール）」のことを「**代入演算子**」というよ。とりあえず、変数は数値や文字列を入れておくための箱というイメージで押さえておこう。

　それでは、まずは変数名の定義の仕方、変数への代入の仕方を学習しよう。

例1

```
1  name = '進之介'
2  age = 28
```

　1行目は、「name」が変数名、「'進之介'」が値（文字列）となり、変数「name」に「'進之介'」を代入するという意味になるんだ。2行目は、「age」が変数名、「28」が値（数値）となり、変数「age」に「28」を代入するという意味になるんだ。

変数名のつけ方

次に，変数名のつけ方のルールについて学んでいこう。変数名は基本的には自由につけられるけど，次に挙げるルールには従う必要があるんだ。

─ 変数名のルール ─

❶ 変数名の頭文字を数字にすることはできない。

❷ 大文字と小文字は区別されない。

❸ 「user_name」のように，2語以上の変数名を使うときは，単語と単語の間を「_(アンダーバー)」で区切る(「user　name」のように途中で空白を入れてはいけない)。

❹ Python のプログラムで特別な意味をもつ「予約語」という語句は使用できない。

❹については，次のような「予約語」があって，これらの語句はコンピュータに対して特別な命令を出してしまうことがあるから，変数名には設定できないんだ。

予約語の例

false	await	else	import	pass
none	break	except	in	raise
true	class	finally	is	return
and	continue	for	lambda	try
as	def	from	nonlocal	while
assert	del	global	not	with
async	elif	if	or	yield

変数の値の取り出し方

「print(name)」とすると，変数「name」の値を出力することができるんだ。「藤原進之介」と名前を表示するプログラムを作ってみるよ。

```
▶ 1  sei = '藤原'
  2  mei = '進之介'
  3  print(sei)
  4  print(mei)
  藤原
  進之介
```

1行目では変数「sei」に「'藤原'」を代入し，2行目では変数「mei」に「'進之介'」を代入するという意味になるんだ。3行目では変数「sei」を表示させるという意味で，今は変数「sei」には「'藤原'」が代入されているので，「藤原」が表示されるんだ。4行目も同様に，変数「mei」には「'進之介'」が代入されているので，「進之介」が表示される，というわけなんだ。

ここまでが，変数の定義とその取り出し方だよ！　さらに具体例で理解を深めよう！

次に，文字列の結合について説明するよ。先ほど作成したプログラムを，次のようにちょっと手直ししてみるね。

例3

```
▶ 1  sei = '藤原'
  2  mei = '進之介'
  3  shimei = sei+mei
  4  print(shimei)
  藤原進之介
```

正しく入力されていれば，これを実行すると「藤原進之介」と表示されるよ。この仕組みを説明すると，3行目の「shimei = sei+mei」では変数「sei」と変数「mei」を結合して，新たな変数「shimei」に代入するという意味になるんだ。つまり，ここでは記号「+」は変数と変数を結合する役割をしているんだ。

ここで，気をつけておかないといけない点を説明するよ。4行目の「shimei」の両端に，「'」を追加してみよう。

例4
```
1  sei = '藤原'
2  mei = '進之介'
3  shimei = sei+mei
4  print('shimei')
```
⤷　shimei

　これを実行すると,「藤原進之介」ではなく「shimei」が表示されてしまうんだ。つまり,「print('shimei')」とすると,「shimei」が変数としてではなく,文字列として認識されてしまうため「shimei」とそのまま表示されて,変数の値を取り出すことはできないんだ。

　つまり,クォーテーションで囲むと,囲まれたものは文字列として表示される,というわけなんだ！

　今度は,変数を利用して,底辺が 10,高さが 6 の三角形の面積を求めるプログラムを作成してみよう。ここでは,底辺,高さ,面積を表す変数をそれぞれ「base」「height」「area」とするね。

例5
```
1  base = 10
2  height = 6
3  area = base*height/2
4  print(area)
```
⤷　30.0

　1 行目では変数「base」に「10」を代入し,2 行目では変数「height」に「6」を代入するという意味になるんだ。

　そして,3 行目で変数「area」に「base*height/2」の計算結果を代入するという意味になるんだ。つまり,変数「area」の中には三角形の面積の計算結果が格納されている,というわけなんだ。

　これで,4 行目の「print(area)」で,三角形の面積の計算結果が表示されるんだ。

　じつは,3 行目を飛ばして,4 行目で「print(base*height/2)」としても,同じような結果が得られるんだけど,3 行目の「area = base*height/2」があるおかげで,「base*height/2」は三角形の面積を表している,ということがわかりやすいよね。

このように，プログラムを作成するときには，誰が見てもわかりやすいプログラムを作成することを心がけよう。そうすることで，あとから見返したときにもわかりやすいよ。

プログラムが無事動作することが確認できたら，変数「base」と「height」に代入する値をいろいろと変えて，プログラムを実行してみよう。

② 変数を利用するメリット ・・ちょいムズ・・

変数とは何かがつかめてきたところで，変数を利用することのメリットを確認していこう。

メリット①

データに名前をつけることにより，扱っているデータの中身が何であるかがわかりやすくなり，コードがより読みやすくなるよ。

たとえば，3個のりんごを1個120円の値段で買うときのりんごの合計金額を求めるプログラムを作成してみよう！

例1
```
1  apple_count = 3
2  apple_price = 120
3  total_price = apple_count*apple_price
4  print(total_price)
   360
```

1行目では変数「apple_count」に「3」を代入し，2行目では変数「apple_price」に「120」を代入するという意味になるよ。

そして，3行目では変数「total_price」に「apple_count * apple_price」の計算結果を代入するという意味になるよ。

最後に，4行目の「print(total_price)」で，合計金額が表示される，というわけなんだ。

今，変数名を「apple_count」「apple_price」「total_price」としたんだけど，このように名前をつけることで，プログラムをあとから見返したとき，変数名が何を表しているかわかりやすいよね。

では，次のプログラムはどうだろう？

例2
```
1 total_price = 3*120
2 print(total_price)
```
⤷　360

　このようにしても，実行結果は何も変わらないんだけど，3 や 120 の各値が
それぞれ何を表しているかわかりにくいよね。つまり，変数の名前をつける際
に，何の値が入っているのかがわかりやすい名前をつける必要があるよ。また，
「aaa」や「data」などは，どのようなデータが入っているかわからないので，
変数名としては適さないことが多いよ。

メリット②

　変数を利用すると，同じデータを繰り返し利用することができ，変数の値に
変更が生じた場合，変更する箇所が 1 か所ですむんだ。これはイントロダクシ
ョンで説明したけど，もう一度改めて説明するね。半径 5 の円の面積を求め
るプログラムで確認してみよう。

例3
```
1 r = 5
2 area = r*r*3.14
3 print(area)
```
⤷　78.5

　円の半径を表す変数「r」を用意することで，半径の値を簡単に変更するこ
とができるよ。一方，次のプログラムを見てみよう。

例4
```
1 area = 5*5*3.14
2 print(area)
```
⤷　78.5

　このようにしても，実行結果は何も変わらないんだけど，もし円の半径の値
を変えたいときにこれでは 2 か所を修正する必要があるよね。つまり，変数を
利用することで，値を簡単に変更できるということだね。

❸ データ型

文字列や数値などの値の種類のことを「**データ型**」というんだ。Python では，代入した値によって変数のデータ型が異なるよ。たとえば，ある変数「example」に文字列「'Hello World!!'」を代入すると，変数「example」は「**文字列型**」になり，数値「3」を代入したら変数「example」は「**数値型**」になるんだ。

よく使われるデータには，次のようなものがあるよ。

よく使われるデータ型

❶ **数値型** …… 5，−3 などの数値。

❷ **文字列型** …… 英数字，記号，日本語などの文字。

❸ **リスト型** …… ['月', '火', '水', '木', '金', '土', '日'] などのリスト。

＊リスト型については，くわしくは●**39**節で説明するよ。

異なるデータ型の文字列型と数値型を連結させるプログラムを考えてみよう。

例1

```
▶ 1  price = 120
  2  print('りんごの価格は '+price+' 円です')
↳   TypeError   Traceback (most recent call last)
    <ipython-input-1-e319bd315bcf> in <module>()
        1 price = 120
    ----> 2 print('りんごの価格は '+price+' 円です ')

    TypeError: can only concatenate str (not "int") to str
```

このプログラムを実行すると，上のようなエラーメッセージが表示されるよ。エラーとなった原因を考えてみよう。

1行目で変数「price」に「120」を代入しているから，「price」は数値型として扱われるよ。

次に，2行目で「'りんごの価格は'」と「'円です'」はクォーテーションで囲まれているので文字列型だね。異なるデータ型どうしを連結させてしまっているからエラーとなってしまったんだ。

これって，ピンとこない人もいるかな？ 型が違うというのは，言語が違うみたいなものだよ。たとえば，「私が好きな Lebensmittel は Pomme です」といわれても，意味がわからないよね？ これを翻訳機にかけて，「私が好きな食べ物はリンゴです」とすれば，意味が通じるよね。

日本語とドイツ語とフランス語が交じっているとわかりにくいように，コンピュータも「数値型」と「文字列型」が交じっていると意味を理解できないことがあるんだね。だから，数値型を文字列型に変換する命令をプログラムの中に入れて，文字列型で統一するんだよ！ このときに使用するプログラムに「str」というものがあるよ。「str」は数値型を文字列型に変換する命令なんだ。Python ではよく出てくるから知っておこう！

今回のエラーを解消するためには，数値型を文字列型に変換する「str」を用いて同じデータ型に揃える必要があるんだ。それを修正したプログラムは次のようになるよ。

例2

```
1 price = 120
2 print('りんごの価格は '+str(price)+ '円です')
```
りんごの価格は 120 円です

先ほどのプログラムから変更された点はどこかな？

2 行目の「price」を「str(price)」に変えたね。

これにより，「str(price)」が文字列型として認識されて，同じデータ型どうしを結合していることになり，プログラムがうまく動作するんだ！

文字列型を数値型に変換することもできるよ。文字列型を数値型に変換するには「int」を使うんだ。

では，文字列型を数値型に変換する「int」を使ったプログラムを作成してみよう！

例3

```
1 count = '5'
2 price = 120
3 total_price = price*int(count)
4 print(total_price)
```
600

1行目では「count = '5'」と，「5」がクォーテーションマークで囲まれているため，変数「count」は文字列型として認識されるよ。

　また，2行目では変数「price」に「120」を代入しているから，「price」は数値型だよ。

　そのため3行目では「int(count)」として，文字列型を数値型に変換して，データ型をそろえて処理をしているんだ。

　次は，入力されたデータを文字列として扱う命令「input( )」について考えよう。この命令は，プログラムをわざわざ修正しなくてもいろいろな値で試すことができるすぐれものなんだ。ただし，気をつけるポイントがあって，「input( )」で受け取った値はすべて文字列型になってしまうので気をつけよう。もし数値として扱いたい場合は数値型に変換する必要があるんだ。

　では，この「input( )」を使ったプログラムの例を考えてみよう。1個120円のりんごを購入する個数を入力して，合計金額を表示するプログラムを作成してみよう。

例4

```
1  apple_price = 120
2  input_count = input('りんごの個数を入力してください　')
3  total_price = apple_price*int(input_count)
4  print('支払い金額は '+str(total_price)+'円です ')
```
```
りんごの個数を入力してください　5
支払金額は 600 円です
```

　実行結果の1行目の「りんごの個数を入力してください」に対して「5」を入力した場合を表示したよ。

　プログラムの2行目の「input('りんごの個数を入力してください　')」っていうのは，ユーザの入力を受けつけるところだから「input」っていう表現をしているんだね。

　このプログラムで気をつけてほしい点があるんだ。「input」で受け取った値（上の実行結果であれば「5」）は文字列型になるため，3行目のところで「int(input_count)」として文字列型を数値型に変換しているという点に注意しておいてね。

　「input」を利用して，円の面積を求めるプログラムを作成してみよう！

例5

```
● 1  r = input('円の半径を入力してください ')
  2  area = int(r)*int(r)*3.14
  3  print(area)
```

┣　円の半径を入力してください 5

78.5

　実行結果の1行目で「5」を代入した場合を表示したよ。「input」で受け取った値は文字列型になるため，プログラムの2行目のところで「int(r)」として，文字列型を数値型に変換して，円の面積を計算しているよ。

　そして，3行目で計算した円の面積を表示させているよ。

　うまくプログラムは動作したかな？　このように，「input( )」という命令を活用すると，わざわざプログラムを修正することなく，いろいろな値で計算を実行できるよ！　知っておこうね。

　ところで，「代入」について理解しているかも確認したいんだ。次の問題を見てほしい。Python ではない，擬似言語で表示したプログラムだよ。

例題

　次のプログラムを実行したとき，表示される結果を答えよ。

```
a = 0
a = a+1
a = a+1
a = a+1
a = a+1
print(a)
```

解答と解説

　1行目は「a は今から0になるぞ！」という意味だよ。

　2行目は「a は今から a+1（つまり 0+1）になるぞ！」という意味だよ。つまり a はこの行を実行すると1になるんだ。

　3行目は「a は今から a+1（つまり 1+1）になるぞ！」という意味だよ。つまり a はこの行を実行すると2になるんだ。

4 行目は「a は今から a+1（つまり 2+1）になるぞ！」という意味だよ。つまり a はこの行を実行すると 3 になるんだ。

5 行目は「a は今から a+1（つまり 3+1）になるぞ！」という意味だよ。つまり a はこの行を実行すると 4 になるんだ。

このように，プログラミングにおける代入とは，「<u>右の値を左の箱に入れる。左の箱に向かって，今からお前は●●になるぞ！　と命令する</u>」という意味をもつんだよ。

6 行目は「a を表示してください」という意味だけど，これは大丈夫かな？5 行目の時点で，a は「お前は今から 4 だ！」と命令されたわけだから，6 行目の a は 4 ということになるんだよ。

だから，「4」が出力されるんだね。 答

まとめ

💬

❶ **変数**：データ（文字や数値など）を入れておく箱のようなもの。
変数は「変数名 ＝ 値」で定義する。たとえば，「name ＝ '進之介'」であれば，変数「name」に「'進之介'」を代入する，ということになる。

❷ **データ型**：文字列や数値などの値の種類。<u>数値型，文字列型，リスト型</u>などがある。
数値型を文字列型に変換したいときは「str()」を利用し，文字列型を数値型に変換したいときは「int()」を利用する。

この節の目標

☑ **Ⓐ** 選択構造の仕組みを理解しよう。

☑ **Ⓑ** 反復構造の仕組みを理解しよう。

☑ **Ⓒ** プログラミングにおける真や偽について知ろう。

イントロダクション ♪♫

どんな複雑なプログラムであっても**順次構造（逐次処理）, 選択構造（条件分岐）, 反復構造（繰り返し）**の 3 つの基本構造からできている, という話は第**35**節で学習したね。もし忘れてしまった場合は戻って復習しよう！

順次構造については第**37**節で学習したね。この節では残りの 2 つ, 選択構造と反復構造のアルゴリズムのプログラミングを見ていこう！ めっちゃ大切なところだから, 集中してついてきてね！

ゼロから解説

1 選択構造

条件分岐（if文）

条件によって処理を変えたい場合に, 選択構造（条件分岐）を利用するよ。その際に, 何によって処理を分けるかという命令が必要で, それを「**条件式**」というよ。別の言葉で説明すると, 条件にあっているかどうかを計算し, あっていれば真, あっていなければ偽という答えを出す式を**条件式**というんだ。

では, 条件分岐のプログラムの型を見ていこう。

```
if 条件式：
    ［条件式が真の場合の処理 A］
else：
    ［条件式が偽の場合の処理 B］
```

上のプログラムは，もし条件式を満たしているときは処理 A を行い，条件式を満たしていないときは処理 B を行うということなんだ。たとえば下のような処理をプログラムにするとどうなるかな？

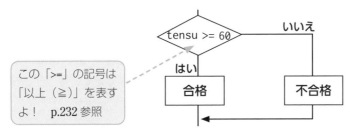

この「>=」の記号は「以上（≧）」を表すよ！　p.232 参照

プログラムにすると次のようになるよ！

```
1  if tensu >= 60:
2      print('合格')
3  else:
4      print('不合格')
```

もし「tensu（点数）」が 60 以上なら「合格」を表示，そうでなければ（「tensu（点数）」が 60 未満なら）「不合格」を表示

条件式の考え方

ここで，条件式についてくわしく見ていこう。

たとえば，条件式を「tensu >= 60」としたとき，変数「tensu」が 60 以上であれば真，60 未満であれば偽という答えを出すことになるんだ。

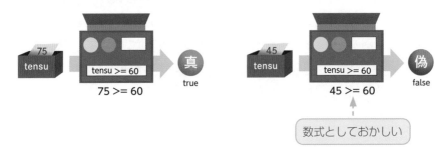

また，次のような条件分岐の例もあるよ。

```
if 条件式 1 :
    ［条件式 1 が真の場合の処理 A］
elif 条件式 2 :
    ［条件式 1 が偽で，条件式 2 が真の場合の処理 B］
else :
    ［条件式 1 も条件式 2 も偽の場合の処理 C］
```

上のプログラムは，条件式 1 を満たしているときは処理 A を行い，満たしていないときは条件式 2 を計算し，条件式 2 を満たしているときは処理 B を行い，すべての条件式を満たしていないときは処理 C を行うということなんだ！　たとえば下のような処理をプログラムにするとどうなるかな？

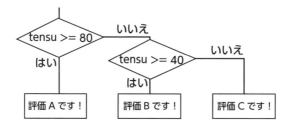

プログラムにすると次のようになるよ！

```
1  if tensu >= 80:
2      print('評価 Aです!')
3  elif tensu >= 40:
4      print('評価 Bです!')
5  else:
6      print('評価 Cです!')
```

もし「tensu（点数）」が 80 以上なら「評価 Aです！」を表示，80 以上ではなく 40 以上なら「評価 Bです！」を表示，上記のどちらでもなければ「評価 Cです！」を表示

比較演算子

条件式を作る際に必要な演算子を「**比較演算子**」というよ。その例を次に挙げておくね。

┌─ 比較演算子の例 ─────────────────────────────────
│
│ 「==」 …… 等しい   例 x == 70 …… x が70と等しい
│
│ 「!=」 …… 等しくない   例 x != 70 …… x が70と等しくない
│
│ 「<」 …… 小なり   例 x < 70 …… x が70より小さい
│
│ 「>」 …… 大なり   例 x > 70 …… x が70より大きい
│
│ 「<=」 …… 以下   例 x <= 70 …… x が70以下
│
│ 「>=」 …… 以上   例 x >= 70 …… x が70以上
│
└──

条件分岐のプログラムの例

　それでは，条件分岐を利用したプログラムに挑戦してみよう！

　まずは合否判定プログラムを作成してみよう。今回の合否判定プログラムは，60点以上を合格とするテストについて，取った点を入力し，合格か不合格かを判定するプログラムとするね。

例1　70点を入力したとき

```
▶ 1  x = int(input('点数は？ '))
  2 if x >= 60:
  3     result = '合格'
  4 else:
  5     result = '不合格'
  6 print(result)
```
```
点数は？  70
合格
```

例2　40点を入力したとき

```
▶ 1  x = int(input('点数は？ '))
  2 if x >= 60:
  3     result = '合格'
  4 else:
  5     result = '不合格'
  6 print(result)
```
```
点数は？  40
不合格
```

1行目では，値を入力させ，その値を文字列型から数値型に変換して，x に代入しているよ。「int」は数値型への型の変換を意味するんだったね！

2行目の「x >= 60」が条件式となり，もし x が 60 以上であれば，3行目で「result」を合格にし，そうでなければ5行目で「result」を不合格とするんだね。

6行目の「print(result)」で，「result」の値を表示させているよ。

ここで気をつけてほしいことが1つあって，Python では，条件成立時に行う処理を「字下げ（インデント）」（半角スペース2または4文字分）して記述するんだ。つまり，字下げした部分が「処理のまとまり」（これを「ブロック」という）となり，Python では字下げでブロックを構成する決まりがあるんだ。

次に，3つの条件分岐に挑戦してみよう。ここでは，あるテストについて，取ったテストの点を入力し，点数によって「よくできました」「まずまずですな」「がんばりましょう」のいずれかを表示するプログラムを考えてみよう。

例3 60点を入力したとき

```
1 x = int(input('点数は？ '))
2 if x == 100:
3     print('よくできました')
4 elif x > 50:
5     print('まずまずですな')
6 else:
7     print('がんばりましょう')
```

```
点数は？ 60
まずまずですな
```

1行目では，値を入力させ，その値を文字列型から数値型に変換して，x に代入しているよ。

2行目の「x == 100」が条件式となり，もし x が 100 であれば，3行目の命令で「よくできました」と表示させているよ。

4行目では，「x > 50」が条件式となり，もし x が 100 でなくて 50 より大きければ，5行目の命令で「まずまずですな」と表示させるんだ。

6行目では，いずれでもなければ，7行目の命令で「がんばりましょう」と表示
させる流れだね。

② 反復構造（for 文，while 文）

Python で繰り返しは「**for**」や「**while**」という命令で記述するんだ。

> **for文**：変数の値をある範囲で変化させ，その間で処理を繰り返す。
> **while文**：ある条件が成り立つ間で，処理を繰り返す。

順次繰り返し文（for 文）

では，for 文の型を見ていこう。

```
for [変数名] in range([繰り返しの範囲]) :
    処理 A
```

上のプログラムでは，[変数名] を [繰り返しの範囲] で繰り返しながら，
処理 A を行うよ。

「range( )」の命令には次の 3 種類があるから，覚えておいてね。

---
for 文で用いる「range()」命令

❶「range (繰り返す回数)」
　➡　変数の値を 0 から（繰り返す回数 −1）まで 1 ずつ増やしながら繰り返す。
❷「range (初期値 , 終了値)」
　➡　変数の値を（初期値）から（終了値 −1）まで 1 ずつ増やしながら繰り返す。
❸「range (初期値 , 終了値 , ステップ値)」
　➡　変数の値を（初期値）から（終了値 −1）まで（ステップ値）ずつ増やしなが
　　　ら繰り返す。

補足 ステップ値はマイナスの値も指定することができるよ。

では，for文を使ったプログラムに挑戦していこう！　for文を使って1から10までの自然数を表示させるプログラムを作ってみるよ。

例1

```
1  for i in range(1, 11, 1):
2      print(i)
```
```
1
2
3
4
5
6
7
8
9
10
```

1，2行目は，変数「i」を，1から10まで1ずつ増やしながら，変数「i」を表示させることを繰り返す，ということだよ。

なお，ここでも，2行目で字下げをすることを忘れないようにしようね。

次に，「Hello!!」を11回繰り返し表示するプログラムを作るよ。

例2

```
1  for num in range(11):
2      print('Hello!!', num)
```
```
Hello!! 0
Hello!! 1
Hello!! 2
Hello!! 3
Hello!! 4
Hello!! 5
Hello!! 6
Hello!! 7
Hello!! 8
Hello!! 9
Hello!! 10
```

1，2行目は，変数「num」を，0から10まで1ずつ増やしながら「Hello!!」と変数「num」を表示することを繰り返す，ということだよ。

　さらに，整数1から10までの和を求めるプログラムを作るよ。

例3

```
1  a = 0
2  for i in range(1, 11, 1):
3      a = a+i
4  print(a)
```
```
   55
```

　1行目では変数「a」に初期値として0を代入するよ。

　2，3行目は，「i」を1から10まで1ずつ増やしながら，変数「a」に「i」の値を足したものを変数「a」に代入していくことを繰り返す，ということだよ。Pythonのプログラミングの世界では，「=」は代入を表していることを思い出そう！

　そして，4行目では，変数「a」の値である「55」を表示させるよ。

　2，3行目の変数「i」と「a」の値の変化をくわしく見てみよう。

i=1のとき，a+i=0+1=1　よって，a=1になる。

i=2のとき，a+i=1+2=3　よって，a=3になる。

i=3のとき，a+i=3+3=6　よって，a=6になる。

i=4のとき，a+i=6+4=10　よって，a=10になる。

i=5のとき，a+i=10+5=15　よって，a=15になる。

i=6のとき，a+i=15+6=21　よって，a=21になる。

i=7のとき，a+i=21+7=28　よって，a=28になる。

i=8のとき，a+i=28+8=36　よって，a=36になる。

i=9のとき，a+i=36+9=45　よって，a=45になる。

i=10のとき，a+i=45+10=55　よって，a=55になる。

変数「i」の値が10になったので，最終的な「a」の値は「55」に確定するね。

条件つき繰り返し文（while文）

[例3]のプログラムは，while 文を利用して書き換えることができるよ。その前に while 文の型を見ていこう。

```
while 条件式 :
    ［条件式が真のときの処理 A］
```

上のプログラムは，条件式が真のとき，ループを繰り返すという意味になるよ。この while 文を利用して，先ほどの [例3] のプログラムを，次のように書き換えることができるよ。

```
1 a = 0
2 i = 1
3 while i <=10:
4     a = a+i
5     i = i+1
6 print(a)
    55
```

1，2行目では，変数「a」と変数「i」を用意し，a には 0 を，i には 1 をそれぞれ代入しているよ。

3～5行目は，「i が 10 以下のとき，4，5行目の処理を繰り返す」という意味になるんだ。つまり，a に i を加えたものを a に代入し，i に 1 を加えたものを i に代入する，という操作を i が 10 以下のとき，ずっと繰り返していくんだ。変数「i」の値は 1 ずつ増えていくので，やがてこのループは終わるね。

6行目で，変数「a」の値である「55」を表示させているよ。

3～5行目の変数「i」と「a」の値の変化をくわしく見てみよう。

i＝1 のとき，i <= 10 を満たすから，

　　a+i＝0+1＝1，i+1＝1+1＝2

　　よって，a＝1，i＝2 になる。

i＝2 のとき，i <= 10 を満たすから，

　　a+i＝1+2＝3，i+1＝2+1＝3

　　よって，a＝3，i＝3 になる。

i=3 のとき，i <= 10 を満たすから，

　　　a+i=3+3=6，i+1=3+1=4

　　　よって，a=6，i=4 になる。

i=4 のとき，i <= 10 を満たすから，

　　　a+i=6+4=10，i+1=4+1=5

　　　よって，a=10，i=5 になる。

i=5 のとき，i <= 10 を満たすから，

　　　a+i=10+5=15，i+1=5+1=6

　　　よって，a=15，i=6 になる。

i=6 のとき，i <= 10 を満たすから，

　　　a+i=15+6=21，i+1=6+1=7

　　　よって，a=21，i=7 になる。

i=7 のとき，i <= 10 を満たすから，

　　　a+i=21+7=28，i+1=7+1=8

　　　よって，a=28，i=8 になる。

i=8 のとき，i <= 10 を満たすから，

　　　a+i=28+8=36，i+1=8+1=9

　　　よって，a=36，i=9 になる。

i=9 のとき，i <= 10 を満たすから，

　　　a+i=36+9=45，i+1=9+1=10

　　　よって，a=45，i=10 になる。

i=10 のとき，i <= 10 を満たすから，

　　　a+i=45+10=55，i+1=10+1=11

　　　よって，a=55，i=11 になる。

i=11 のとき，i <= 10 を満たさないから，繰り返しを終えて，最終的な「a」
の値は「55」に確定するね。

繰り返し中止の break

繰り返し処理を実行している途中で処理を中断したいとき，「break」を利用するんだ。繰り返し中止の「break」を利用したプログラムに挑戦してみよう。

例4

```
1  for i in range(10):
2      print(i)
3      if i == 2:
4          break
```
```
0
1
2
```

　1，2行目は，変数「i」を 0 から 9 まで 1 ずつ増やしながら，変数「i」の値を表示させることを繰り返す，ということだよ。ただし，3，4行目では，もし i が 2 のときは，繰り返し処理を中断させるという命令をしている。よって，実行結果のように「0」「1」「2」が画面に表示されて処理が終わるよ。

　2 ～ 4 行目の変数「i」の値の変化と繰り返し処理をくわしく見てみよう。

　i＝0 のとき，「0」を表示する。i＝＝2でないから，繰り返し処理を続ける。

　i＝1 のとき，「1」を表示する。i＝＝2でないから，繰り返し処理を続ける。

　i＝2 のとき，「2」を表示する。ここで，i＝＝2 を満たすから，繰り返し処理を中断するね。

③　選択構造と反復構造の組み合わせ

　ここでは，選択構造と反復構造を組み合わせたプログラムに挑戦してみよう！

　1 から 100 までの数のうち，3 の倍数なら「Fizz（フィズ）」，5 の倍数なら「Buzz（バズ）」，3 の倍数かつ 5 の倍数（すなわち，3 と 5 の最小公倍数である 15 の倍数）なら「FizzBuzz（フィズバズ）」，いずれでもなければその数自体を表示させるプログラムを作成してみよう。

　なお，これは FizzBuzz といって，英語圏で有名な遊びの 1 つなんだよ。

例

```
1  for i in range(1, 101):
2      if i%15 == 0:
3          print('FizzBuzz')
4      elif i%3 == 0:
5          print('Fizz')
6      elif i%5 == 0:
7          print('Buzz')
8      else:
9          print(i)
```

```
1
2
Fizz
4
Buzz
Fizz
7
8
Fizz
Buzz
11
Fizz
13
14
FizzBuzz
...
```

1～9行目では，i を 1 から 100 まで 1 ずつ増やしながら，次を繰り返すということだよ。

i÷15 の余りが 0 であれば「FizzBuzz」，i÷3 の余りが 0 であれば「Fizz」，i÷5 の余りが 0 であれば「Buzz」と表示させ，それ以外であれば i の値を表示させる。

変数「i」の値の変化と条件分岐についてくわしく見てみよう。

i＝1 のとき，i%15 == 0，i%3 == 0，i%5 == 0 のいずれも満たさないから，

「print(i)」が実行されて,「1」が表示される。

　i=2 のとき, i%15 == 0, i%3 == 0, i%5 == 0 のいずれも満たさないから,「print(i)」が実行されて,「2」が表示される。

　i=3 のとき, i%3 == 0 を満たすから,「print('Fizz')」が実行されて,「Fizz」が表示される。

　i=4 のとき, i%15 == 0, i%3 == 0, i%5 == 0 のいずれも満たさないから,「print(i)」が実行されて,「4」が表示される。

　i=5 のとき, i%5 == 0 を満たすから,「print('Buzz')」が実行されて,「Buzz」が表示される。

　i=6 のとき, i%3 == 0 を満たすから,「print('Fizz')」が実行されて,「Fizz」が表示される。

　i=7 のとき, i%15 == 0, i%3 == 0, i%5 == 0 のいずれも満たさないから,「print(i)」が実行されて,「7」が表示される。

　i=8 のとき, i%15 == 0, i%3 == 0, i%5 == 0 のいずれも満たさないから,「print(i)」が実行されて,「8」が表示される。

　i=9 のとき, i%3 == 0 を満たすから,「print('Fizz')」が実行されて,「Fizz」が表示される。

　i=10 のとき, i%5 == 0 を満たすから,「print('Buzz')」が実行されて,「Buzz」が表示される。

　i=11 のとき, i%15 == 0, i%3 == 0, i%5 == 0 のいずれも満たさないから,「print(i)」が実行されて,「11」が表示される。

　i=12 のとき, i%3 == 0 を満たすから,「print('Fizz')」が実行されて,「Fizz」が表示される。

　i=13 のとき, i%15 == 0, i%3 == 0, i%5 == 0 のいずれも満たさないから,「print(i)」が実行されて,「13」が表示される。

　i=14 のとき, i%15 == 0, i%3 == 0, i%5 == 0 のいずれも満たさないから,「print(i)」が実行されて,「14」が表示される。

　i=15 のとき, i%15 == 0 を満たすから,「print('FizzBuzz')」が実行されて,「FizzBuzz」が表示される。

まとめ

❶ for 文：変数の値をある範囲で変化させ，その間で処理を繰り返す。

❷ while 文：ある条件が成り立つ間，処理を繰り返す。

プログラミングの応用①
—— 配列

この節の目標

- ☑ Ⓐ 配列の仕組みを理解する。
- ☑ Ⓑ 配列内の最大値や平均値を求めるプログラムを知る。

イントロダクション ♪♫

たとえば,「好きな食べ物は何？」と聞かれたら,君は何て答えるかな？私だったら,好きな食べ物がたくさんあるので,「パスタ,カレー,寿司,……」と答えちゃうかな。

このように,プログラムの世界で,複数のデータをまとめて管理したいとき,どのようにしたらいいと思う？　わざわざ,「food1 = 'pasta', food2 = 'curry', food3 = 'sushi', ……」のように1つひとつ定義していくのは,ちょっと大変だよね。

そこで,プログラムの世界では,複数のデータをまとめて管理する「**配列（リスト）**」という機能が用意されているんだ。ここでは,配列（リスト）の仕組みについて,学習していこう。

~~~~~~~~~~~~~~~~~~~~~~~~~~~~
ゼロから解説
~~~~~~~~~~~~~~~~~~~~~~~~~~~~

1 配列（リスト）

複数のデータをまとめて管理するには「**配列（リスト）**」を用いるんだ。リストは [要素1, 要素2, ……] のように作るよ。なお,コンマで要素を区切ることを忘れないようにしよう。また,リストに入っているそれ

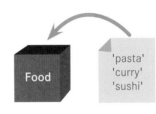

▲複数のデータをまとめて管理できる。

ぞれの値のことを「**要素**」というよ。リストを用いると，複数の文字列や複数の数値を1つのものとして管理することができるんだ。

```
┌─ リスト ──────────────────────────────
│ ❶  文字列のリスト
│   例  Week＝['月', '火', '水', '木', '金', '土', '日']
│ ❷  数値のリスト
│   例  Number＝[1, 2, 3, 4, 5]
│ ❸  文字列と数値のリスト
│   例  Price＝['apple', 'banana', 120, 200]
```

　また，リストは「**変数名**」と「**添字**」（または「**インデックス番号**」）によって管理され，リストの各要素は 変数名[添字] で取り出すことができるよ。

　ちなみに，リストの添字は，0から始まるので注意しようね！　学校の出席番号は1番から始まるよね？　それが人間の世界の常識だよね。でも，コンピュータの世界では0番から始まることが多いから，知っておこう！

　ちなみに，**配列（リスト）** は複数のデータをまとめて管理するために用いる，番号つきの箱と表現されることがあるよ。箱を管理する番号を添字（インデックス番号）といって，0から始まるんだ。

　箱という表現はとても便利なんだ。少し補足しておくね。

　たとえば「$a+b$」という式があったとする。ここで，a と b がそれぞれ "箱"だったとしたら，a と b にそれぞれ数字を代入すれば計算をすることができるよね？　$a=1$，$b=13$ を代入したら $1+13$ を計算できるし，$a=1212$，$b=113$を代入したら $1212+113$ を計算できるよね。プログラムを作成するのは1回だけなのに，計算は何回でもできるんだ！　これってすごいことなんだよ。

　$1+13$ とか $1212+113$ のような計算をするたびに毎回プログラミングを最初から組み立てるのではなくて，箱を用意してから数字だけ代入すると労力が少なくてすむんだね！

　同じように，"アンケート用紙" とか "お問い合わせフォーム" みたいに，枠線だけ用意して，値を入力してもらってデータを集めるプログラムを作成する

ときも，"箱" という考え方は役立つんだ。

　配列（リスト）という箱を作って，あとから値を代入するという方法はプログラミングでは一般的だから，知っておいてね！

　まずはリストの定義の仕方とリストの要素の取り出し方について，学習しよう！

例1

```
1  Week = ['月', '火', '水', '木', '金', '土', '日']
2  print('今日は'+Week[2]+'曜日です')
```
```
今日は水曜日です
```

　1行目では，リスト「Week」を定義しているよ。ここで，リストの要素と添字の関係は，Week[0] は月，Week[1] は火，Week[2] は水，Week[3] は木，Week[4] は金，Week[5] は土，Week[6] は日という対応になっているんだ。出席番号0番は月！　出席番号1番は火！　出席番号2番は水！……出席番号6番は日！ということだね。

　2行目では，インデックス番号を使って，値を取り出していて，リスト「Week」から Week[2] を取り出すことになり，結果として「今日は水曜日です」と表示されるんだよ。

　出席番号2番を出力しなさい！　……水！　ということだね！

　次に，リスト内の要素の個数を表示するプログラムを作成してみよう。

例2

```
1  text = 'Hello!!'
2  print(len(text))
3  Foods = ['pasta', 'curry', 'sushi']
4  print(len(Foods))
```
```
7
3
```

「len( )」という命令を用いることによって，( ) 内に指定した文字列や配列の長さや要素の数を取得できるんだ。

　1行目では，変数「text」に文字列「Hello!!」を代入するよ。

　2行目では，「len」という命令を用いて文字列「Hello!!」の文字数を表示させるよ。

3行目では，リスト「Foods」を定義するよ。

4行目では，リスト「Foods」の要素の個数を表示させるよ。文字列と同様にして，リストの要素の個数を表示することができるんだ。

「len( )」の使い方は理解できたかな？　これを利用して，次はリスト内の要素をすべて表示させるプログラムに挑戦してみよう。

例3

```
1 A = [7, 22, 11, 34, 17, 52, 26, 13]
2 n = len(A)
3 for i in range(0, n, 1):
4     print(A[i])
```

```
7
22
11
34
17
52
26
13
```

1行目では，リスト「A」を定義しているよ。1番目に7，2番目に22，3番目に11，みたいに宣言しているね！

2行目では，リスト「A」の要素の個数を変数「n」に代入しているんだ。リスト「A」の要素の個数は8だから，「n」に「8」が代入されるよ。

3，4行目では，変数「i」を0からn−1（=7）まで1ずつ増やしながら，「A[i]」を表示させることを繰り返すんだ。つまり，このプログラムを実行すると，リストの要素が1つひとつ表示されるよ！

リストのインデックス番号は0から始まることに気をつけようね。コンピュータからすると「リストの一番左は"0番目"」だから，3，4行目では「for i in range(0, n, 1):」となっていて，「0番目からn−1番目（=7番目）まで表示しましょうね〜」という意味の指示になっているんだ！

次は，リスト内の最大値を探すプログラムを作成してみよう。

例4

```
1  A = [7, 22, 11, 34, 17, 52, 26, 13]
2  max = A[0]
3  for i in range(1, len(A), 1):
4      if max < A[i]:
5          max = A[i]
6  print(max)
```

    52

1行目では，リスト「A」を定義しているよ。

2行目では，最大値を格納する変数として「max」を用意し，ひとまず A[0] を仮の最大値としているよ。

3～5行目では，変数「i」を 1 から len(A)－1（＝7）まで 1 ずつ増やしながら，次を繰り返すよ。

もし，A[i] が max よりも大きければ，変数「max」に A[i] を代入する。

つまり，リスト内の要素を左から順に 1 つずつ取り出して，「max」に代入された値と大小を比較しているので，結果として，変数「max」にはリスト内の最大値が代入されるんだ。

3～5行目の変数「i」と「max」の値の変化をくわしく見てみよう。

i＝1 のとき，max＝A[0]＝7，A[i]＝A[1]＝22

　　このとき，max＜A[i] を満たすから，max＝A[1]＝22 となる。

i＝2 のとき，max＝22，A[i]＝A[2]＝11

　　このとき，max＜A[i] を満たさない（max＝22 のまま）。

i＝3 のとき，max＝22，A[i]＝A[3]＝34

　　このとき，max＜A[i] を満たすから，max＝A[3]＝34 となる。

i＝4 のとき，max＝34，A[i]＝A[4]＝17

　　このとき，max＜A[i] を満たさない（max＝34 のまま）。

i＝5 のとき，max＝34，A[i]＝A[5]＝52

　　このとき，max＜A[i] を満たすから，max＝A[5]＝52 となる。

i＝6 のとき，max＝52，A[i]＝A[6]＝26

　　このとき，max＜A[i] を満たさない（max＝52 のまま）。

i＝7 のとき，max＝52，A[i]＝A[7]＝13

このとき，max＜A[i] を満たさない（max＝52 のまま）。

　変数「i」の値が7になったので，最終的な「max」の値は「52」に確定するね。

　次は，合計点と平均点を表示するプログラムに挑戦してみよう。

例5

```
▶ 1  A = [7, 22, 11, 34, 17, 52, 26, 13]
  2  sum = 0
  3  n = Len(A)
  4  for i in range(0, n, 1):
  5      sum = sum+A[i]
  6  average = sum/n
  7  print(sum)
  8  print(average)
↪    182
     22.75
```

　1 行目ではリスト「A」を定義しているよ。

　2 行目では合計値を格納する変数として「sum」を用意し，初期値として「0」を代入している。

　3 行目では，リスト「A」の要素の個数を変数「n」に代入しているよ。ここでは n＝8 だね。

　4, 5 行目では，変数「i」を 0 から n−1（＝7）まで 1 ずつ増やしながら，sum に A[i] の値を加えたものを「sum」に代入することを繰り返す。これにより，リスト内の要素の和をとることができるんだ。

　つまり，「sum」にはリスト内の数の和が格納されているので，6 行目で平均値を格納する変数「average」を用意し，sum/n の値を代入するよ。

　これで，合計値，平均値を求めることができたので，7, 8 行目では変数「sum」と「average」の値をそれぞれ表示させているよ。

　4, 5 行目の変数「i」と「sum」の値の変化をくわしく見てみよう。

　i＝0 のとき，sum＋A[i]＝0＋A[0]＝0＋7＝7

　　　よって，sum＝7 となる。

　i＝1 のとき，sum＋A[i]＝7＋A[1]＝7＋22＝29

　　　よって，sum＝29 となる。

i=2 のとき，sum+A[i]=29+A[2]=29+11=40

よって，sum=40 となる。

i=3 のとき，sum+A[i]=40+A[3]=40+34=74

よって，sum=74 となる。

i=4 のとき，sum+A[i]=74+A[4]=74+17=91

よって，sum=91 となる。

i=5 のとき，sum+A[i]=91+A[5]=91+52=143

よって，sum=143 となる。

i=6 のとき，sum+A[i]=143+A[6]=143+26=169

よって，sum=169 となる。

i=7 のとき，sum+A[i]=169+A[7]=169+13=182

よって，sum=182 となる。

変数「i」の値が7になったので，最終的な「sum」の値は「182」に確定するね。

ま と め

配列（リスト）：複数のデータをまとめて管理するために用いる，番号つきの箱。箱を管理する番号を添字（インデックス番号）といい，0から始まる。

第40節 プログラミングの応用②
——関数

この節の目標

☑ Ⓐ 関数の仕組みを理解する。

イントロダクション ♪♫

　プログラムを作成していると，同じ処理が何回も出てくることがあるんだ。同じような処理を1つずつ書いていくのは大変だよね？

　繰り返されている処理に名前をつけて "ひとまとまり" にすることで，何度も同じプログラムを書く手間を省くことができるんだ。この "ひとまとまり" の処理を，「**関数**」というよ！

　「関数」は数学にも出てくるけど，「関数って何？」と聞かれて答えられない子はとても多いよね。じゃあ，プログラムにおける「関数」の重要ポイント（入力と出力）について説明するね。

　飲み物を販売している自動販売機を想像してほしい。

　麦茶が飲みたいなら，自動販売機にお金を入れて，麦茶のボタンを押せば，麦茶が出てくるよね？　麦茶のボタンを押したのにメロンソーダが出てきたら悲しいよね。

　関数とは，まさにこのイメージなんだよ。

　　　麦茶のボタンを押す　➡　**入力**
　　　麦茶が出てくる　　　➡　**出力**

これが入力と出力の関係なんだ。

　数学では，たとえば関数 $y=2x+1$ に $x=1$ を入力すると $y=3$ が出力される，のように考えることがあるよね。

　情報では，入力する値を「**引数**」，出力される値を「**戻り値**」というよ。とても大切な言葉だから覚えておこう！

　この節では，関数を利用したプログラムについて学習していくよ！

ゼロから解説

① 関数を定義する

Python で関数を定義するには，次の書式のように書いていくよ。

```
def 関数名 (引数 1, 引数 2, …) :
    [関数の処理]
    return 戻り値
```

難しく感じる人もいるかもしれないけど，具体例を挙げて丁寧に説明していくから，がんばってついてきてね！

関数を定義するときには，**引数**（入力値）を入力して，処理された結果の**戻り値**（出力値）を返すようにするんだ。プログラムの関数を数学の関数 $y=f(x)$ でイメージすると，f が「**関数名**」，x が「**引数**」，y が「**戻り値**」に相当するよ。

まずは，関数を利用して，底辺が 10，高さが 5 の三角形の面積を求めるプログラムに挑戦してみよう！

例1

```
1  def area(base, height):
2      S = base*height / 2
3      return S
4  t = area(10, 5)
5  print(t)
   25.0
```

1 〜 3 行目で，「area」という関数を定義しているよ。「area」とは面積という意味で，「今から面積を求めます！」と宣言しているんだ。

関数「area」の引数は，「base」（底辺）と「height」（高さ）だよ。つまり，底辺の長さと高さを代入して計算させようとしている雰囲気だよね！

2 行目ではこの引数を用いて三角形の面積を求め，それを変数「S」に代入しているんだ。

3 行目では「return」で計算結果の「S」を返しているよ。

これにより，4 行目の「area(10,5)」は，「base を 10，height を 5 として，関数 area により，三角形の面積を求めてね！」という命令になっているんだ。そして，関数「area」の処理によって，三角形の面積「S=25」が 返されて，その「25」が変数「t」に代入されるんだ。

5 行目では，変数「t」の値が表示される，ということになるんだ。

これも理解してしまえば簡単なことだよね。

「底辺 5，高さ 5」と入力して，「面積 25」と出力されている。<u>入力と出力の関係</u>になっていることが見えてくるよね。

今度は，最大公約数を求めるプログラムに挑戦してみよう。

2 つの自然数の最大公約数を求めるためには，「ユークリッドの互除法」という考え方を利用するんだけど，数学 A の授業で学習したかな？　もし学習していないのであれば，今ここでその考え方をざっくり学習しよう！

> **最大公約数を求める考え方**
>
> 自然数 a, b（$a>b$）について，a を b で割ったときの余りを r とすると，
>
> 　**「a と b の最大公約数は b と r の最大公約数に等しい」**
>
> という性質を使って最大公約数を求める（ユークリッドの互除法）。

たとえば，24 と 21 の最大公約数っていくつかな？　3 だよね。

これは，24÷21=1 あまり 3 を利用して，

　　24 と 21 の最大公約数は，21 と 3 の最大公約数と等しい

と考えることができるんだ！

上の考え方にしたがって，126 と 35 の最大公約数を求めてみよう！

step1　まずは，126÷35=3 あまり 21 となるよね？　このことから，

　　（126 と 35 の最大公約数）＝（35 と 21 の最大公約数）

となるんだ。

step2　次に，35÷21=1 あまり 14 だから，

　　（35 と 21 の最大公約数）＝（21 と 14 の最大公約数）

となるよ。

step3 そして，21÷14＝1 あまり 7 だから，

（21 と 14 の最大公約数）＝（14 と 7 の最大公約数）

となるね。

step4 最終的には，14÷7＝2 あまり 0 だから，14 と 7 の最大公約数は 7 であることがわかるね。

つまり，126 と 35 の最大公約数は 7 となるんだ。

ユークリッドの互除法では，余りが次の割り算の割る数になるから，次の余りはその前の余りより小さくなるよね。余りは割り算を繰り返していくとやがて小さくなり，やがて 0 になるよね。この余りが 0 になったとき，割る数が求める最大公約数になる，っていうことだね。

このユークリッドの互除法の考え方を，プログラムに表してみよう。ここでは，変数 *a*，*b* の最大公約数を求める関数を定義して，126 と 35 の最大公約数を求めることを考えてみるよ。

```
1  def gcd(a, b):
2      if b == 0:
3          return a
4      else:
5          return gcd(b, a%b)
6  print('a ≧ b となる自然数を入力してください。')
7  a = int(input('a = '))
8  b = int(input('b = '))
9  print('最大公約数は'+str(gcd(a, b)))
```

```
a ≧ b となる自然数を入力してください。
a = 126
b = 35
最大公約数は 7
```

1～5 行目では，「gcd」という関数を定義しているんだ。ちなみに「gcd」とは最大公約数（greatest common divisor）のことだよ。引数は a，b を用いるね。

2〜5行目では，次の計算をしていくよ。

もしbが0ならばaが最大公約数なので，戻り値としてaの値を返す。

そうでなければ（つまりbが0でなければ），aにbを代入，bにa%bの結果を代入して，もう一度関数「gcd」を実行する。

これが，先ほど「126と35の最大公約数」の例で挙げた step1 〜 step4 の作業に該当するんだ。

6行目では，入力をうながすメッセージを表示させるよ。この一文はあってもなくてもいいんだけど，あったほうがプログラムを動かす人にとってわかりやすいから，表示させているよ。

7行目では，aの値を入力させ，変数「a」に代入し，8行目では，bの値を入力させ，変数「b」に代入しているよ。

そして，9行目で，関数「gcd」の処理をして，aとbの最大公約数を表示しているよ。

ちょいムズ

関数には「print( )」のように，定義せずに使える「**組み込み関数**」と，自分で定義する「**ユーザ定義関数**」があるよ。組み込み関数は，もともとPythonという言語自体のルールになっているから自分では定められない関数なんだ。

まとめ

コンピュータが行う処理をひとまとまりにして記述したものを関数という。Pythonでは関数は **def** で定義し，関数には入力値として引数を，出力値として戻り値をもたせることができる。

探索のアルゴリズム

この節の目標

☑ **Ⓐ** 線形探索のアルゴリズムについて知ろう。

☑ **Ⓑ** 線形探索のプログラムを理解しよう。

イントロダクション ♪♫

　代表的なアルゴリズムの１つである「**探索（search）**」という処理を考えてみよう！　データの中からほしい値を探し出すことを探索といって，代表的なものとして「**線形探索**」があるよ。

　ここでは，線形探索のプログラムに挑戦していくよ！

ゼロから解説

1 　線形探索

　先頭から１つひとつ順に比較しながらほしい値（探索値）に一致するデータを探し出す探索法を，「**線形探索（リニアサーチ）**」というよ。しらみつぶしに探していくので，この作業を何度も繰り返せば，ほしい値があれば見つけることができるし，なければないことがわかるね！

　たとえば，次の図の７枚のカードの中から「66」と書かれたカードを探してみるね。線形探索で探すなら，端っこから順番に探していくんだ。左から順に１枚ずつカードをめくっていくよ。5回目で，「66」と書かれたカードを引くことができるよね！

では，線形探索のプログラムに挑戦していこう。

```
1  Data = [23, 33, 43, 51, 66, 71, 88]
2  print(Data)
3  key = int(input('探索値は？ '))
4  discover_flg = False
5
6  for i in range(0, len(Data), 1):
7      if Data[i] == key:
8          print(str(key)+'は'+str(i+1)+'番目にあります')
9          discover_flg = True
10         break
11 if discover_flg == False:
12     print(str(key)+'は存在しません')
```

```
[23, 33, 43, 51, 66, 71, 88]
探索値は？   66
66 は 5 番目にあります
```

1行目ではデータをリストで定義するよ。

2行目では1行目で定義したデータを表示させるんだ。

3行目では，「探索値」を入力させて，入力された文字列を数値にして，変数「key」に代入するよ。

4行目の変数「discover_flg」は探索値を見つけたかどうかの指標とするんだ。

6〜10行目では，変数「i」を 0 から（Data の要素の個数−1）（＝6）まで1ずつ増やしながら，次を繰り返すよ。

　　もし，Data[i] が探索値であればリストの何番目に入っているか表示して，変数「discover_flg」を「True」とし，繰り返しを抜ける。

11，12行目では，もし変数「discover_flg」が「False」ならば，探索値は存在しないと表示させるよ。

6〜10行目の変数「i」と「discover_flg」の値の変化をくわしく見てみよう。ただし，変数「key」の値は「66」とするね。

i＝0 のとき，Data[i]＝Data[0]＝23

　　これは Data[i]==key を満たさない。

i＝1 のとき，Data[i]＝Data[1]＝33

　　これは Data[i]==key を満たさない。

i＝2 のとき，Data[i]＝Data[2]＝43

　　これは Data[i]==key を満たさない。

i＝3 のとき，Data[i]＝Data[3]＝51

　　これは Data[i]==key を満たさない。

i＝4 のとき，Data[i]＝Data[4]＝66

　　これは Data[i]==key を満たすから，8行目を実行する。

　さらに，変数「discover_flg」に「True」を代入して，繰り返し処理を中断する。

　このとき，11行目の「discover_flg==False」は満たさないから，処理が完了するね。

　ちなみに，探索のアルゴリズムは他にも「二分探索」などもあるよ。

ま と め

線形探索：先頭から 1 つひとつ順に比較しながら，ほしい値（探索値）に一致するデータを探し出す探索法。

第42節 整列のアルゴリズム

この節の目標

- ☑ Ⓐ ソートとは何かを知ろう。
- ☑ Ⓑ 選択ソートやバブルソートを知ろう。
- ☑ Ⓒ 選択ソートのアルゴリズムを理解しよう。
- ☑ Ⓓ バブルソートのアルゴリズムを理解しよう。

イントロダクション ♪♫

　データを一定の規則に従って並べ替えることを「**ソート**」または「**整列**」や「**並べ替え**」というよ。ソートには，値の小さなものから大きいものへと順に並べる「**昇順**」と，値の大きいものから小さいものへと順に並べる「**降順**」があるんだ。

　この節では，5個の要素からなる整数のリスト [64, 28, 61, 32, 29] を"昇順"に並べる方法を，2パターン説明していくね。

━━━━━━━━━━━━━━━━━━━━━━━━━━━━━━━━

ゼロから解説

━━━━━━━━━━━━━━━━━━━━━━━━━━━━━━━━

① 選択ソート

　昇順の「**選択ソート**」とは，データの中から最も小さい値を探し，それを先頭のデータと入れ替え，入れ替えた先頭を除いたデータの並びから，再び最も小さな値を探し，その並びの先頭と入れ替えることを繰り返し，データを並べ替える手法のことなんだ。

　選択ソートの流れを，図で見ていこう。

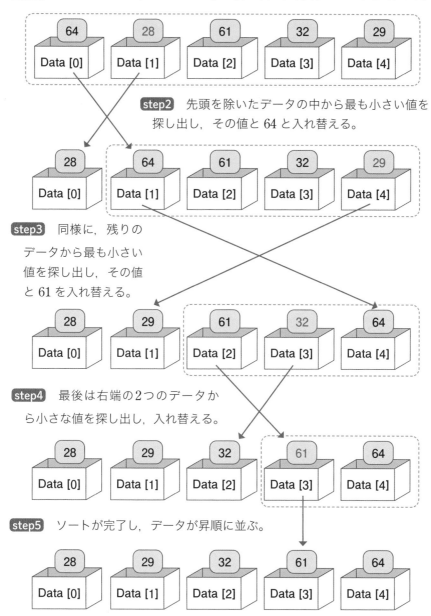

step1 データの中から，最も小さい値を探し出し，先頭の 64 と入れ替える。

64	28	61	32	29
Data [0]	Data [1]	Data [2]	Data [3]	Data [4]

step2 先頭を除いたデータの中から最も小さい値を探し出し，その値と 64 と入れ替える。

28	64	61	32	29
Data [0]	Data [1]	Data [2]	Data [3]	Data [4]

step3 同様に，残りのデータから最も小さい値を探し出し，その値と 61 を入れ替える。

28	29	61	32	64
Data [0]	Data [1]	Data [2]	Data [3]	Data [4]

step4 最後は右端の2つのデータから小さな値を探し出し，入れ替える。

28	29	32	61	64
Data [0]	Data [1]	Data [2]	Data [3]	Data [4]

step5 ソートが完了し，データが昇順に並ぶ。

28	29	32	61	64
Data [0]	Data [1]	Data [2]	Data [3]	Data [4]

この流れをプログラムにすると，次のようになるよ。

```
 1  Data = [64, 28, 61, 32, 29]
 2  print('ソート前のデータ:', Data)
 3
 4  for i in range(0, len(Data)-1, 1):
 5      min = i
 6      for j in range(i+1, len(Data), 1):
 7          if Data[j] < Data[min]:
 8              min = j
 9      print('i = '+str(i),'Data[min] = '+str(Data[min])+' : ',Data)
10      tmp = Data[i]
11      Data[i] = Data[min]
12      Data[min] = tmp
13  print('ソート後のデータ:',Data)
```

```
ソート前のデータ:[64, 28, 61, 32, 29]
i = 0 Data[min] = 28 :[64, 28, 61, 32, 29]
i = 1 Data[min] = 29 :[28, 64, 61, 32, 29]
i = 2 Data[min] = 32 :[28, 29, 61, 32, 64]
i = 3 Data[min] = 61 :[28, 29, 32, 61, 64]
ソート後のデータ:[28, 29, 32, 61, 64]
```

1行目で，データのリストを定義するよ。

2行目で，ソート前のデータの値を表示させる。

4〜12行目は，変数「i」を0から（Dataの要素の個数−1）−1（=3）まで1つずつ増やしながら，次のことを繰り返すよ。

　　最小値の位置を保持する変数として「min」を用意して，iを代入する。

　　さらに，6〜8行目では変数「j」をi+1から（Dataの要素の個数）−1（=4）まで1つずつ増やしながら，次のことを繰り返す。

　　　　もし，Data[j] が Data[min] の値より小さければ，変数「min」にjを代入する。

　　　　これを繰り返すことにより，最小値の位置 min が確定するよ。

9行目でソートの過程を表示させる。

10〜12行目では，Data[i] と Data[min] の値を入れ替える。

13行目で，最終的にソート後のデータを表示させる。

4 ～ 12 行目の変数「i」「j」や「min」などの値の変化をくわしく見てみよう。まず，i＝0 のときから考えると，min＝i＝0 だよね。

(i) j＝i+1＝0+1＝1 のとき，

Data[j]＝Data[1]＝28，Data[min]＝Data[0]＝64

よって，Data[j]＜Data[min] を満たすから min＝j＝1 となる。

(ii) j＝2 のとき，

Data[j]＝Data[2]＝61，Data[min]＝Data[1]＝28

よって，Data[j]＜Data[min] を満たさない(min＝1 のまま)。

(iii) j＝3 のとき，

Data[j]＝Data[3]＝32，Data[min]＝Data[1]＝28

よって，Data[j]＜Data[min] を満たさない(min＝1 のまま)。

(iv) j＝4 のとき，

Data[j]＝Data[4]＝29，Data[min]＝Data[1]＝28

よって，Data[j]＜Data[min] を満たさない(min＝1 のまま)。

変数「j」の値が「4」になったから，i＝0 のときの変数「min」の最終的な値は「1」に確定したよ。

9 行目を実行し「i=0, Data[min]=28：[64, 28, 61, 32, 29]」を表示する。

10 ～ 12 行目を実行して，

tmp＝Data[i]＝Data[0]＝64 となる。

Data[0]＝Data[min]＝Data[1]＝28 となる。

Data[1]＝tmp＝64 となる。

リストが [28，64，61，32，29] になったよ。

同じようなことを，i＝1 の場合は j＝2 から 4，i＝2 の場合は j＝3 から 4，i＝3 の場合は j＝4 について調べると，最終的なリストは [28, 29, 32, 61, 64] に確定するよ。

② バブルソート

　昇順の「**バブルソート**」とは，データの左右を比較し，小さい値を左に，大きな値を右に移すことで，データを昇順に並び替える方法だよ。

　バブルソートの流れを，図で見ていこう。

step1　データの右端の左右に並んだ値を比較し，右の値が左の値より小さければ，値を入れ替える。

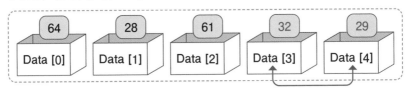

step2　1つ左の位置の左右に並んだ値を比較し，右の値が左の値より小さければ，値を入れ替える。

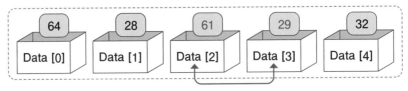

step3　左に向かって同様の操作を続ける。

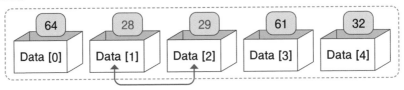

step4　左端まで続けると，最も小さい値が先頭にくる。

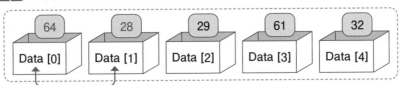

step5 先頭を除いた枠内の範囲で，比較と入れ替えの操作を行う。

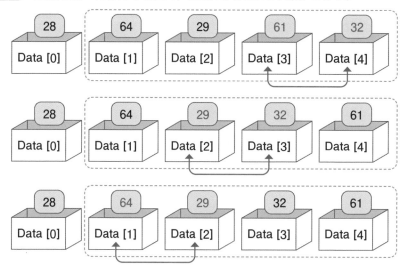

step6 残りの範囲も同様に，比較と入れ替えの操作を行う。

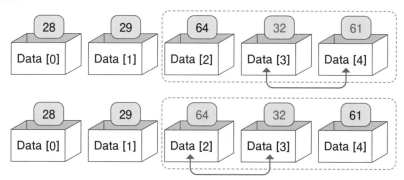

step7 最後に右端の2つのデータの比較と入れ替えの操作を行う。

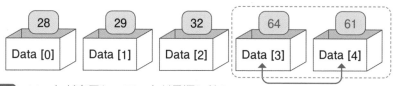

step8 ソートが完了し，データが昇順に並ぶ。

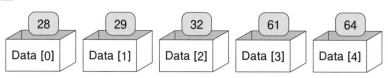

この流れをプログラムにすると，次のようになるよ。

```
1  Data = [64, 28, 61, 32, 29]
2  print('ソート前のデータ：',Data)
3
4  for i in range(0, len(Data), 1):
5      for j in range(len(Data)-1, i, -1):
6          if Data[j-1] > Data[j]:
7              tmp = Data[j]
8              Data[j] = Data[j-1]
9              Data[j-1] = tmp
10             print('i = '+str(i),'j = '+str(j),Data)
11 print('ソート後のデータ：',Data)
```

```
ソート前のデータ：[64, 28, 61, 32, 29]
i = 0 j = 4 [64, 28, 61, 29, 32]
i = 0 j = 3 [64, 28, 29, 61, 32]
i = 0 j = 2 [64, 28, 29, 61, 32]
i = 0 j = 1 [28, 64, 29, 61, 32]
i = 1 j = 4 [28, 64, 29, 32, 61]
i = 1 j = 3 [28, 64, 29, 32, 61]
i = 1 j = 2 [28, 29, 64, 32, 61]
i = 2 j = 4 [28, 29, 64, 32, 61]
i = 2 j = 3 [28, 29, 32, 64, 61]
i = 3 j = 4 [28, 29, 32, 61, 64]
ソート後のデータ：[28, 29, 32, 61, 64]
```

1行目では，データのリストを定義するよ。

2行目では，ソート前のデータの値を表示させるよ。

4〜10行目では，変数「i」を0から（Dataの要素の個数）−1（=4）まで1つずつ増やしながら（4行目），次のことを繰り返すよ。

　　変数「j」を（Dataの要素の個数）−1（=4）からi+1まで1つずつ減らしながら（5行目），次のことを繰り返す。

　　　　もし，左の値 Data[j−1] が右の値 Data[j] より大きいならば，Data[j] と Data[j−1] の値を入れ替える（7〜9行目）。

10行目ではソートの過程を表示させるよ。

11行目ではソート後のデータを表示させているよ。

4〜10行目の変数「i」「j」の値の変化をくわしく見てみよう。まずは i＝0 の場合を考えるよ。i＝0 のときは j＝4 から 1 について調べるよ。

(i) j＝4 のとき，Data[j−1]＝Data[3]＝32，Data[j]＝Data[4]＝29
よって，Data[j−1]＞Data[j] を満たす。

7〜9行を実行して，

tmp＝Data[4]＝29 となる。

Data[4]＝Data[3]＝32 となる。

Data[3]＝tmp＝29 となる。

リストが [64，28，61，29，32] になったよ。

10行目を実行して「i=0, j=4, [64, 28, 61, 29, 32]」を表示する。

(ii) j＝3 のとき，Data[j−1]＝Data[2]＝61，Data[j]＝Data[3]＝29
よって，Data[j−1]＞Data[j] を満たす。

7〜9行を実行して，

tmp＝Data[3]＝29 となる。

Data[3]＝Data[2]＝61 となる。

Data[2]＝tmp＝29 となる。

リストが [64，28，29，61，32] になったよ。

10行目を実行して「i=0, j=3, [64, 28, 29, 61, 32]」を表示する。

(iii) j＝2 のとき，Data[j−1]＝Data[1]＝28，Data[j]＝Data[2]＝29
よって，Data[j−1]＞Data[j] を満たさない(リストは [64，28，29，61，32] のまま)。

10行目を実行して「i=0, j=2, [64, 28, 29, 61, 32]」を表示する。

(iv) j＝1 のとき，Data[j−1]＝Data[0]＝64，Data[j]＝Data[1]＝28
よって，Data[j−1]＞Data[j] を満たす。

7〜9行を実行して，

tmp＝Data[1]＝28 となる。

Data[1]＝Data[0]＝64 となる。

Data[0]＝tmp＝28 となる。

リストが [28，64，29，61，32] になったよ。

10行目を実行して「i=0, j=1, [28, 64, 29, 61, 32]」を表示する。

同じようなことを，i=1 のときは j=4 から 2，i=2 のときは j=4 から 3，i=3 のときは j=4 について調べると，最終的なリストは [28, 29, 32, 61, 64] に確定するよ。

まとめ

❶ 昇順の選択ソート：データの中から最も小さい値を探し，それを先頭のデータと入れ替える。入れ替えた先頭を除いたデータの並びから，再び最も小さな値を探し，その並びの先頭と入れ替えることを繰り返し，データを並べ替える方法のこと。

❷ 昇順のバブルソート：データの左右を比較し，小さい値を左に，大きな値を右に移すことで，データを昇順に並び替える方法。

第43節　乱数を利用したシミュレーション

この節の目標

☐ **Ⓐ** 乱数を利用したシミュレーションに挑戦してみよう。

イントロダクション ♪♫

　みんなが日常生活を送っているとき，車の交通事故とか，地震とか，火災のような危険な出来事が起こることがあるよね。実際に車が衝突したときに，具体的にどんな危険性があるかを予測するには，どうすればいいかな？

　コンピュータを活用する事例として，"危険な状況を予測して，再現して，対策を立てることができる" ことが挙げられるんだ。

　物事を単純化して表現したものを「**モデル**」というよ。モデルを使った実験のことを「**シミュレーション**」というんだ。モデルには，「**物理モデル**」と「**論理モデル**」があるんだ。具体的に見ていこう。

　「**物理モデル**」とは，物理的に表現したものだよ。たとえば，モデルルームなどの「**実物モデル**」，分子模型などの「**拡大モデル**」，地球儀などの「**縮小モデル**」などがあるよ。

▲実物モデル

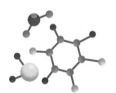
▲拡大モデル

▲縮小モデル

　「**論理モデル**」とは，数式や論理式，図などで表現されたものだよ。自由落下を表す $y = \dfrac{1}{2}gt^2$ など，事象を数式で表現する「**数式モデル**」や，グラフやプログラムのフローチャートなど，要素どうしのつながりを図で表現した「**図的モデル**」があるよ。

落下しはじめてから t 秒後の

落下距離 y は $y = \dfrac{1}{2}gt^2$

▲数式モデル

▲図的モデル

　実際に実物を使って実験することが困難な場合であっても，シミュレーションによって予測できることがあるんだ。しかし，モデル化が適切でなければ，シミュレーションの結果も現実から大きく外れてしまうことがあるので気をつけよう。

　ここでは，シミュレーションを理解するために，規則性のない数である「乱<ruby>乱<rt>らん</rt></ruby><ruby>数<rt>すう</rt></ruby>」を紹介するね！

ゼロから解説

① 乱　数

　サイコロを投げるように，次に何が出るかわからない数字や文字を**乱数**というよ。サイコロって「さっきは 6 が出たから次は 5 が出る」みたいな規則性はないよね。サイコロの目のように，規則性のない数字が乱数だよ。

　乱数は，プログラミングの分野ではよく使われるんだ。例としては，パスワードの自動生成やゲームのレアキャラの出現の有無に使われることがあるよ。乱数といいつつ，ランダムで文字なども選択できるんだ。

　よく使われるから Python のようなプログラミング言語では「今から乱数を使いますよ」と宣言できる便利な機能が用意されているんだ。あとで紹介する「**random モジュール**」がその例だよ。一般的には「rand( )」とか「random( )」

のような名前の関数が乱数を作り出す関数だよ。

ここでは，乱数を利用したプログラムに挑戦してみよう。

プログラミング言語にはあらかじめ用意されたひとまとまりの処理として，「print( )」といった「**組み込み関数**」というものが用意されているんだ。Python ではこの組み込み関数の他に「**モジュール**」といって関数などをファイルにまとめたものが用意されているんだ。今回は乱数を利用したプログラムを作りたいよね。こういうときに「**random モジュール**」というモジュール（関数のまとまり）を用いると「これから乱数を利用してね！」とコンピュータに命令することができるんだ。

---
random モジュール

❶「import random」
  ➡ 乱数を利用するための機能を追加する。
❷「random.randint(min, max)」
  ➡ min 以上 max 以下の整数の乱数を 1 つ生成する。
❸「random.randrange(max)」
  ➡ 0 以上 max 未満の整数の乱数を 1 つ生成する。

サイコロのプログラムを作成してみよう。

例5
```
1  import random
2  r = random.randint(1, 6)
3  print(r)
```
```
   3
```

1 行目では，random モジュールを取り込むよ。「これから乱数を使えるようにしてね！」とコンピュータに命令しているんだね！

2 行目では，1 以上 6 以下の整数の乱数を 1 つ生成し r に代入しているんだ。

3 行目では，r の値を表示させているよ。

1, 2, 3, 4, 5, 6 の数字のうち，ランダムにどれかの数字を出力するプログラムだから，実行結果の例として「3」と書いたけど，もちろん「2」や「6」のような他の数字が実行結果として出力される場合もあるよ。

次に，乱数を利用したじゃんけんゲームのプログラムに挑戦してみよう。

```
1  import random
2  you = int(input('1-> グー, 2-> チョキ, 3-> パー '))
3  cpu = random.randint(1, 3)
4  hantei = (you - cpu+3)%3
5  if hantei == 0:
6      kekka = '引き分け'
7  elif hantei == 1:
8      kekka = '負け'
9  else:
10     kekka = '勝ち'
11 print(kekka)
```
```
    1-> グー, 2-> チョキ, 3-> パー   1
    勝ち
```

1行目では，randomモジュールを取り込むよ。

2行目では，じゃんけんの手を入力させ，変数「you」に代入するよ。"あなたの出す手を選択してください"ということだね。

3行目では，1以上3以下の整数の乱数を1つ生成し，変数「cpu」に代入するんだ。相手の出す手を乱数で生成させて，じゃんけんの勝敗を決める数式に代入するんだね。

4行目では，（自分の手−相手の手+3）を3で割った余りを変数「hantei」に代入するよ。たとえば「自分の手がグー，相手の手もグー」なら，自分は1，相手も1だから，$(1-1+3) \div 3 = 1$ あまり0となって，「hantei」は0ということになるんだね。

5～10行目では，もし「hantei」が0ならば，変数「kekka」に「'引き分け'」を代入するよ。そうでなく，「hantei」が1ならば「kekka」に「'負け'」を代入するよ。そうでなければ「kekka」に「'勝ち'」を代入するよ。自分と相手の出す手を代入して，試してみてね！

11行目では，「kekka」に代入された文字列を表示させるよ。

もう少し，解説をするね。

グー＝1，チョキ＝2，パー＝3とし，（自分の手−相手の手+3）を3で割っ

た余りを使うと，下の表のように 3 パターンで分類でき，これを利用している
ので短いプログラムで記述することができるんだ。

自分の手ー相手の手＋3			自分の手		
			グー	チョキ	パー
			1	2	3
相手の手	グー	1	3	4	5
	チョキ	2	2	3	4
	パー	3	1	2	3

そして，3 で割った余りを求めると，次のようになるよ。

（自分の手ー相手の手＋3）÷3 の余り			自分の手		
			グー	チョキ	パー
			1	2	3
相手の手	グー	1	0	1	2
	チョキ	2	2	0	1
	パー	3	1	2	0

つまり，上の表からわかるように 0 であれば引き分けになり，1 であれば負
けになり，2 であれば勝ちとなるんだ。先ほどのプログラムはこの考え方を利
用したよ。

まとめ

❶ 物事を単純化して表現したものを**モデル**という。対象を物理的に表現
した**物理モデル**と，事象を数式や論理式，図で表現した**論理モデル**
の2つがある。

❷ 実物を使用するにはコストや時間がかかったり，危険をともなったり
する事象を**モデル化**して実験し，問題解決を図ることが**シミュレー**
ションの目的。

練習問題

問題1.

コンピュータの基本構成を表す
図中のa～cにあてはまる装置
の組み合わせとして正しいもの
を，下の(ア)～(エ)の中から1つ選
びなさい。ただし，➔ はデータ
の流れを示すものである。

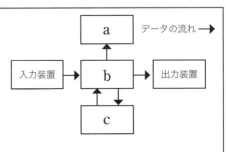

	a	b	c
(ア)	制御装置	記憶装置	演算装置
(イ)	制御装置	演算装置	記憶装置
(ウ)	演算装置	記憶装置	制御装置
(エ)	演算装置	制御装置	記憶装置

解答：(ア)

解説：入力装置から入力されたデータは，まず記憶装置に格納され，プログ
ラムのデータは制御装置に送られ，演算データは記憶装置と演算装置
との間でデータをやり取りする。

問題2.

次の真理値表に対応する論理演算として正しいものを，次の(ア)～(エ)
の中から1つ選びなさい。

入力A	入力B	出力
0	0	0
0	1	0
1	0	0
1	1	1

(ア) AND　　(イ) OR　　(ウ) NOT　　(エ) NAND

解答：(ア)

― 問題3. ―――――――

コンピュータを利用するとき，アルゴリズムは重要である。アルゴリズムの説明として**適切なもの**を，次の①〜④の中から1つ選びなさい。

① コンピュータが直接実行可能な機械語に，プログラムを変換するソフトウェアのこと。

② コンピュータに，ある特定の目的を達成させるための処理手順のこと。

③ コンピュータに対する一連の動作を指示するための人工言語の総称のこと。

④ コンピュータを使って，建築物や工業製品などの設計をすること。

解答：②

解説：①はコンパイラ，③はプログラミング言語，④は CAD に関する説明だよ。

― 問題4. ―――――――

次のプログラムはaを上底，bを下底，height を高さとして台形の面積を求めるプログラムである。次の空欄①・②を埋めなさい。

1	a = 6
2	b = 10
3	height = 5
4	area = ①
5	print(' 台形の面積は '+ ② +'cm² です ')

解答：① (a+b)*height/2　② str(area)

解説：

1行目では "ここから a は 6 になる！" と代入している。

2行目では "ここから b は 10 になる！" と代入している。

3行目では "ここから height は 5 になる！" と代入している。

4行目では"ここから area は　①　になる！"と代入している。ここで，「area」とは面積のことだから，台形の面積をどうやって求めるか，　①　に記述すればいいね。台形の面積の求め方は，

　　　（上底＋下底）×高さ÷2

だから，その通りに記述すれば　①　の解答となるよ。

　　②　の部分は4行目で代入した「area」の値を表示すればいいよね。「area」を文字列型に統一するために「str」を用いているよ。

情報通信ネットワーク

この節の目標

☐ **A** コンピュータネットワークの構成や **LAN** と **WAN** の違いについて理解しよう。

☐ **B** 情報機器がネットワークへ接続する仕組みを理解しよう。

☐ **C** 有線 **LAN** と無線 **LAN** の違いやそれぞれのメリット・デメリットを理解しよう。

イントロダクション ♪♫

私たちが普段利用している「**インターネット**」は，どんな仕組みで動いているのかな？　また，そもそもインターネットって何なのかな？

インターネットはコンピュータどうしをつなぐことを考えて作られているんだ。どうしてつなぐ必要があるか，考えてみよう。

私たちが使うスマホやタブレットのようなコンピュータは電気で動いていて，人間よりも高速で多くのデータを管理できるから，1つでも便利な機械だよね。だけど，コンピュータが1つだけあるのではなく，世界中のたくさんのコンピュータどうしがつながっていたほうが，他の誰かにメールを送ったりデータをやり取りできたりして，もっと便利になるよね！　電気で動いているからこそ，人間より圧倒的に速く，遠くに，正確に，別のコンピュータに情報を伝えることができるんだ。

日本のコンピュータとアメリカのコンピュータをつないだり，日本中のたくさんのコンピュータを網目のようにつないだりすれば，多くの相手とデータをやり取りすることができるよね！　このような複数のコンピュータどうしのつながりのことを，「**情報通信ネットワーク**」というんだ！

第❸章では「1台のコンピュータ」を扱ったね。これから始まる第❹章では，「2台以上のコンピュータをつなぐこと」を扱っていくよ！

この節では，ネットワークとインターネットについて学んでいくね！

① 情報通信ネットワーク

互いにつながり合って働き，網の目のようになったシステムのことを「ネットワーク」といって，コンピュータやスマホ，電化製品などの機器を相互に接続し，情報をやり取りする通信網を「**情報通信ネットワーク**」というよ。特に，コンピュータどうしを接続し，互いにデータをやり取りするための通信網を「**コンピュータネットワーク**」というんだ。

② コンピュータネットワークの分類

コンピュータネットワークは，その規模によって，「**LAN（Local Area Network）**」と「**WAN（Wide Area Network）**」に分けることができるんだ。

簡単にいうと，LAN は学校や企業など比較的せまい範囲でのネットワークで，WAN は LAN と LAN をつないだ，より広い範囲でのネットワークを表す言葉なんだ。WAN のことを「**広域ネットワーク**」ともいうよ。

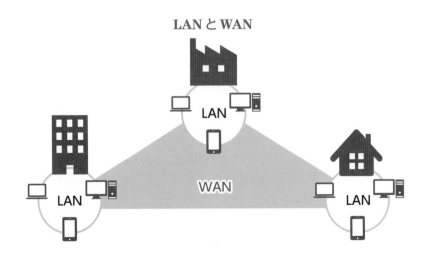

LAN と WAN

まずは LAN から見ていこう！

たとえば，自宅の PC と自宅のプリンタを接続して印刷するとき，ケーブルでつなぐだけで印刷できてしまうんだ。インターネットにつながっていなくても，PC とプリンタがつながってさえいれば印刷できるよね。

通信するときに使うデータの通り道のことを「回線」といって，LAN はタコ足コンセントのように1本の回線を複数の回線に分ける「ハブ（集線装置）」という装置を使って複数に分けられるよ。

LAN には PC やプリンタ，スキャナなどネットワークに対応したさまざまな機器が接続されるよ。それぞれの機器をハブに接続することで，ネットワークが構成され，ハブどうしを接続すると，より多くの機器を同じネットワークに参加させることができるんだ。

このように，学校や企業など比較的せまい範囲を結んだネットワークをLAN というよ。

次に WAN について見ていこう！

たとえば，東京にいる藤原君の自宅の PC から，大阪にいる友達の石田さんの家の PC に向けてメールを送信するとき，LAN のような小さなネットワークを超えて，データを送信しなければならないんだ。このとき，藤原君の自宅の LAN と，石田さんの家の LAN は，別々の LAN なんだ。そこで，2つのLAN をつなぐネットワークが必要になって，このような，LAN と LAN をつなぐ大規模なネットワークを WAN というんだ。

ちなみに，異なるネットワークどうしを互いに接続してデータを送受信するとき，広大なネットの海である WAN を通って，目的の LAN に届けなければならないよね？　これは大変なことなんだよ。広すぎる WAN の中で，どのような経路（ルート）を通るようにデータを飛ばせばいいか，決めなければ遠回りしてしまうよね？　そこで，ネットワークどうしを接続するときは「ルータ」と呼ばれる装置を使って，他の LAN と接続するんだ。世界にはたくさんのLAN があって，目的の LAN への経路（ルート）を選んで，道を教えてくれるのがルータという装置なんだよ。ルータが複数のネットワークをつなげることで，異なる LAN に接続されたコンピュータどうしが通信できるんだ！

ネットワークの細かい仕組みはもっと複雑だけど，まずは，ルータが間には

さまっていることを知っておこう。

このようにして作られた，世界規模の巨大なネットワークの1つに**インターネット**があるんだ。インターネットって，いつも何気なく使っている言葉だけど，WAN の代表例なんだね。

③ ネットワーク上でのデータのやり取りの仕組み

ネットワークってたくさんのコンピュータをつなげるから，つなげる数が多くなると，つながりを維持するための費用がかかるんだ。

そこで，データを細かく分割して，他人のデータを通す代わりに，自分のデータも他のコンピュータに通してもらう，いわばリレーのような仕組みが普及したんだ。このような仕組みであれば，遠くまでデータを送るときでも，自分が費用のすべてを負担する必要がないよね！　遠くまで移動するとき，1人でタクシーを使って移動すると高い運賃が必要になるけど，多くの人が使うバスや電車で移動すれば，安い運賃で移動することができるよね。そんなイメージだ。

また，ネットワークは，多くのコンピュータどうしが網目状につながれているから，同じ目的地に到着するために複数の経路が用意されているんだ。だから，1つの経路が途切れてしまっても別の経路を使って接続することができて，安定してデータを送信することができるようになっているんだ！

このような仕組みでネットワークとネットワークを世界規模で接続したのが，インターネットなんだ！　インターネットは多くのコンピュータが接続されているから，それらすべてを支配する1つの会社や個人が存在するわけではないという特徴があるよ。

④ プロバイダ

インターネットに接続するためには，一般にインターネットへの接続を提供する事業者である「**プロバイダ**（ISP：Internet Service Provider）」と契約する必要があるよ。

ISP の例として，日本企業では OCN，BIGLOBE（ビッグローブ），So-net（ソネット）などが有名だよ。プロバイダがインターネットの入り口になっていて，基本的にはプロバイダと契約することで初めてインターネットと接続することができるんだ。また，プロバイダを利用することによって，手間をかけずに安い価格でインターネットを利用できるよ。

⑤ 有線 LAN と無線 LAN

ネットワークに情報機器を接続する形態には，「**LAN ケーブル**」と呼ばれるケーブルを使って通信する「**有線 LAN**」と，LAN ケーブルを使わずに通信する「**無線 LAN**」があるんだ。覚えておこうね。

有線 LAN と無線 LAN には長所と短所がそれぞれあるから，使い分ける工夫が必要なんだ。

有線LAN

有線 LAN は，ケーブルによって直接接続されるため，高速で安定した通信が実現できるんだ。

ここで，次のような状況を考えてみよう。

たとえば日本人とアメリカ人が，それぞれ日本語と英語でしゃべったら，お互い意思疎通が取れなくて混乱してしまうよね。機械が通信するときも同じように，異なる通信機器どうしが共通の手順で通信できるようにするための決まりごとを，前もって決めておく必要があるんだ。この決まりごとを「**通信規格**」といって，IEEE（アイ・トリプルイー）（Institute of Electrical and Electronics Engineers，米国電気電子学会（べいこくでんきでんしがっかい））という学会が定めているんだ。有線 LAN では「**Ethernet**（イーサネット）」と呼ばれる通信規格が用いられているよ。

また，有線 LAN を接続する形は「**バス型**」「**スター型**」「**メッシュ型**」などがあって，現在はスター型が一般的だよ。

ちなみに，バス型の「バス」っていうのは「通路」を意味する言葉で，コンピュータの内部構造の部位にも使われる表現なんだ。1 本の主要な通路があって，そこから分岐しているからバス型と呼ばれるんだ。

有線 LAN の接続形態

バス型	スター型	メッシュ型
バスという 1 本の伝送路に接続する。	中央にハブを介して接続する。	端末どうしを個々に接続する。

無線LAN

　無線 LAN は，無線通信を利用してデータの送受信を行う方式だよ。LAN ケーブルが不要だから，場所の制約を受けることなく通信できるんだ。たとえば，隣のビルや壁で仕切られた向こうの部屋に電波を飛ばすことも距離によっては可能なんだ。

　また，無線 LAN では，ハブの役割を「**アクセスポイント**」が担っているよ。ハブっていうのは，タコ足コンセントのように，1 本の回線を複数の回線に分ける装置のことだったね。有線ではハブ，無線ではアクセスポイントというから，区別しておこうね（細かいことまでふれるとキリがないから，この本では，高校の情報 I で学ぶ内容に限定して記載しているよ）。

　「無線 LAN」と「Wi-Fi」は同じ言葉として使われることが多いけど，厳密には，Wi-Fi は無線 LAN の規格の 1 つなんだ。無線 LAN にはいくつか種類があるけれど，「Wi-Fi」という共通規格が無線 LAN の世界的標準となっているから，現在では「無線 LAN といえば Wi-Fi」という認識になっているんだ。

⑥ サーバ

　利用者のリクエストに応じてサービスを提供するコンピュータやソフトウェアのことを，「**サーバ**」というよ。一方で，サーバからサービスの提供を受ける側の情報機器を，「**クライアント**」というよ。たとえば，君が Google 検索

やサイト閲覧などのサービスをスマホで利用するとき，君のスマホがクライアントということになるね。

　ちなみに，サーバは処理の内容に応じてプリンタサーバやファイルサーバ，Webサーバ，メールサーバなどがあるよ。

⑦　情報通信ネットワークの接続形態

　情報通信ネットワークの接続形態には，代表的なものに「**クライアントサーバ型（クライアントサーバシステム）**」と「**P2P（Peer to Peer）型**」があるよ。くわしく整理するね。

クライアントサーバ型

　クライアントサーバ型は<u>情報システム</u>（^第**50**節で学習するよ）においてよく用いられているもので，<u>サービスを提供する**サーバ**と，サービスを受ける**クライアント**で構成されるシステム</u>なんだ。これにより，資源を節約して処理を効率化できて，高度な処理が可能になるよ。

　<u>サーバとクライアントを組み合わせて役割分担する仕組み</u>を**クライアントサーバ型**というよ。

> **注意**　「クライアント」や「サーバ」というのは役割の立場を示す言葉であり，そのような専用の機械があるわけではないよ。

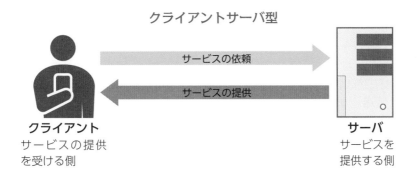

クライアントサーバ型

サービスの依頼

サービスの提供

クライアント
サービスの提供
を受ける側

サーバ
サービスを
提供する側

P2P型

P2P（Peer to Peer）型の「peer」には「対等なもの」という意味があるんだ。P2P型では，最初からクライアントとサーバの役割が分かれているのではなく，コンピュータどうしが対等な関係なんだよ。たとえていうと，学校の先生と生徒たちのように立場が違うやり取りがクライアントサーバ型で，生徒と生徒が対等に直接やり取りするのがP2P型っていうことになるんだ。

しかし，P2P型もサービスを提供する側がサーバとなり，サービスの提供を受ける側がクライアントとなるんだ。つまり，発信する人と受信する人が決まったら，クライアントとサーバの役割が決まるということだね。

最初からクライアントとサーバが分かれているわけではなく，最初は対等に扱われていることにより，P2P型はクライアントサーバ型とくらべて低コストで拡張性の高いネットワークが構築できて，サービス提供までの時間が短縮できるというメリットがあるよ。その一方で，データが端末に分散して置かれることから，データの流出時にくい止めることが容易ではないというデメリットがあるんだ。

P2P型

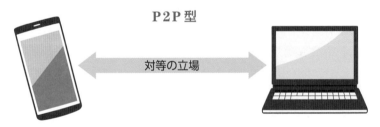

対等の立場

▲ P2P型では，各コンピュータがサーバにもクライアントにもなる。

⑧ ネットワークの伝送速度

通信するための回路を「**通信回路**」といって，電気信号やデータを送ることを「**伝送**」というよ。

通信回路は，その種類によって伝送に要する時間が異なるんだ。1秒あたりに送信できるデータのビット数を「**bps（bits per second）**」という単位を使って表し，これを「**伝送速度**」と呼んでいるよ。

「第5世代移動通信システム（5G）」って聞いたことあるかな？　携帯電話のような，持ち運べる機器を使った通信は，これまで何段階かの進歩を遂げてきたんだけれど，その「第5世代」として2020年前後から広がってきているのが5Gだよ。5Gは最大通信速度が20Gbpsもあり，自動運転化，IoT化の進展，遠隔医療などが期待されているんだ。

データを伝送するために必要な時間を「**伝送時間**」とすると，伝送時間と伝送速度と伝送されるデータ量との関係は，次の式で表すことができるよ。伝送する時間が長ければ長いほど，多くのデータ量を伝送できるね。同様に，伝送する速度が早ければ早いほど，伝送できるデータ量は多くなるよね。

> **ネットワークの伝送に関する計算式**
> 伝送時間 × 伝送速度 ＝ データ量

伝送速度の単位は他にもあって，1秒あたりに何バイト伝達できるかを表した「**Bps（Bytes per second）**」があるよ。bpsは1秒あたりに何ビット伝送するか表した単位だから，小文字と大文字で意味が違って，Bのほうが大きな数を表しているから，注意しておこう。

例　20Mバイトのデータを，伝送速度80Mbpsの回線で伝送するのにかかる時間を求めよ。

1バイトは8ビットだから，20Mバイトは　$20M \times 8 = 160M$ビットとなるね。80Mbpsの回線では，1秒あたり80Mビットのデータ量を伝送できるから，160Mビットのデータ量を伝送するのにかかる時間は，

$$160 \div 80 = 2$$

よって，**2秒**

ビットとバイトの違い（1バイト＝8ビット）を意識して，単位をそろえて計算しようね！

まとめ

❶ コンピュータネットワーク：コンピュータどうしを接続し，互いにデータをやり取りするためのネットワーク。

❷ **LAN（Local Area Network）**：ハブやアクセスポイント，ルータなどの機器を用いて接続する学校内や会社内などの限られた範囲で利用されるネットワーク。

WAN（Wide Area Network：広域ネットワーク）：複数のLANをつないだ，より広い範囲でのネットワーク。

❸ ルータ：異なるネットワークどうしを接続する機器。

回線：通信するときに使うデータの通り道。

プロバイダ（ISP：Internet Service Provider）：インターネットに接続するサービスを提供する事業者。

❹ **有線 LAN**：LANケーブルを利用して通信する方式。

無線 LAN：無線通信を利用して通信する方式。

❺ クライアントサーバ型：情報システムにおいてよく用いられており，サービスを提供するサーバと，サービスを受けるクライアントで構成される通信方式。

P2P（Peer to Peer）型：コンピュータどうしが対等の立場でデータを通信するシステム。

❻ **bps（bits per second）**：1秒あたりに伝送できるデータのビット数。

❼ ネットワークの伝送に関する計算式
　　　伝送時間×伝送速度＝データ量

回線交換方式と
パケット交換方式

この節の目標

☐ Ⓐ 回線交換方式とパケット交換方式の違いを理解しよう。

☐ Ⓑ パケット交換方式におけるヘッダの重要性を理解しよう。

イントロダクション ♪♫

　情報通信ネットワークにおいて，通信網を通して相手に情報を送り届けるためには，あらかじめ情報の送信者と受信者の間で"伝送路"と"相手を選ぶ方法"を事前に決めておく必要があるんだ。この情報を伝達する方法の基本原理を「**交換方式**」というよ。

　交換方式には，「**回線交換方式**」と「**パケット交換方式**」の2種類があるんだ。ここでは，この2種類の交換方式について学習していこう。

ゼロから解説

1　回線交換方式とパケット交換方式

回線交換方式

　回線交換方式は，相手との間に1つの経路を設定，固定して，回線を占有して情報をやり取りするものをいうんだ。これは従来の固定電話で使われていて，電話をかけると電話の発信者と受信者との間で1対1の回線が接続されるよ。固定電話は1つの電話回線を占有するから，誰かが利用している間は，その電話回線は他の人が利用することはできないよね。

　固定電話のような回線交換方式の通信は，通信経路が一度確立されれば，安定した通信を行うことができるというメリットがあるんだ。

　一方で，通信利用者間で通信経路を占有するから，別の人と同時に回線を使うことができないというデメリットがあるんだ！

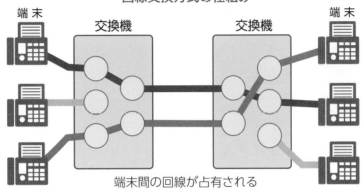

回線交換方式の仕組み

端末間の回線が占有される

パケット交換方式

パケット交換方式とは，データを「**パケット**」と呼ばれるまとまりに分割して送信し，受信した側でデータを復元するというやり取りのことをいうよ。

じつは，インターネットの通信は，1本の通信回線を複数の利用者が共有して利用しているんだ。だから，大きいデータをそのまま送信してしまうと回線が混雑して，通信できなくなる可能性があるんだ。そこでパケット交換方式が用いられていて，たとえ回線が混雑していたとしても，少しずつデータを送ることができるから，まったく通信できなくなるという可能性は低いんだ。ということで，パケット通信方式は，「少しずつ」「データを分割して」送信する方式と押さえておこう。

パケット交換方式の仕組み

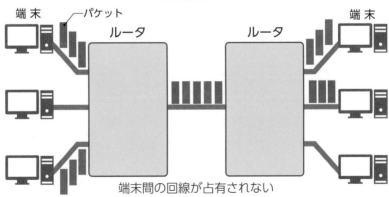

端末間の回線が占有されない

❷ ヘッダ

パケットには「**ヘッダ**」とよばれる部分があり，荷物につける送り状の役割があるんだ。パケットのヘッダには，送信先や送信元の情報，パケット分割の順序，パケット全体の容量，プロトコル（^第**46**節で説明するよ）などが記録されているよ。これらの記録によって，受信されたデータをもと通り復元することができるんだ！

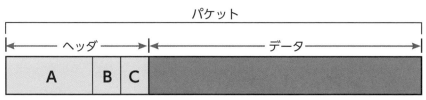

A：パケットの長さ・プロトコルなどの情報
B：送信元アドレス
C：送信先アドレス

▲パケットはヘッダとデータから構成される。

まとめ

❶ 回線交換方式：通信を始める前に相手との間で通信経路を確立する通信方式。

❷ パケット交換方式：送信するデータをパケットと呼ばれるものに細かく分割してやり取りする通信方式。パケットはヘッダとデータという2つから構成される。

この節の目標

- ☑ **A** インターネットのプロトコルの役割やその必要性について理解しよう。
- ☑ **B** インターネットのプロトコルは役割によって複数のものが存在することについて理解しよう。

イントロダクション ♪♫

　私たちは，言葉を使ってコミュニケーションを取ることができるよね。でも，英語しか話せない人に日本語で話しかけても，会話は成立しないよね？　つまり，言葉を使って情報を伝達するためには，同じ言語を理解し合えるという前提が必要なんだ。

　当たり前のことだけど，コミュニケーションを取るときは一定のルールがあると，意思疎通がラクになるんだ。言葉だけではなくて，連絡する手段も，スムーズに連絡が取れるようにルールが定められている場合があるよ。

　たとえば，手紙を使ってやり取りをすることを考えてみよう。ここにも当たり前とされているルールがあると思わない？

　まず，手紙を発送する人（発信者）には，

　　❶ 手紙を書いて，

　　❷ 封筒に宛名を書いて，切手を貼って，封をして，

　　❸ ポストに投函する

という流れがあるよね。一方，手紙を受け取る人（受信者）には，

　　❶ 郵便受けから手紙を取り出して，

　　❷ 封を開けて，

　　❸ 手紙を読む

という流れがあるよね。というわけで，「手紙」を使うときも，お互いの暗黙のルールがあるんだ。文字が書かれているとか，封をするとか，切手を使うとか……当たり前のことだけど，決まっていることだよね。発信する人と受信す

る人が共通のルールを認識しているから、コミュニケーションが成立するんだ！

じゃあ、コンピュータの世界ではどうだと思う？

あるコンピュータが、別のコンピュータにデータを送信するとき、どういう内容を、どういう手段で送信するか、発信者と受信者が事前に約束しておかないと、データの送信や受信がうまくいかないよね？

たとえば、メールを送信するとき、データの容量が大きかったとして、データを3分割して送信するとしよう。このとき、受信する側は、「3分割されているということ」を理解していないと、全体のデータをすべて読み込むことができないよね。そこで、コンピュータの世界では「データを●分割して送信しますよ！」ということを伝える決まりごとが定められているんだ。

さらに、そもそもメールを送信するときに、「今から送信するデータはメールという形式で伝えますよ！」という共通の認識がないと、受信する側は「受け取ったデータがメールなのか電話なのか LINE なのかわからない」という状態になってしまうんだ。

情報通信ネットワークの世界では、たとえば、

❶ どのケーブルを使って、

❷ どのような形式でデータを送り、

❸ それをどうやって受け取るのか

というような決まりごとを作っているんだ。この決まりごと・約束ごとを「プロトコル」というよ！

この節では、ネットワークを通じてコンピュータどうしがやり取りするための約束ごとについて学んでいくよ！　めちゃくちゃ大切なところだから、がんばっていこうね。

ゼロから解説

1 プロトコル

　情報通信ネットワークを通じてコンピュータどうしがやり取りするための約束ごとを「**プロトコル（通信プロトコル）**」というんだ。共通の通信プロトコル（通信の約束ごと）を使うことで，異なる機器どうしでも，互いに通信することができるんだね。ちなみに，プロトコル（protocol）には「外交儀礼，議定書（他国と円滑に交流をするための約束ごと）」という意味があるんだ。

　プロトコルには，

> 「メールを送信するときの決まりごと」
> 　➡ 「**SMTP**」というプロトコル
> 「Web ページを表示するときの決まりごと」
> 　➡ 「**HTTP**」というプロトコル

というように，さまざまな種類が存在するんだ。

2 インターネットプロトコルスイート

　インターネットのプロトコルをまとめたものを，「**インターネットプロトコルスイート**」といって，右の図に示す 4 つの階層構造となっているよ。

　プロトコルスイートって聞くと，甘いスイーツを思い浮かべるかもしれないけど，スイートっていうのは食べられるスイーツではなくて，「スイート（suite）」のことで，スイートとは「セット」みたいなものだよ。つまり，プロトコルの「セット」だからプロトコルスイートなんだ！　「何を使って，どんな内容を，どれくらいの時間間隔で送信しますか？」という，細かい一連の決まりごとのセットのことを「**プロトコルスイート**」と呼んでいるんだ。

インターネットプロトコルスイート

層番号	通信機能の階層	役割
4	アプリケーション層	アプリケーション間のやり取り
3	トランスポート層	通信の制御，エラー検出・訂正
2	インターネット層	IPアドレスの割り当て，経路の選択
1	ネットワークインターフェース層	物理的な接続，機器間のやり取り

メッセージ送ります！ スタート ゴール メッセージ届いたよ！

▲データは第4層から入り，第1層でケーブルや無線を通って，また，第4層に戻る。

　この図を見たときに，「意味わかんない」と思わない？　今から，理解できるように日常生活の例を挙げて説明するから，しっかりついてきてほしい。

　私たちが会話をするときに，どういう流れで会話しているか考えてみよう。すごく根本的なところから考えてほしいんだけど，たとえば，AさんとBさんが会話をしているときを想像してね。AさんとBさんが待ち合わせをしていて，Aさんが遅刻しそうな状況だとするよ。

　AさんはBさんに，

　　　❶「遅刻するかもしれない」ことを，　…………………スタート

　　　❷「日本語」で，

　　　❸「電話」を使って連絡する

とするね。そのとき，Bさんは，

　　　❸「電話」がかかってきていることに気づいて，

　　　❷「日本語」で話されていることに気づいて，

　　　❶「遅刻するかもしれない」ことを理解する　……ゴール

よね？　当たり前だけど，2人が意思疎通をするとき，こういうやり取りが行われているんだよ！

「どんな通信方法を採用するか」……電話！

「どんな言語を使用するか」……日本語！

「どんな内容を伝えるか」……遅刻するかも！

というように，通信についても，

第4層：どんな通信の手順か

第3層：どんな通信の制御をするか

第2層：どんな通信の経路を採用するか

第1層：どうやって物理的にやり取りをするのか

という細かい決まりごとが守られて初めて，正常な通信が可能になるんだ！

以上を踏まえて，プロトコルスイートの流れは次のようになるよ。

発信者がメッセージを送るとき

第4層：「Webに関する」メッセージを送ります！

↓

第3層：データを「事前に3回送信」してから送信経路を確定します！

↓

第2層：データの送信先の住所は「○○」です！

↓

第1層：今回は「Wi-Fiを使って」データを送信します！

↓

受信者がデータを受信するとき

第1層：今回は「Wi-Fiを使って」データが送られてきた！

↓

第2層：データの受信者の住所は「○○」で間違いありません！

↓

第3層：データを「事前に3回受信」してから受信経路を確定します！

↓

第4層：「Webに関する」メッセージを受け取ります！

TCP/IP と UDP

インターネットプロトコルスイートは，第3層のトランスポート層のプロト
コル「**TCP（Transmission Control Protocol）**」，第2層のインターネ
ット層のプロトコル「**IP（Internet Protocol）**」にちなんで，「**TCP/IP
プロトコル**」と呼ばれることもあるよ。

簡単にいうと，TCP はデータの欠損なく送受信するために大切で，IP はイ
ンターネット上でデータの行き先と経路を決め，相手に確実にデータを送り届
けるために大切なんだ。

TCP，IP について，もう少しくわしく見ていこう。

TCP

メールを送信するときのことを考えてほしい。大好きな相手に「好きだよ」
と送信するとして，間違った文章を送信されたくないよね？　「好きだよ」っ
て送信したとき「好きじゃないわ〜↑（アゲアゲ）」とか送信されたら，もう
メールを信用できなくなってしまうよね。つまり，メールのような文章のデー
タっていうのは，間違いがないように，確実に送信したいんだ。

このように，「確実に正確なデータを送信したいな。遅くてもいいから」と
いうときは TCP というプロトコルを利用して送信しているんだ。

TCP の仕組み

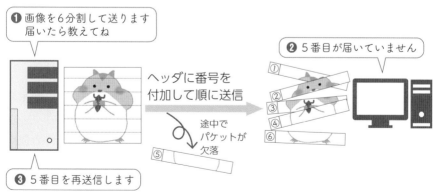

❶ 画像を6分割して送ります
　届いたら教えてね

❷ 5番目が届いていません

ヘッダに番号を
付加して順に送信

途中で
パケットが
欠落

❸ 5番目を再送信します

IPについて説明する前に，TCPとよく比較されるUDPというプロトコルを紹介するね。

UDP

「**ストリーミング再生**」のように，「早くデータを送信したいな。画質が粗くてもいいから」というときは「**UDP（User Datagram Protocol）**」というプロトコルで送信することがあるよ。

ストリーミング再生についても，説明するね。データをダウンロードしながら，同時に再生する技術のことを「**ストリーミング**」というよ。YouTubeなどの動画サイトが身近な例かな。音声や動画をリアルタイムに配信することができているよね。

ライブは「すぐに」届けることが最優先だから，画質が粗くなったり，一時的に配信が停止したりしてしまうこともあるけど，それでも「早く届ける」ことを目指した通信をするときの決まりごと（プロトコル）が，UDPなんだ。

TCPとUDPの長所と短所

	長所	短所
TCP	信頼性が高い。 データが届かなかった場合は再送する。	余計なやり取りが発し，負担がかかる。
UDP	高速なデータ通信が可能。	信頼性は低い。 データに抜けがある場合がある。

IPとIPアドレス

IPとは，パケットを正しい送り先に届けるために，「**IPアドレス**」を定めるプロトコルのことなんだ。

たとえば，みんなが友達に手紙を郵送するときとか，Amazonのような通販サイトで物を買うとき，住所が必要になるよね。住所があるから，自分が住んでいる場所を言葉で1つに特定することができて，荷物がちゃんと届くんだね。

インターネットの世界にも，同じような仕組みがあるんだ。送信者のスマホ

から受信者のスマホにメールを送信するとき，誰のスマホに届けるか，1つに特定するための住所のようなものが必要だよね？ インターネットの世界では住所の変わりに宛先の機器を番号で識別していて，その番号のことを「**IPアドレス**」というんだ。

　ちなみに，PC，タブレット，スマホなどの情報機器，ルータなどのネットワーク機器を「**ホスト**」と呼ぶことがあるよ。

　つまり，IPというプロトコルでは，IPアドレスという番号で宛先の機器を識別しているんだ。IPアドレスは住所や電話番号のように，1つに特定できる（一意に定まる）性質をもっていて，ネットワークに接続されているホストに割り振られた識別番号のことなんだね。IPアドレスが重複しないからこそ，通信相手を1つに特定することができるんだね。

　次に，IPアドレスの構造について見ていこう。IPアドレスは次のような32ビットの2進数で表されるよ。

IPアドレス

	─ 8ビット ─			─── 32ビット ───
2進数表記	11010010	11101001	10110110	00001110
10進数表記	**210.**	**233.**	**182.**	**14**

各ケタは，それぞれ0〜255の数値が入る

▲8ビットごとに10進法で表したものを「.」でつないで表す。

　コンピュータはIPアドレスを2進法で認識しているんだよね。一方で，私たち人間は2進法より10進法のほうが理解しやすいから，IPアドレスを8ビットごとに区切り，それぞれを10進数に変換して扱うこともあるんだ。

　ちなみに，IPアドレスの代わりに，人間にとってわかりやすいようにインターネット上の住所が特定できるようにつけた名前を「**ドメイン名**」というよ。

　ドメイン名っていうのは，たとえば以下の枠線で囲んだ部分だよ。

https:// 　**sukyojuku.com**
ドメイン名

4 IP アドレスの枯渇問題

IP アドレスは，32 ビットで表現する「**IPv4（Internet Protocol version 4)**」という形式が広く利用されてきたんだけど，近い将来，別の形式に変える必要があるといわれているんだ。これまで 32 ビットで表現してきた IP アドレスを，これからは 128 ビットで表現しようという試みがあるんだよ。どうしてだと思う？

大切なところだから，しっかり説明するね！

IP アドレスを IPv4 で表現すると，32 ビットで住所を表現するということになる。そうなると，表現可能なアドレス数は 2^{32}（＝約 43 億）通りあるということになるんだ。

43 億なんていったら，とても多いパターン数だと思うよね？　でも，世界の人口を考えてほしい。世界の人口は 80 億人以上いて，日々増え続けているんだ。

じゃあ，この 80 億人が全員 1 台ずつスマホを所有したら，どうなると思う？ 2^{32}（＝約 43 億）通りでは足りなくなってしまうよね。住所の区別ができなくなって，同じ住所でダブりが生じてしまうかもしれないよね。

さらに日本のような先進国では「1 人がスマホとタブレットと PC を 1 台ずつ所有する」ということも珍しくない。こうなると，IP アドレスを 1 人あたり 3 つ使用することになり，すぐに IP アドレスが全パターン使われてしまいそうだよね。このように，IP アドレスが足りなくなる危険性があって，「**IP アドレスの枯渇問題**」と表現することがあるよ。

つまり，最近は 2^{32}（＝約 43 億）通りでは足りなくなってきているから，32 ビットで住所を表現することは現実的ではなくなってきたんだ。IP アドレスが作られたばかりの当時は，これで十分足りると考えられていたんだけど，インターネットの急速な普及により，新規に割り当てることができる IPv4 の IP アドレスはなくなるので，IP アドレスの枯渇問題を解決するために IP アドレスを 128 ビットに拡張した「**IPv6（Internet Protocol version 6)**」が広まっているんだ。

IPv6 では，表現可能なアドレス数は 2^{128} 個（＝約 340 澗＝340 兆 ×1 兆 ×1 兆）

なんだ。想像を絶する数だよね。これならさすがに IP アドレスが枯渇することは当分ないはずなんだ。

⑤　IPv4 と IPv6 の表記の違い

　確認のために，IPv4 と IPv6 の表記の違いを書いておくね。IPv4 アドレスは，たとえば次のように表記されるよ。

　　　11000000 10101000 00000000 01100011

　コンピュータやスマホの画面には，人間が読みやすいように 10 進法で表記されるから，「192.168.0.99」みたいに記載されるんだよ。ちなみに，10 進法に変換されて表記されるときは，2 進法で表記されているときにくらべてケタの数が少なくなるから注意しておいてね。2 進法で「00000000」と記載されているものが 10 進法で「0」と記載されるから，見た目がけっこう変わるよね。

　そして，IPv6 アドレスの場合は，たとえば次のように表記されるんだよ。

　　　11111101　00000000　00000000　00010010
　　　00010001　10101111　00000000　00000001
　　　00000010　00011011　10001011　11111111
　　　11111110　10011011　10110011　11000111

128 ビットだよ？　もうびっくりするほど長いよね……。

　IPv6 アドレスは 128 ビットを 16 ビットずつ「:」で 8 分割して，分割した数値を 16 進法で表記することもあるよ。

🔖**23**節で学習した 16 進法は覚えているかな？　0 ～ 9 の数字に加えて，A ～ F のアルファベットも使用して数字を区別する数え方で，16 進法は 10 進法よりさらにケタの数を少なくすることができるから，便利なんだね！　つまり，先ほどの IP アドレスは，次のように書き換えることができるんだ！

　　　FD00:12:11AF:1:21B:8BFF:FE9B:B3C7

2 進法で表すより短いね！

　ここまでの流れをまとめると次のようになるよ。

IPv4 は 10 進法だから，0 ～ 9 の数字しか出てこない。一方，IPv6 は 16 進法だから，0 ～ 9 以外にも A ～ F の文字まで出てくる。

⑥ グローバルIPアドレスとプライベートIPアドレス

IPv4のIPアドレスには，インターネットでそのまま使える外線番号のような「**グローバルIPアドレス**」と，LANの中だけで使える内線番号のような「**プライベートIPアドレス**」があるよ。

プライベートIPアドレスは，LANの中，つまり学校のパソコン室の中だけとか，会社のオフィスの中だけで使用されることが多いんだ。プライベートIPアドレスには，「**ネットワーク部**」と「**ホスト部**」があって，それぞれの役割も大切だから説明しておくね。

たとえば18x.138.1.13というIPアドレスがある場合，18x.138.1がネットワーク部，13がホスト部になるんだ。君の学校のパソコン室の中に40台のPCがある場合，同一のネットワークなのでネットワーク部はすべて18x.138.1になって，40台のPCには出席番号のようにホスト部の番号が1, 2, 3, 4, 5, ……と割り振られているんだよ。

18x.138.1.**1**　は　18x.138.1というネットワークの**1番目**のPC

18x.138.1.**2**　は　18x.138.1というネットワークの**2番目**のPC

18x.138.1.**13**　は　18x.138.1というネットワークの**13番目**のPC

という具合なんだ！

ネットワーク部はそのIPアドレスが属しているネットワークを識別するための部分で，ホスト部は，ネットワーク内のコンピュータを識別するための部分なんだね。

⑦ ARPANET

IPv4からIPv6への移行のように，ネットワークは人類が必要とするレベルに応じて発達しているよね。ここで，通信の歴史を少し紹介するね。スマホで通信できるようになるまでには試行錯誤があったんだよ。

1895年に，電波を応用した通信である「**無線通信**」が発明されたんだ。この時点では，まだ近くにいる人にしか通信ができなかった。

1969年に，アメリカの3つの大学と1つの研究施設を接続するネットワークである「**ARPANET**」がスタートしたんだ。でも，当時のネットワークは

一点に集中する形でネットワークが構成されていたから，メインのコンピュータが壊れるとネットワーク全体が使用できなくなる恐れがあったんだ。そこで考え出されたのが，ネットワークの一部が故障しても機能し続ける分散型のネットワーク構成（インターネット）なんだよ！

1979 年には，電話の通信を便利にするために，次の仕組みが実用化されたんだ。

せまい範囲の通信を可能にした小さな領域をカバーする基地局を，各地に作って蜂の巣（cell）のように配置し，移動電話機が近い基地局と接続して通話を行えるようにしたんだ。この方式を「**セル方式**」といって，現在の携帯電話にも用いられているんだよ！

1990 年代後半になると，電子メールやインターネットも利用できるようになり，2009 年以降には多機能携帯端末である「**スマートフォン**」が普及し，ただの電話機ではなく情報を検索したり発信したりする情報端末として使われるようになったんだ。

まとめ

❶ プロトコル：コンピュータどうしがやり取りするための約束ごと。

❷ TCP（Transmission Control Protocol）：データを正確に送ることに重きを置いたプロトコル。

UDP（User Datagram Protocol）：リアルタイムにデータを送ることに重きを置いたプロトコル。音声通話や動画のストリーミング再生に使われている。

❸ IP（Internet Protocol）：パケットを正しい送り先に届けるために，IP アドレスを定めるプロトコル。

IP アドレス：ネットワーク上の機器に割り振られた住所に相当する一意の識別番号。IP アドレスは **IPv4** という規格では **32ビット**で構成されている。

❹ ドメイン名：IP アドレスの代わりに，人間にとってわかりやすいようにつけた名前。

イントロダクション ♪♫

　ネットワーク上を動くサービス（たとえば，インターネットや電子メールなど）では，それぞれに対応したさまざまなプロトコルが用意されているんだ。

　それらのプログラムの多くはTCP/IPを基盤としているよ。インターネットなどで標準的に用いられる通信プロトコル（通信規約）で，**TCP**と**IP**を組み合わせたものが**TCP/IP**だったね。

　実際のネットワーク上では，TCP/IPのさらに上位層で規定されているプロトコルが活躍しているんだ。

　たとえば，インターネットを閲覧するときに「http://www.kadokawa.co.jp」というアドレスを入力すると，サイトを開くことができるんだ。こういう文字列を「**URL（Uniform Resource Locator）**」というんだけど，このURLの先頭にきている「http」っていう文字があるよね？　この「http」っていうのは，Webページでデータをやり取りするプロトコルである，「**HTTP（HyperText Transfer Protocol）**」のことなんだ。

　この節では，ネットワーク上で，どんなプロトコルがどんな動きを実現しているかを学んでいくね！

ゼロから解説

① WWW と URL

インターネット上で最もよく利用されている，Webページを閲覧するため

の仕組みを「**WWW（World Wide Web）**」というよ！　そもそも WWW という仕組みは，インターネット上の情報の管理を目的として開発されたんだ。君も，インターネットを通じて WWW の仕組みの中でサイトを作って公開したり，情報を発信したりすることができるよ。

WWWを利用した発信者の流れ

　インターネット上の住所を**ドメイン名**といったよね。ホームページを見たりメールを送信したりするとき，相手がインターネット上のどこにいるかを特定するために使用するんだ。

　インターネットを用いるとき，情報の発信者は，他のサイトと重複しないドメイン名を登録して，発信のための Web サーバを導入して，Web ページも作って公開することで情報を発信することができる仕組みになっているんだ。企業の公式ホームページのような Web ページは，WWW の仕組みの中で重複しないドメイン名を取得して発信しているよ。

　ちなみに，Web ページは「**HTML（HyperText Markup Language）**」という言語で記述されているよ。さらに，Web ページは「**ハイパーテキスト**」という構造になっていて，「**リンク**」という仕組みで他の Web ページへ移動したり，画像や音声・動画などのさまざまなコンテンツを表示したりすることができるよ。

WWWを利用した閲覧者の流れ

　一方で，閲覧者は「**Web ブラウザ（インターネットブラウザ）**」というソフトウェア（たとえば，Microsoft Edge，Google Chrome など）を使って Web サイトを見るよね。このとき，Web サイトが置いてある場所やファイル名を示す情報，つまり Web サイトの「住所」に相当する情報を **URL** というんだ。

　Web ブラウザっていうのは，Web サーバに接続するためのソフトウェアで，ページを表示したりリンクをたどったりできるよ。

❷ Webページの仕組みとプロトコル

インターネット上にあるWebページを閲覧するとき，**HTTP**というプロトコルを利用して，Webサーバと Webブラウザの間でデータをやり取りしているよ。

たとえば，Webブラウザのアドレスバーに「http://www.kadokawa.co.jp/」と入力した場合の「http:」の部分で，プロトコルを指定しているんだ。これは「HTTPというプロトコルを使って，www.kadokawa.co.jp というサイトにアクセスしてね！」という意味なんだよ！　人間がコンピュータにhttpと入力することで，人間はコンピュータに対して「HTTPというプロトコルを使いなさい」と命令しているということなんだ。この感覚をもっておいてほしいんだ。コンピュータって，「何となく動いている」わけではないんだよ。人間がコンピュータに命令しているんだ。

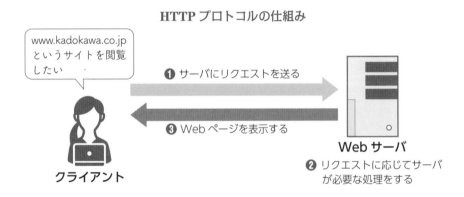

HTTPプロトコルの仕組み

www.kadokawa.co.jp
というサイトを閲覧
したい

❶ サーバにリクエストを送る

❸ Webページを表示する

クライアント

Webサーバ

❷ リクエストに応じてサーバ
が必要な処理をする

❸ URLとドメイン名

IPアドレスは数値の並びで，ちょっと覚えにくいよね。そこで，**ドメイン名**という文字列を対応させているんだったね。つまり，ドメイン名はIPアドレスと同様に，インターネット上の場所を表す名前のことなんだ。

ちなみに，ドメイン名をドットで区切ったときの最後の項目のことを「**トップレベルドメイン**」といって，「.com」や「.jp」をよく見かけると思うけど，

今では「.tokyo」や「.info」など多様なトップレベルドメインが割り当てられているよ。

URLとドメイン名

▲ドメイン名に続く部分をパスといい，ファイル名やフォルダ名などからなる。

4 DNSとDNSサーバ

世界中のすべてのドメイン名を支えている重要な役割を担っているのが，「**DNSサーバ**」というものだよ。DNSサーバはインターネットを支える大切な技術の1つで，これがないとWebサイトやメールの利用ができなくなってしまうんだ。

「**DNS（Domain Name System）**」とは，ドメイン名とIPアドレスを対応づける仕組みのことで，これを担っているサーバがDNSサーバなんだ。インターネット上で通信するとき，下の図のように，DNSサーバに問い合わせ，ドメイン名をIPアドレスに変換し，IPアドレスを使って通信を行う，という流れが行われているんだよ。

整理するね。IPアドレスは数字がたくさん並んでいるから，人間が見てもどんなサイトか識別しにくいんだ。そこで，IPアドレスを人間にとって識別しやすい名前に変更したものがドメイン名なんだね。このIPアドレスとドメイン名との対応を管理して自動的に相互変換してくれる機能をもつサーバをDNSサーバというんだよ。

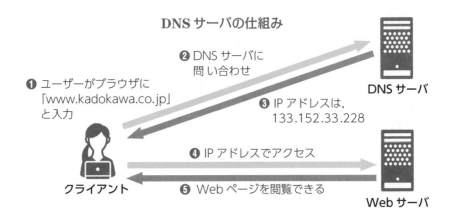

DNS サーバの仕組み

❶ ユーザーがブラウザに
「www.kadokawa.co.jp」
と入力

❷ DNS サーバに
問い合わせ

❸ IP アドレスは，
133.152.33.228

DNS サーバ

クライアント

❹ IP アドレスでアクセス

❺ Web ページを閲覧できる

Web サーバ

❺ DNS のピラミッド構造　ちょいムズ

　インターネット上には数億台のサーバがあるといわれていて，それらの名称
や所在地は，分担して管理されているんだ。どういうことか説明するね。

　DNS サーバに問い合わせすると，IP アドレスを返してくれる簡単な仕組み
が DNS なんだけど，ドメイン数が多くなると，1 つのサーバに問い合わせが
来すぎて，限界がくるんだ。

　君が文化祭で案内役をしているとして，1 分間に 3 人くらいから「○○君ど
こにいるの？」と質問されたら応答できるかもしれないけど，1 分間に 300 人
から「○○君どこ？　△△君はどこ？」と質問されたら応答しきれないよね。
そこで，質問に対応する人を増やして，案内をスムーズに進められるようにす
るんだ。

「3 年 A 組の人を探している人はこの列に並んでね。A さんが案内を担当します」
「3 年 B 組の人を探している人はこの列に並んでね。B さんが案内を担当します」
「3 年 C 組の人を探している人はこの列に並んでね。C さんが案内を担当します」
というように，組によって大まかに担当を決めて案内を進めるほうが効率的だ
し，問い合わせが増えても対応できそうだよね。

　ドメイン数が増えるとサーバに問い合わせがたくさんくるから，DNS は自
分が担当する範囲を限定して，問い合わせを分散しているんだ。

　たとえば「www.kadokawa.co.jp」というドメインの場合，いきなり「www」

の部分から「jp」の部分までを問い合わせるのではなくて，まずは「jp」だけで問い合わせるんだ。さっきの「A組の生徒はAさんが案内を担当します」みたいに，「jp」だけを管理しているDNSが存在しているから，まずは「jp」を管理するサーバが担当することになる。次に，「jp」を管理するサーバが「co」や「kadokawa」を管理するサーバに次々と問い合わせていって，最終的にIPアドレスを特定することができるんだ。

「jp」➡「co」➡「kadokawa」➡「www」というように順番を踏んでいくから，「DNSはピラミッド構造になっている」と表現されることもあるよ。

DNS のピラミッド構造

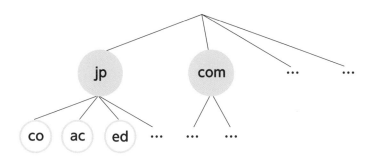

⑥ さまざまなサーバやクライアント

インターネット上には，DNSサーバ以外にも，さまざまなサーバが存在しているよ。多くのサーバがそれぞれの機能を果たすことで，私たちはインターネットを快適に利用することができるんだ。

入力されたユーザIDとパスワードが，登録されたものと一致しているかどうかを確認するサーバを「**認証サーバ**」というよ。

また，Webページを見るときにクライアントの代わりに先にアクセスしてデータを中継したり，コピーを残すことでWebページの表示を速くしたりしてくれるサーバを「**プロキシサーバ**」といって，このサーバに残っているWebページの情報のコピーを「**キャッシュ**」というよ。プロキシサーバの中には，不適切なWebサイトへのアクセスを防止する「**フィルタリング**」の機能をもつものもあるよ。

サーバなどの機械を集めて管理する施設を「**データセンター**」といって，管理者が常駐することでトラブルや障害が起こったときに迅速に対応できるようにしている場合もあるよ。

　サーバは他にもさまざまな種類があって，電子メールを管理する「**メールサーバ**」，データベースを提供する「**データベースサーバ**」，プリンタを共有する「**プリンタサーバ**」，ファイルを共有する「**ファイルサーバ**」などが例として挙げられるよ。

　同じように，クライアントも多数存在するよ。スマホや PC に限らず，駅の自動改札口やレジ，電子マネーの読み取り用の機械も，じつは「利用者の情報をサーバに提供している」んだ。そういった点でこれらもクライアントといえるよね。

ま と め

❶ ネットワーク上を動くサービスごとに対応するプロトコルが用意されており，多くは **TCP/IP** を基盤とする。

❷ **WWW**：インターネット上で最もよく利用されている Web ページを閲覧するための仕組み。

発信者は**ドメイン名**を登録し，Web ページは **HTML** という言語で記述され，**Web ブラウザ**を利用して閲覧できるよう作られており，ハイパーテキストやリンクでページを移動できる。

閲覧者は Web ページの発信場所である Web サイトを見るために **Web ブラウザ**を使い **URL** を入力することで通信方法と閲覧先を指定する。

Web ページを閲覧するときは **HTTP** というプロトコルが利用されることがある。

❸ **DNS**：ドメイン名と IP アドレスを対応づける仕組み。インターネットを利用した通信を成立させる重要な役割をもつ。

❹ サーバの種類は多岐にわたり，入力されたユーザ ID とパスワードが登録されたものと一致しているかどうかを確認する認証サーバや，Web ページを見るときにクライアントの代わりに先にアクセスしデータを中継したりコピーを残すことで Web ページの表示を速くしてくれる**プロキシサーバ**がある。

❺ キャッシュ：プロキシサーバに残っている Web ページの情報のコピー。

第 1 章

第 2 章

第 3 章

第 4 章

第48節 電子メールの仕組み

イントロダクション ♪♫

　多くの人がスマホやPCをもつようになって，「**電子メール（メール）**」という存在はかなり認知されているよね。昔は，手書きの手紙を書いて封筒に入れて，切手を貼ってポストに投函して……といった手順が必要だったのに，現代ではスマホやPCで文字を入力して，ネットワークに乗せると短時間で相手に送ることができるようになっているんだ。これが**電子メール（メール）**というもので，ネットワークを活用している身近な事例なんだ！

　この節では，電子メールの仕組みについて学習していくよ！

ゼロから解説

1　電子メール

　インターネットを通して特定の利用者とメッセージやデータを交換するシステムを**電子メール（メール）**というんだ。

　メール作成や送受信を行うソフトウェアを「**メーラ**」といって，送受信したメールをサーバに保存したり，閲覧できたり，過去に送受信したメールを検索することができるんだ。

　「メアド」って聞いたことあるかな？　「**メールアドレス**」の略だよ。手紙を送るときに住所と名前が必要なのと同じで，電子メールのやり取りにも，メールアドレスという「名前＋住所」に当たるものが使われているんだ。これは，

> ユーザ名(メールアカウント)@ ドメイン名

の形式で指定するんだよ。

メールアドレスの仕組み

fujiwara@example.com

ユーザ名(メールアカウント)
受信者を特定する

ドメイン名
受信者が利用しているメールサーバ
を特定する

② 電子メールの宛先の種類

　メールをやり取りする際には，メールアドレスを指定するよね。たとえば藤原進之介にメールを送信したいときは，「fujiwara@example.com」にメールを送信すれば届くよ。そのとき，宛先の種類を次の3つの中から1つ選択して設定し，送信するんだ。

To
トゥー

　送信したい相手のメールアドレスをここに入力するよ。普通に送信するだけなら，ここに宛先を設定して送信するよ。

CC（Carbon Copy）
シーシー　　カーボン　コピー

「To の人と同じ内容のコピーを君にも送るから見ておいてね」としたい相手のメールアドレスをここに入力するんだ。

　たとえば，「藤原君に送信するけど，石田さんにも一応送信したいな」というときには，藤原君のアドレスを To に設定して，石田さんのアドレスを CC に設定する，という具合に宛先を設定することがあるよ。一斉に同じ内容を送信するときに使うといいんだけど，次の BCC との違いに注意してね。

BCC（Blind Carbon Copy）

「君にコピーを送ったことは，他の人には隠しておくけど，君も見ておいてね」
としたい相手のメールアドレスをここに入力するよ。

　この BCC は大切で，一斉に送信している他の人のメールアドレスを隠すこ
とができるから，個人情報を保護する役割があるんだ。

　たとえば，藤原君と石田さんにメールを送信したいときに，藤原君と石田さ
んは知り合いではなくて，お互いのメールアドレスを勝手に知られるべきでは
ない関係だったとするよね？　そうしたとき，CC ではなく BCC に 2 人のア
ドレスを設定して送信すれば，受信した藤原君は石田さんのメールアドレスを
知ることがないし，石田さんも藤原君のメールアドレスを知ることがないんだ。

　BCC は，ビジネスの世界でよく使われるよ。個人情報が流出すると悪用さ
れてしまうことがあるから，CC と BCC の明確な違いを理解しようね。

　1 対 1 でメールをやり取りする際は To 以外の宛先欄を意識する必要はない
けれど，複数人とメールをやり取りする際には，CC や BCC を利用すること
があるよ。

③ 電子メールの仕組みとプロトコル

　電子メールがどのようにして送信されて受信されるのか，その仕組みを見て
みよう。

　電子メールの送信や受信を取り扱うサーバである「**メールサーバ**」という
サーバがあって，インターネットを通じて届けられた電子メールはこのメール
サーバに保存されるんだ。

　コンピュータどうしの通信には約束ごとが必要で，その約束ごとをプロトコ
ルといったね。メールにもプロトコルがあるんだ。

　メールを送信するときは，メールをメールサーバへ転送する「**SMTP**
（**Simple Mail Transfer Protocol**）」というプロトコルが使われるよ。ま
た，送ったメールを受信するときはメールサーバからメールをダウンロードす
る「**POP**（**Post Office Protocol**）」や，メールサーバにあるメールを読

みに行く「IMAP（Internet Message Access Protocol）」というプロトコルが使われているんだ。

　送信するときと受信するときは，違うプロトコルが使用されているから，別々の名称がついているんだ。名称が多くて覚えるのが大変かもしれないけど，区別できるようにしておこうね。

電子メールの仕組み

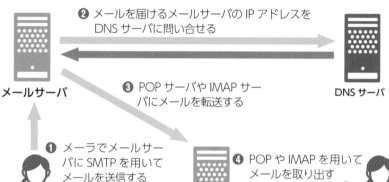

❷ メールを届けるメールサーバの IP アドレスを
　DNS サーバに問い合せる

❸ POP サーバや IMAP サーバにメールを転送する

メールサーバ　　　　　　　　　　　　　　　　　　DNS サーバ

❶ メーラでメールサーバに SMTP を用いてメールを送信する

❹ POP や IMAP を用いてメールを取り出す

送信者　　　　　　　メールサーバ　　　　　　受信者

❶　電子メール：インターネットを通して特定の利用者とメッセージやデータを交換するシステム。
　メールの作成や送受信をするソフトウェアをメーラといい，電子メールのやり取りにはメールアドレスが使われ，「ユーザ名（メールアカウント）@ ドメイン名」の形式で指定する。
❷　宛先に設定する形式として，To，CC，BCC がある。
❸　電子メールの送信や受信を取り扱うサーバとしてメールサーバがあり，メールを送信するときはメールをサーバへ転送する SMTP というプロトコルが使われる。送ったメールを受信するときは POP や IMAP というプロトコルが使われる。

通信における情報の安全を確保する技術

☑ **Ⓐ** 暗号化技術の基本を知ろう。

☑ **Ⓑ** 共通鍵暗号方式のデメリットや鍵配送問題を知ろう。

☑ **Ⓒ** 公開鍵を使用する上での認証局（CA）の必要性を理解しよう。

イントロダクション ♪♫

　インターネットは「相互に接続されたネットワーク」という意味で，さまざまなネットワークをつないで互いに通信できる環境が作られているんだったね。たとえば，あるコンピュータから別のコンピュータに情報を送信するときのことを考えてほしい。ネットワーク上に流れる情報は多くのサーバを経由してやり取りが行われるから，悪い人に情報を盗まれてしまう可能性もあるんだ。

　インターネット上でやり取りする情報の中には，住所や電話番号，パスワードなど，第三者には知られたくない個人情報もあるよね。有名企業や有名人，知人などのふりをして受信者にデータを送信する「**なりすまし**」や，送信されたデータを不正に書き換えて受信者に送信する「**改竄**」といった悪いことをされる可能性があるから，大切なデータを守る工夫が必要なんだ。

なりすまし・改竄

　ネットワークの通信経路は世界中に広がっているから，盗み取ることができないように対策することは難しい。そこで，<u>たとえ情報が盗まれたとしても，第三者には意味の通じない情報（これを「**暗号**」という）にして送信する</u>ことで，データを守っているよ。

　この節では，暗号の仕組みについて学習していこう。

ゼロから解説

① 情報漏洩を防止する仕組み

情報を送信するときに、送信したい受信者以外に情報を盗み取られても解読されないようにする作業を「暗号化」というんだ。暗号化された文を「暗号文」、もとの暗号化されていない文を「平文」というよ。

暗号化された情報は、平文に戻さないと解読することができないんだ。この暗号文をもとの平文に戻すことを「復号」というんだ。

② 暗号と鍵

いきなり暗号っていわれても、難しく感じるかもしれないね。でも安心してほしい。簡単な例から紹介するね！

古くから知られている暗号として「シーザー暗号」が挙げられるよ。シーザー暗号とは、アルファベットの文字を辞書順に何文字分かだけずらして暗号化する方法なんだ。シーザー暗号のシーザーは、この方法を初めて用いたとされている古代ローマの軍人ユリウス・カエサル（ジュリアス・シーザー）に由来しているよ。

例 「COMPUTER」のそれぞれのアルファベットを 1 文字分だけずらすと、「DPNQVUFS」と暗号化される。

上の例での「1 文字分だけずらす」のような、暗号化や復号のための具体的な手順やデータを「鍵」と呼ぶんだ。「鍵」っていうと、家の鍵のような実体のあるものを想像するかもしれないけど、暗号を復号して平文に直すための「鍵」は、たとえば「1 文字分だけずらせば平文になるぞ」というような「情報」なんだ。

どんなデータを鍵とするかは暗号化の方式によって異なるけど、暗号化するにしても、復号するにしても、「鍵」というものが必要になるよ！

❸ 共通鍵暗号と公開鍵暗号

これから暗号化の2つの方式,「**共通鍵暗号方式**」と「**公開鍵暗号方式**」を説明していくよ。

最初に,「**公開鍵**」と「**秘密鍵**」という2つの言葉を覚えておこう。公開鍵とは公開している鍵,秘密鍵とは公開されていない鍵(秘密にしている鍵)だよ。

共通鍵暗号方式

送信者(暗号化する側)と受信者(復号する側)で同じ鍵(**共通鍵**)を用いる暗号化方式を,「**共通鍵暗号方式**」というんだ。

鍵をもっていればデータを復号できてしまうから,共通鍵は秘密鍵じゃないといけなくて,使い回すこともできなくて,送信者ごとに別々の共通鍵が必要となるんだ。つまり,共通鍵をたくさん作ることになるよね。たとえば20人に別々のメールを送信したいなら,単純に考えて20個の共通鍵(秘密鍵)が必要になる。管理が大変そうだよね。インターネットは不特定多数の相手を対象に通信するから,共通鍵を無限に作ることになってしまう。大変だよね。かといって共通鍵を複数の相手に対して使い回したら,多くの人が鍵を知っている状況になってしまって危険なんだね。君がマンションの管理人だとして,202号室の部屋の鍵を203号室や204号室の部屋の鍵にも使えるように設定して使い回すわけにはいかないよね。

さらに,送信者と受信者がともに,共通鍵を第三者に知られないように管理する必要があるんだ。セキュリティに気をつけないといけないんだね。

共通鍵暗号方式は秘密鍵だけで成立する暗号方式で,一般公開する鍵がないことから「**秘密鍵暗号方式**」ともいうよ。

共通鍵暗号方式

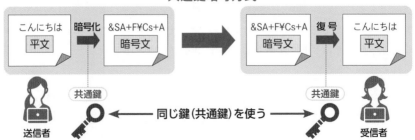

昔はこの「共通鍵暗号方式」が主流だったけど，暗号化と復号に同じ鍵（秘密鍵）を使う共通鍵暗号方式のデメリットがあって，送る相手ごとに鍵が必要だから多数の鍵を管理する手間がかかるし，相手に鍵を安全に渡せるように管理しなければならないという問題があるんだね。このような問題を「鍵配送問題」といって，鍵配送問題を解決するために次の「公開鍵暗号方式」という暗号の方式が考えられたんだ！

公開鍵暗号方式

　公開されている鍵を公開鍵といったね。わざわざ鍵が公開されているのは，なぜだと思う？　それは，誰でも鍵をかけられるようにすることで，手軽に暗号化できる状況を作り出すためなんだ。

　たとえば君が，公開鍵で暗号を作るとするね。公開鍵っていうのは，暗号を作ることはできても，基本的には暗号をもとに戻すことはできないんだ。

　たまに「どうして公開鍵は鍵をかけることができて，あけることはできないんですか？」って質問する人がいるけど，その理由は，公開鍵で鍵をあけられるとしたら，誰でも鍵をあけることができてしまい，暗号化の意味がなくなるからだよ。

　じゃあ，受信者はどうやって復号するのかな？　じつは，受信者は暗号を作るための公開鍵と，復号するための秘密鍵をもっているんだ。受信者は，公開鍵のペアとなるもう1つの秘密鍵をもっているよ。これは復号するために必要な，大切な鍵で，受信者しかもっていない秘密鍵なんだ。

　復号するための鍵を前もって所持していて，誰にも渡さず秘密にしているから，その人しか復号できない仕組みになっているんだ。暗号化するための鍵は公開鍵だけど，復号するための鍵は受信者しかもたない秘密鍵ということ。そうすれば，秘密鍵をもっている受信者しか復号することができないから，暗号としての役割を果たすことができるんだ。

　さっき学んだ共通鍵暗号方式は，お互いに同じ鍵を共有する必要があるから，通信相手の数だけ共通鍵を管理しなければならなくて大変だったね。公開鍵暗号方式であれば，公開鍵で鍵をかけることは誰にでもできるから，鍵の管理が楽になるんだ。

南京錠って知ってるかな？　南京錠という鍵は，錠をかける（鍵をしめる）ことは誰にでもできるけど，鍵をあけることは鍵の所有者にしかできないんだ。これに似た暗号方式が公開鍵暗号方式だと思ってほしい。

整理するね。

公開鍵暗号方式は受信者が**公開鍵**と**秘密鍵**のペアを用意して，「自分に情報を送るときには，この鍵（公開鍵）を使って暗号化してね！」と，一般に広く周知するんだ。そして，復号するときに自分だけの秘密鍵を使うんだ。つまり，発信者は公開鍵を使って鍵をかけて，受信者は受信者だけがもっている秘密鍵を使って鍵をあけることができて，公開鍵ではあけることができないということだよ。

まとめると，次の❶かつ❷という状況を実現できるアルゴリズム（仕組み）を，公開鍵暗号方式というんだ。

❶　鍵A（公開鍵）で暗号化を行い，鍵B（秘密鍵）で復号を行うことができる。

❷　鍵A（公開鍵）を入手しても復号できない。

公開鍵暗号方式

公開鍵で暗号化されたデータは，それとペアとなる秘密鍵を使わないと復号することができないんだね！　公開鍵は不特定多数にいくらばらまいてもその

鍵では復号はできないから，データを盗聴されたりする恐れはないんだよ‼︎
自分用の公開鍵と秘密鍵のペアを1セットだけもっていれば複数人と情報をやり取りすることができるから，管理する鍵の数が増えてしまうことがないね！

　公開鍵は誰でも簡単に入手できる公開された鍵。一方で，秘密鍵は1つしかない大切な鍵なんだ。

　このように，受信者（秘密鍵をもっている人）のみが暗号を解くことができる仕組みになっているんだよ。

　秘密鍵は受信者が大切に保管する一方で，公開鍵は誰でも取得できる場所に公開されているよ。

４ 認証局（CA）

　それでは，上記の公開鍵暗号方式を使うとして，君が誰かにメッセージを送信するときどうすればいいと思う？

　もしAさんにメッセージを送信したいなら，Aさんの公開している公開鍵を使用しなければならない。Aさんの公開する公開鍵で暗号化したものじゃないと，AさんはAさんの秘密鍵で復号できないからね。

　でも君は，どうやって「これがAさんの公開している公開鍵だ！」って確信することができると思う？　ネットの世界では，Aさんに直接会って公開鍵を受け取るわけではないから，公開鍵がAさんのものである保証がないんだ。Aさんの公開鍵だと思っていたら悪意のある別人（Xさん）の公開鍵で，Aさんに送るつもりのメッセージをXさんに送ってしまい，秘密にしたい情報がXさんに見られてしまう可能性もあるんだよ。

　だから，公開鍵が情報を送信する相手（Aさん）のものであるかどうかの確認が非常に大切になるんだ。

　そこで，Aさんの公開鍵であることを第三者が証明する仕組みがあるんだよ。その第三者となるのが「認証局（CA）」という機関なんだ。公開鍵が誰のものかを検証するには，認証局（CA）から証明書の発行を受ける必要があるよ。うまくできているよね。

⑤ ハッシュ関数・ハッシュ値

第40節で学習した関数って覚えているかな？　入力と出力の関係を作るものだよ。

ここで，次のような入力と出力の対応関係を考えよう。

　　　「スポーツドリンク」を入力　➡　必ず「19940113」が出力される

　　　「コーラ」を入力　➡　必ず「20191212」が出力される

このように入力されたデータをもとに特定のルールに沿って適切な値を出力してくれる関数に「**ハッシュ関数**」というものがあるよ。そして，ハッシュ関数から出力された値を「**ハッシュ値**」というんだ。ハッシュ値は「**ダイジェスト値**」や「**要約値**」ともいって，もとになるデータがハッシュ関数に入力されたとき，一定の計算手順によって出力された値のことだよ。同じデータからは，必ず同じハッシュ値が得られるんだ。また，ハッシュ値は，もとのデータの長さによらず，一定の長さとなるよ。

ここで，大切なことを紹介するね。ハッシュ関数は計算過程で情報の欠損が起きる不可逆な変換が含まれ，ハッシュ値からもとのデータを復元することはできないんだ。つまり，「19940113」という数字を盗んでも「スポーツドリンク」というデータに復元することができないということなんだ。

ハッシュ値を用いれば，改竄されたことを検知することができるんだよ。その具体的な例を見ていくよ！

まず，送信者が「スポーツドリンク」という伝えたい情報と一緒に，ハッシュ値「19940113」を送信するんだ。そして，受信者が受け取った情報が改竄されていないか確認するためにハッシュ値を使用するんだ！

Cさんが「スポーツドリンク」という情報を受信したあと，ハッシュ関数に「スポーツドリンク」という情報を入力すると，「19940113」というハッシュ値が出力される。その数値が，Aさんから送信されているハッシュ値と完全に一致しているかを確認するんだ。

改竄されていない場合

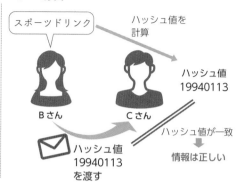

もしここで，違う情報（たとえば「コーラ」）に改竄されていたら，ハッシュ値は「20191212」となり，Aさんから送信されたハッシュ値「19940113」とは違う値であることがわかるよね。ハッシュ値を照らし合わせて，完全に一致していないことがわかったら，「改竄されているんじゃないか？」と疑うことができるよね。

つまり，もし途中でBさんが「スポーツドリンク」という情報を受け取って，悪いことをしようとして「コーラ」に書き換えてCさんに送信した場合でも，Cさんが確認のためにハッシュ関数に「コーラ」を入力すれば，Aさんが一緒に送信してくれているハッシュ値と違う数値が出力されるから，改竄されていることに気づくんだ！

改竄された場合

これがハッシュ関数やハッシュ値の存在意義だよ。改竄検知に役立つということを理解してもらえたかな。

　ちなみに「ハッシュ（hash）」は「ハッシュドポテト」などの「ハッシュ」で，「切り刻む」「細切れにする」といった意味があるよ。ここでは「スポーツドリンク」という短い情報をハッシュ値にしたけど，もっと膨大な動画データや長文の文字データでも，ハッシュ値にして共有すれば，もともとのデータよりずっと小さなデータ量で改竄検知ができるよね。

　このハッシュ値はたとえば，公開鍵暗号方式と組み合わされて，一部の「<u>デジタル署名</u>」に応用されているよ。デジタル署名とは，<u>デジタル文書が改竄されていない原本であることを保証する，電子的な署名だよ。</u>

⑥　インターネット上での情報の暗号化

　インターネット上の通信では，「**SSL（Secure Sockets Layer）/TLS（Transport Layer Security）**」というプロトコル（通信規約）が利用されているよ。<u>暗号技術を活用して，データを暗号化して，改竄を検知し，認証の機能を提供するプロトコルの名称が SSL/TLS なんだ。</u>

　ネットで Google 検索をするとき，URL の部分に「https://」って表示されているのを見たことがあるかな？　<u>Web ブラウザで SSL/TLS によって通信が行われているときは，URL が「http://」ではなく「https://」で始まって，</u>右ページの図のような鍵のマークが表示されるんだ。「s」がついているほうが安全なんだね。ショッピングサイトで買い物したときなどに入力する名前や住所，クレジットカード情報などの個人情報を第三者から盗み取られることを防いでいるよ。

　また，鍵マークをクリックすると「**デジタル証明書**」が表示され，信頼できる Web サイトかどうかを判断できるよ！

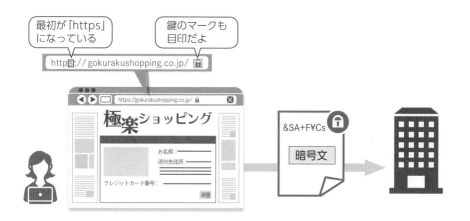

最初が「https」になっている

鍵のマークも目印だよ

http**s** :// gokurakushopping.co.jp/ 🔒

https://gokurakushopping.co.jp/

極**楽**ショッピング

お名前 :
送付先住所 :

クレジットカード番号 :

送信

&SA+F¥Cs

暗号文

7 パリティビット

　PC が通信エラーを起こしたり，電話しているとき音声が途切れ途切れになったりした経験はあるかな？

　情報機器は，情報を送信してから受信にいたるまでに，経路の途中で電流や電圧が急激に変化することで，信号が変わってしまうことがあるんだ。また，太陽光や紫外線などの影響でも，信号の一部が変わって通信エラーが出ることがあるよ。0 が 1，1 が 0 のように反転することを「**ビット反転**」というよ。

　たとえば送信者が「0101010」というビット列（0，1 の列）のデータを送るとして，データを送受信するうちに情報が書き換えられ，「0101011」というデータに変わってしまったとするね。このとき，受信したデータがもとのデータから書き換えられてしまったという事実に，受信した人は気づけないかもしれないよね。「情報が変わってしまっていることに気づく仕組み」を作るには，どうすればいいかな？

　1 つの方法として，あらかじめ送信者が，送信するデータの末尾に「**パリティビット**」と呼ばれる 1 ケタを付加して送信するという工夫が挙げられるんだ。データの中にある「1」の個数を奇数か偶数に統一するようにしてパリティビットをつけ加えるんだ。そのために 1 ビット付加するよ。

よく使われる「**偶数パリティ**」では，「1」の数が偶数個なら 0，奇数個なら 1 を末尾につけるようにして送るよ。

たとえば「0101010」は，現時点での「1」の個数は3個だから，末尾に 1 をつけることで，「1」の個数を4個（偶数）にできるよね。偶数パリティをつけ加えてデータを送信すると決めている場合は，「0101010」というデータを送信したいなら「01010101」というデータを送信するんだ。

では次に，受信した人の状態を考えてみるね。発信されたデータは「01010101」だったのに，受信したときには「01010111」になっていたとしよう。

「1」の個数は何個になっているかな？　5個だよね。今回は偶数パリティと決めているのに，「1」の個数が5個（奇数）になっていたら，偶数パリティのルールに反するよね？　だから，送信したときとくらべて「1」の個数が変化していると気づくんだ。

このように，「1」の個数が変化していないか確認することを「**パリティチェック**」というよ。

step1 「1」の個数を数える。

```
 1   2   3
0 1 0 1 0 1 0
```

step2 「1」の個数が偶数個になるように末尾にビットを加える。

```
0 1 0 1 0 1 0 1
```

step3 受信者が「1」の個数を調べる。

```
 1   2   3 4 5
0 1 0 1 0 1 1 1
```

step4 データが書き換えられていることに，受信者が気づき，送信者に再送することを伝える。

パリティチェックには注意すべき点があるんだ。送信するデータの「1」の個数が偶数個（偶数パリティ）のときを考えてみよう。

ビット反転が奇数個起こったとすると，受信するデータの「1」の個数は奇数個になるよね。つまり，このときはパリティチェックで誤りを検出することが可能なんだ。

一方，ビット反転が偶数個起こったとすると，受信するデータの「1」の個数は偶数個になるよね。つまり，このときはパリティチェックで誤りを検出することはできないんだ。

これは，送信するデータの「1」の個数が奇数個（奇数パリティ）のときも同じだよ。ビット反転が偶数個起こってしまうと，パリティチェックで誤りを検出することができないんだ。

　また，偶数パリティでも奇数パリティでも，誤りを検出できても，どのビットが反転してしまったかはわからないんだ。パリティチェックは，あくまで「誤りがあるかどうか」を検出するために行うことを覚えておいてね。

まとめ

① **共通鍵暗号方式**：暗号化の鍵も復号の鍵も同じ鍵を使用する暗号方式。鍵を盗まれないように大切に管理する必要がある。

② **公開鍵暗号方式**：暗号化する公開鍵と復号する秘密鍵の2種類の鍵を使用した暗号方式。
公開鍵だけを広く公開し，秘密鍵は公開しないので情報を安全にやり取りできる。不特定多数の人と情報をやり取りすることに向いている。

③ **SSL/TLS**：インターネット上で個人情報やパスワード，クレジットカードの情報など，データを暗号化して送受信するプロトコル。

第50節 データベース

この節の目標

☐ **A** データベースとは何かを理解しよう。

☐ **B** データベース管理システムの性質について理解しよう。

イントロダクション ♪♫

データベースって聞いたことがあるかな？　一定の規則に従って，データを集めて蓄積したものを「**データベース**」というんだ。たとえば，君が友達のメールアドレスを 20 件知っているとして，スマホのアドレス帳にメールアドレスが整理されて登録されていたとしたら，そのアドレス帳はデータベースの一種だよ。

現代の情報社会では，データが加速度的に増えていっているよね。データを蓄積してデータベースを作り，適切に分析すると，データを活用することができるんだ。

この節では，ネットワークの発達した情報社会において，蓄積されたデータがどのように活用されているのか，学んでいくよ！

ゼロから解説

① データベースの種類

データベースには種類があって，データ形式によって「**関係型データベース**」「**階層型データベース**」「**ネットワーク型データベース**」などに分類することができるよ。これらを「**データモデル**」というんだ。

その中でも，「**関係型データベース**（**RDB**：Relational DataBase）」が現在のデータモデルの主流だよ。すごく簡単にいうと，表を作ってデータを管理する方法だ。データの集まりを列と行の 2 次元の表形式で表すデータベー

スなんだ。関係型データベースにおいて，表を「**テーブル**」，行を「**レコード**」，列を「**フィールド**」というよ。また，データベースにおいてデータの出席番号として使われる項目を「**主キー**」というよ。クラスに 40 人いたら，出席番号って 1 人ひとりに必ず番号が割り当てられて，他の人と区別できて，1 人を特定することができる大切な番号だよね。これが主キーだよ。

「関係型」データベースと呼ばれるのは，表形式のデータの集まりを互いに関連づけて扱うことができるからだよ！　ちなみに，教科書によっては「**関係データベース**」という記載もあるよ。

関係型データベースの仕組み

お客様番号	お名前	年齢層	性別	商品コード
2023001	佐藤 〇〇	20代	女性	9876123
2023002	小林 〇〇	30代	男性	9845321
2023003	橋本 〇〇	20代	女性	9876123
2023004	山本 〇〇	10代	女性	9847361

主キー　　　　　　　　　　　　　　フィールド
2023002 の行 → レコード

② 非構造化データの活用

　関係型データベースでは，集計や分析がしやすいように，データを項目や関係によって構造化して蓄積しているんだ。そのようなデータを「**構造化データ**」というよ。

　現代はコンピュータの性能が向上してきたから，音声や動画のような構造化しにくいデータを扱う場面が増えているんだ。そのような構造化できないデータを「**非構造化データ**」というよ。

　構造化データの関係を整理してコンピュータに認識させることは簡単な一方で，非構造化データの関係を整理してコンピュータに認識させることは難しいんだ。でも非構造化データを整理して活用できたら，世の中はとても便利になるんだよ。

　たとえば，空港の顔認証ゲートは，非構造化データの代表的な活用例だよ。ゲートのカメラに映った顔の画像と，パスポートの写真を照合することにより

本人確認をすることができて、スムーズに手続きを進めることができるんだ。人の顔って、体調の変化や成長によって日々少しずつ変わる非構造化データなんだ。文字や数字では表現しにくいよね。そんなデータを活用するためにも、技術開発が進められているんだよ。

❸ データベース管理システムとその機能

データベースの作成・運用・管理を行う仕組み、また、そのためのソフトウェアを「**データベース管理システム**（DBMS：**DataBase Management System**）」というんだ。特に、関係型データベース用の DBMS のことを「**RDBMS**」といって、関係型データベースを定義したり操作したりするための言語を「**SQL**」というよ。

データって、悪意のある人に改竄されてはならないよね。セキュリティを守る必要がある。さらに、データベースの場合は「複数の人が編集する」ことがあるから、「同時に複数の人が編集してデータがおかしくなってしまうこと」があるんだ。具体的には、「A さんが修正したデータを更新しようとしている瞬間に、B さんが同じデータベースの中の別の部分を勝手に修正する」と、A さんの修正と B さんの修正のうち片方しか修正されなかったりするんだよ。

このように、データベースの管理は気をつけなければならない点がいくつも存在するんだ。データベース管理システムは、「**データの一貫性**」「**データの整合性**」「**データの機密性**」「**データの可用性**」（障害対策）などの機能を備えているよ。

データベース管理システムの機能

❶ **データの一貫性**：共有したデータを同時に操作しても矛盾が生じないようにする。

❷ **データの整合性**：データの重複や不正なデータの登録・更新を防ぐ。

❸ **データの機密性**：アクセス権を設定したり、ユーザ ID やパスワードで認証を行ったりする。

❹ **データの可用性**：データとプログラムを分けて管理し、障害からの復旧を行う。

---

④ データベースの整理

　関係型データベースでは，必要な情報を取り出すときに，「**結合**」「**選択**」「**射影**」という操作を行うんだ。実際の社会では，数万，数十万件のデータを整理する必要があって，以下のような工夫をしているよ。

> ── データ整理のための工夫 ─────────────
> ❶ 結合：複数のテーブルから，特定の条件に従って結びつけ1つのテーブルとして表示すること。
> ❷ 選択：与えられた条件に合う行のみを取り出して表示すること。
> ❸ 射影：テーブルの中から一部の列だけ表示すること。

⑤ 情報システム

　情報システムっていう言葉を聞いたことはあるかな？　コンピュータやネットワークを活用して，さまざまなデータや情報を収集・共有し，伝達することで運用されているシステムを「**情報システム**」というんだ。

　たとえば，コンビニエンスストアでは，たくさんの商品が品切れすることなく陳列されていて，ほしいものが購入できることが多いよね。これってすごいことだと思わない？

　すべて店員さんが残りの在庫数を暗記しているのかというと，そうではなくて，在庫数をコンピュータ上で管理していて，ネットワークを用いてデータを共有しているんだ。つまり，データベースを作って管理しているんだね。このようなスーパーやコンビニで使用されている「**POS システム（Point Of Sale System）**」は，商品のバーコードなどを読み取って販売数などを記録すると同時に，売り上げデータを管理する情報システムの1つなんだ。

　POS システムは，利用者（ユーザ）が提供する情報を収集し，集めた情報を効果的に活用することで，商品を品切れさせることなく，状況に応じて必要な数の商品の出荷をうながし，効率のよい営業をサポートして利便性を利用者に提供することができるんだ。「●●茶という商品が，▲▲店で3本も売れま

した。▲▲店の●●茶の在庫数は残り2本しかありません」といった情報が店舗から本部に送られて、データベースに登録される。そうするとメーカーや配送センターに発注の指令が出て、必要な店舗に配送される。こういったシステムが構築されているんだ。すごいよね。

　ちなみに銀行も情報システムを活用しているよ。銀行に登録されている人の氏名や預金残高の情報を蓄積しているデータベースを運用することで、「**ATM**」を利用して入金や出金ができるんだ！

POS システムのデータの流れ

顧客の情報などを送る

POS レジ

ストア PC

商品の値段をレジに表示する

売上情報を送る

本 部

各店舗の売上情報を処理

配送情報を送る

店舗

商品コード・客層・性別・金額などの情報を提供

商品やポイントなどの提供

商品を送る

発注情報を送る

顧 客

配送センター

メーカー

商品を送る

まとめ

❶ データベース：データを集めて蓄積したもの。

❷ 表形式のデータの集まりを互いに関連づけて扱う関係型データベースでは，データの集まりを列と行の2次元の表形式で表す。表をテーブル，行をレコード，列をフィールドという。

❸ データベース管理システム（DBMS）：データベースの作成・運用・管理を行う仕組み。

❹ RDBMS：関係型データベース用のDBMS。

❺ データベース管理システムは，データの一貫性，データの整合性，データの機密性，データの可用性（障害対策）を維持する機能を備えている。

❻ 関係型データベースでは，必要な情報を取り出すときに，結合，選択，射影という操作を行う。

❼ 情報システム：ネットワークを活用して，さまざまなデータや情報を収集・共有し，伝達することで運用されているシステム。

❽ コンビニで使用されているPOSシステムは，商品のバーコードなどを読み取って販売数などを記録すると同時に，売り上げデータを管理する情報システムの1つ。

第1章

第2章

第3章

第4章

第51節 データの分析

この節の目標

☑ **A** 質的データと量的データを知る。

☑ **B** データの整理と修正について知る。

☑ **C** 代表値などのデータの分析の手法を知る。

イントロダクション ♪♫

　現代の情報社会ではデータが飛躍的に増えているけれど，膨大な量のデータは整理整頓することで有効活用できることも多いんだ。たとえば，文字のデータと数字のデータは，区別して表にまとめたほうが価値のある知らせ（情報）に変わりやすい。だから，データは種類分けされることがあるんだ。この節では，データの種類とその分析について学んでいくね！

ゼロから解説

① データの種類

　データは，名前や種類など文字情報などで表現される「**質的データ（定性データ）**」と，年齢や身長など数値で表現される「**量的データ（定量データ）**」に分類することができるんだ。

質的データ（定性データ）	量的データ（定量データ）
名前や種類など文字情報などで表現されたもの。	年齢や身長など数値で表現されたもの。
例 性別，天気，居住域など	例 長さ，質量，金額，人数など

❷ データの整理と修正

調査目的に合った方法で自ら集めたデータのことを「**1次データ**」，官公庁や調査機関が公表・販売しているデータを「**2次データ**」というよ。^第**6**節で学んだ「一次情報」と「二次情報」に似ている表現だけど，違いがあるね。

集めたデータは，必要なデータを抜き出したり，複数のデータをまとめたりして整理するんだ。このときに，次の❶〜❸のような値を修正したり，影響を受けにくい分析の方法を考えたりするよ。

┌─ データ処理のための工夫 ─────────────────
❶ **欠損値**：必要な値が入力されていない項目。
❷ **異常値**：測定ミスや入力ミスと思われる値。
❸ **外れ値**：異常値ではないが，他のデータから大きく外れた値。
└───────────────────────────────

番号	1日の スマホ利用時間
1	3.5
2	2.7
3	4.2
4	5.7
5	32.0 → 異常値
6	3.8
7	14.2
8	5.2
9	→ 欠損値
10	3.7

たとえば，100人から「藤原進之介って好き？」っていうアンケートを取って，データを集計することを考えてみてほしい。100人にアンケートを取ったのに，アンケート用紙を集めきれなくて95人分しかデータが集まらなかったら，5人分のデータは欠損しているよね。さらに，欠損しているデータである5人分の意見として「藤原はキモすぎて嫌い！　提出したくない！」と思って

提出していないかもしれないよね。そうなると、「藤原のことが嫌いな5人が存在している」という貴重な（？）データを集計できなくなってしまうから、正しいデータではないということになるよね。

　このように、集めたデータの中には、数値が欠けている**欠損値**や、他の値から大きく外れた**外れ値**が含まれていることもあるんだ。分析を行う前に、そもそも集めたデータが正確なデータなのか、信頼できるデータなのか、考える必要があるよ！

補足　異常値と**外れ値**は区別されるけど、見た目だけでは異常値と外れ値を区別しづらい場合もあるよ。たとえば、君が本屋さんに行ったとき、多くの本は1冊1000〜2000円くらいで買えるかもしれない。けれどたまに、1冊2万円くらいする高価な本が売っているかもしれないよね。この「2万円」っていう表示を見たときに、「本当は2000円なのに、店員さんが値札を打ち間違えて2万円になっている」なら異常値だし、「本当に2万円で、ただ他の本より高いだけ」なら外れ値なんだ。

❸　度数分布表とヒストグラム

　集めたデータは、表やグラフで表すと、各項目の値が見やすくなるよ。グラフで表すと、データの特徴を比較しやすかったり、視覚的にとらえやすかったりするよね。

　データの分析にはさまざまな手法があって、収集したデータの種類に合った分析や表現の仕方を選択する必要があるんだ。

　データの値の区間を設定して、その区間に入るデータの値の個数（**度数**）を数えてまとめた表を「**度数分布表**」といって、分布の傾向がわかりやすくなるよ。

　さらに、大切な用語なんだけど、度数分布表で設定する区間を「**階級**」、区間の幅を「**階級幅**」、区間の中央の値を「**階級値**」というよ。数学でも出てくるから、覚えておいてね。

　度数分布表を柱状に表示した図表を「**ヒストグラム（柱状グラフ）**」というよ。

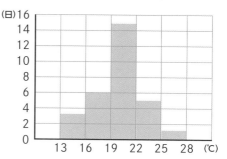

度数分布表

階級 (℃)		度数 (日)
13以上　16未満		3
16　～　19		6
19　～　22		15
22　～　25		5
25　～　28		1
計		30

▲ 横浜の 2021 年 4 月の日ごとの最高気温（気象庁 Web ページより作成）。

4　データの代表値

データの分布の特徴を表す数値を「**代表値**」というよ。代表値には，次のようなものがあるんだ。

┌─ 代表値 ─────────────────────────

❶ **平均値**：すべてのデータの合計を，データの個数で割った値。データの値が x_1, x_2, ……, x_n であるとき，このデータの平均値 $\bar{x}$ は，

$$\bar{x} = \frac{1}{n}(x_1 + x_2 + \cdots\cdots + x_n)$$

❷ **最頻値**（モード）：最も個数の多い値。度数分布表においては，最も度数の多い階級の階級値が最頻値になる。

❸ **中央値**（メジアン）：データを小さい順に並べたとき，中央の位置にくる値。データの個数が偶数のときは，中央にくる 2 つの値の平均値を中央値とする。

5　四分位数と箱ひげ図

データを小さい順に並べたとき，4 等分する位置にくる数を「**四分位数**」といい，小さい順に，「**第 1 四分位数**」「**第 2 四分位数**（中央値）」「**第 3 四分位数**」というよ。

また，第1四分位数，第2四分位数，第3四分位数，最小値，最大値を箱と線（ひげ）で表した図を「箱ひげ図」というよ。

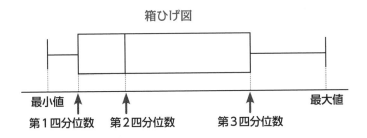

箱ひげ図

6 分散と標準偏差

2つのデータの集まりを比べたとき，それぞれのデータの平均値と中央値が等しくても，その分布（散らばり具合）は異なることが多いよ。データの散らばり具合を表す値として，「**分散**」や「**標準偏差**」があるんだ。

次の式を見ると，数学が苦手な人は「イヤ〜〜〜」ってなるかもしれないけど，安心してね。難しくないよ。

> 分散と標準偏差
> データの値が x_1，x_2，……，x_n で，データの平均値が $\bar{x}$ のとき，
> ❶ 分散：$\dfrac{1}{n}\{(x_1-\bar{x})^2+(x_2-\bar{x})^2+……+(x_n-\bar{x})^2\}$
> ❷ 標準偏差：$\sqrt{分散}$

たとえば，あるテストを受けた6人の得点が，

　　5点　5点　5点　5点　5点　5点

のとき，平均点は5点だね。全員のテストの得点が平均点とピッタリ同じだから，平均点からの「バラつき」はゼロだよね。

でも，次のように6人の点数がバラついていたらどうだろう？

　　1点　9点　4点　6点　3点　7点

これも平均は5点になるよね。でも，平均点からの「バラつき」は大きいよね？　このようなとき，平均点からの「差」に注目して，その差を2乗した平均をとれば，「バラつき度合い」がわかるんだ。このようなデータのバラつき

度合いを**分散**というんだ。

実際に先の例で分散を求めてみよう。

得点	1点	9点	4点	6点	3点	7点
平均点との差	−4点	+4点	−1点	+1点	−2点	+2点

この「平均点との差」を 2 乗して足すと，

$$(-4点)^2 + (+4点)^2 + (-1点)^2 + (+1点)^2 + (-2点)^2 + (+2点)^2$$
$$= 42 点^2$$

この 42 点^2 は 6 人分のテストで算出したので，÷6 をして平均をとって，

$$42点^2 \div 6 = 7点^2$$

と求まるんだ。

マイナスもプラスもそれぞれ 2 乗して足すことで，平均点からのブレの度合いを表現しているんだね。

でも，分散は少し気持ち悪いんだ。というのも，分散って計算する途中で 2 乗しているから，単位まで 2 乗されてしまっているんだ。

そこで，正常な単位に戻すために，分散にルートをつけたものが**標準偏差**なんだ。

上の例の標準偏差は $\sqrt{7}$ 点と求まるね。

⑦ 相関関係と因果関係

相関関係と因果関係について説明していくよ。2 つの事柄がかかわり合い，一方が変化するともう一方も変化する関係を「**相関関係**（そうかんかんけい）」というよ。たとえば数学や理科のような理系の勉強を想像してみよう。「数学が得意」な人は「理科も得意」な傾向にある，といわれることもあるよね。

次に，2 つの事柄のうち，どちらかが原因でどちらかが結果である関係を「**因果関係**（いんがかんけい）」というよ。たとえば「気温が上がると，アイスクリームはたくさん売れる」とするね。ここで，気温が上がるという事柄が原因となり，気温が上がった結果として，アイスクリームがたくさん売れるわけだよね！ 原因と結果。これが因果関係なんだ！

因果関係は,相関関係の一部として考えることができるよ。相関関係とは「2つの関係がかかわり合っている傾向にある」ということで,因果関係とはさらに「2つの関係が原因と結果として<u>明確にかかわっている</u>」ということなんだ。

　また,2つの事柄に<u>因果関係がないのに,あるように見えること</u>を「**疑似相関**」というよ。たとえば,「アイスクリームの販売個数」と「熱中症の人数」が,疑似相関に当たるんだ。アイスクリームがよく売れる時期には,多くの人が熱中症にかかるんだけど,これは「アイスクリームを食べるから,熱中症になる」というわけではないよね。気温の高い夏だから,一方ではアイスクリームがよく売れて,他方では人が熱中症になりやすいんだね！　つまり,この疑似相関の裏には,「気温」という"第3の変数"が隠されているんだ。

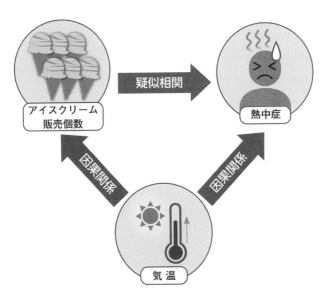

　相関関係について,もう少しくわしく見ていこう。2つの変量(いろいろな値をとりうる量)からなるデータの間に,一方が増えると他方も増える,または他方が減るといった傾向が見られるとき,2つの変量の間には「**相関がある**」というんだ。

　特に,<u>一方の変量が増加すると他方も増加する傾向</u>が見られるとき,2つの変量の間には「**正の相関**」があるというんだ。また,<u>一方が増加すると他方が減少する傾向</u>が見られるとき,2つの変量の間には「**負の相関**」があると

いうんだ。どちらの傾向も見られないときは，「**相関がない**」または「**相関関係がない**」というよ。

また，データを構成する 2 つの変量を縦軸と横軸に取り，データを点で表した図を「**散布図**」といって，2 つの変量の間の関連性を視覚的にとらえるために使用されるよ。

散布図と相関関係

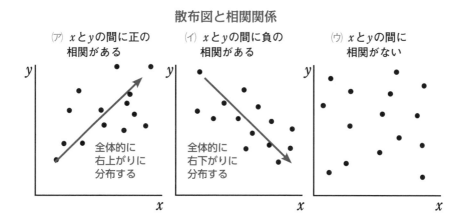

(ア) x と y の間に正の相関がある

(イ) x と y の間に負の相関がある

(ウ) x と y の間に相関がない

全体的に右上がりに分布する

全体的に右下がりに分布する

8 相関係数

相関の強さは，「**相関係数**」と呼ばれる値で表すことができるんだ。相関係数は -1 以上，1 以下の値で表されて，相関係数が 1 に近いほど正の相関が強く，-1 に近いほど負の相関が強くなり，相関がない（弱い）ときは相関係数は 0 に近い値をとるよ。

相関係数と散布図

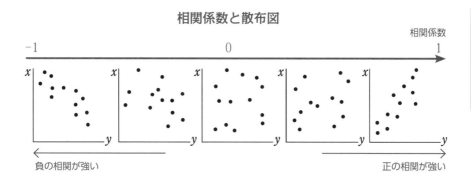

相関係数

-1 ⟶ 0 ⟶ 1

負の相関が強い　　　　　　　　　　　　　　　　正の相関が強い

⑨ 全数調査と標本調査

調査対象となる数値や属性などの集団のことを「**母集団**」というんだ。

5年に一度，日本国内の外国籍を含むすべての人に実施される国勢調査のように，母集団すべてを対象とする調査方法を「**全数調査**」というよ。

また，母集団の一部だけを抜き取った集団のデータを調査の対象とすることで，母集団の性質を統計学的に推定することを「**標本調査**」というよ。

⑩ データマイニング

大量のデータから，統計学や人工知能などを駆使して，データ間の関連性や規則性などの有用な情報を取り出すことを「**データマイニング**」というよ。マイニング（mining）とは，鉱山（mine）から鉄などの有用な資源を採掘するという意味があるんだ。データマイニングという言葉は，データから有益な情報を採掘することに由来しているんだね。

⑪ テキストマイニング

テキストを対象としたデータマイニングを，「**テキストマイニング**」というんだ。

まず，テキストデータを区切るという作業を行うよ。たとえば，「明日の天気は雨です」というテキストデータを，次のように区切ってみよう。

明日	の	天気	は	雨	です。
名詞	助詞	名詞	助詞	名詞	助動詞

次に，区切られた単語に対してデータマイニングを行い，単語の出現頻度や複数の単語間の出現の相関などを分析し，有益な情報を取り出すよ。

これは，大量のアンケートの自由記述などをコンピュータを用いて分析するときに利用されることがあるんだ。人間の手作業では時間がかかりすぎてしまうときに，コンピュータの力を借りるんだね。

TwitterやFacebookのようなSNSは，人々の心理が反映されている書き

込みがたくさんあるよね。私も Twitter に毎日のように投稿しているけど，自分がどんな投稿をしている傾向にあるか分析するためには，膨大な量を読まなければならなくて，人間が手作業で分析するには限度があるんだ。このような人間では全体を把握することが困難な巨大なデータ群のことを「ビッグデータ」というよ。

　コンピュータの強みの1つは，電気で動くことによる高速性や正確性だよね。ネット上に存在する膨大なデータをコンピュータによりテキストマイニングすると瞬時に分析することができるんだ。ビッグデータをもとに，人間の心理や企業の株価など不規則に変動するものや商品の需要など「将来の予測」に役立てることもできるといわれているんだ。

　コンピュータを用いたビッグデータの分析は，非常に将来性のある分野で，こういった研究を進めると，もっと豊かな世界になるかもしれないね。

　ちなみに，ソフトウェアの発展によってデータ分析は身近な存在になっていくからこそ，その結果が出てくる理由を少しでも理解している人のほうが，データマイニングの結果に対する解釈や活用がうまいはずだよね。ただ AI にデータマイニングを任せるだけではなくて，どう収集して，どう活用して，どう発信していくかまで主体的に考える姿勢こそ，今後の科学技術の発達した社会において必要とされる力だと思うよ。

まとめ

❶ データは，性別，天気，居住域のような文字情報などで表現される質的データと，長さ，質量，金額，人数のような数値で表現される量的データに分類することができる。

❷ 自ら集めたデータのことを 1 次データ，官公庁や調査機関が公表・販売しているデータを 2 次データという。

❸ 欠損値：必要な値が入力されていない項目。
異常値：測定ミスや入力ミスと思われる値。
外れ値：異常値ではないが，他のデータから大きく外れた値。

❹ 度数分布表：データの値の区間を設定して，その区間に入るデータの値の個数を数えてまとめた表。区間の幅を階級幅，区間の中央の値を階級値といい，この表を柱状に表示した図表をヒストグラムという。

❺ 代表値：データの分布の特徴を表す数値。
平均値：すべてのデータの合計を，データの個数で割った値。
最頻値（モード）：最も個数の多い値。
中央値（メジアン）：データを小さい順に並べたとき，中央の位置にくる値。

❻ 四分位数：データを小さい順に並べたとき，4 等分する位置にくる数。小さい順に，第 1 四分位数，第 2 四分位数（中央値），第 3 四分位数という。これらに加えて最小値，最大値を箱と線で表した図を箱ひげ図という。

❼ データのバラつき度合いを表す指標の 1 つに分散という考え方があり，この数値の平方根をとったものを標準偏差という。

❽ 相関関係：2 つの事柄がかかわり合い，一方が変化するともう一方も変化する関係。
因果関係：2 つの事柄のうちどちらかが原因でどちらかが結果である関係。

疑似相関：２つの事柄に因果関係がないのに，あるように見えること。

⑨ 相関の強さは相関係数と呼ばれる値で表すことができる。相関係数が +1 に近いほど正の相関が強く，-1 に近いほど負の相関が強くなる。また，相関がない（弱い）ときは，相関係数は 0 に近い値をとる。

⑩ 母集団：調査対象となる数値や属性などの集団。

全数調査：母集団すべてを対象とする調査方法。

標本調査：ある集団の中から一部の調査対象を選び出して調べ，その情報をもとに，もとの集団全体の状態を推計すること。

⑪ データマイニング：統計学や人工知能などを使い，ビッグデータから関連性や規則性などの有用な情報を取り出すこと。

テキストマイニング：テキストを対象としたデータマイニング。

問題1.

ネットワークを構築する機器に関して述べた次の①〜④の文章の中から，正しくないものを1つ選びなさい。

① 複数のネットワークケーブルを1つにまとめるための集線装置をハブという。

② サーバは，複数のコンピュータネットワークの間でデータを中継したり転送したりする。

③ ネットワークどうしを接続する装置をルータという。

④ インターネットへの接続サービスを提供する企業や団体をISPという。

解答：②

解説：②はルータに関しての記述だよ。なお，サーバはネットワークを利用して各種サービスを提供するコンピュータやソフトウェアのことだよ。

問題2.

通信方式に関して述べた次の①〜④の文章の中から，適切なものを1つ選びなさい。

① 回線交換方式は，適宜，経路を選びながらデータを相手まで送り届ける動的な経路選択が可能である。

② パケット交換方式はデジタル信号だけを扱え，回線交換方式はアナログ信号だけを扱える。

③ パケット交換方式は複数の利用者が通信回線を共有できるので，通信回線を効率良く使用することができる。

④ パケット交換方式は無線だけで利用でき，回線交換方式は有線だけで利用できる。

解答：③

解説：①：パケット交換方式に関する記述だよ。

②：回線交換方式はアナログ信号とデジタル信号のどちらも扱うことができるよ。

④：どちらの方式も有線，無線のどちらでも利用することができるよ。

第2章

問題3.

通信プロトコルの説明として**適切なもの**を，次の①〜④の中から1つ選びなさい。

① PC やプリンタなどの機器を LAN へ接続するために使われる集線装置。

② Web ブラウザで指定する情報の場所とその取得方法に関する記述。

③ インターネット通信でコンピュータを識別するために使用される番号。

④ ネットワークを介して通信するために定められた約束ごとの集合。

解答：④

解説：①はハブ，②は URL，③は IP アドレスのことだよ。

┌─ **問題4.** ─────────────────────────────────

プロトコルの説明として**適切なもの**を，次の①〜④の中から1つ選びなさい。

① HTML は，Web データを送受信するためのプロトコルである。

② HTTP は，ネットワーク監視のためのプロトコルである。

③ POP は，離れた場所にあるコンピュータを操作するプロトコルである。

④ SMTP は，電子メールを送信するためのプロトコルである。

└──

解答：④

解説：①：HTML は Web ページを作成するときに使用する言語。

②：HTTP は Web ブラウザと Web サーバ間の通信で使うプロトコル。

③：POP は電子メールを受信するときに使うプロトコル。

なお，離れた場所にあるコンピュータを操作するプロトコルは Telnet だよ。

┌─ **問題5.** ─────────────────────────────────

IPv4 を IPv6 に置き換える効果に関して述べた次の①〜④の文章の中から，**適切なもの**を1つ選びなさい。

① インターネットから直接アクセス可能な IP アドレスが他と重複しても，問題が生じなくなる。

② インターネットから直接アクセス可能な IP アドレスの不足が解消される。

③ インターネットへの接続に光ファイバが利用できるようになる。

④ インターネットを利用するときの通信速度が速くなる。

└──

解答：②

解説：従来のIPv4方式によるIPアドレスの枯渇問題を解決するために，IPアドレスを32ビットから128ビットに拡張したIPv6に変化しているよ。

問題6.

DNSの機能に関する説明として適切なものを，次の①～④の中から1つ選びなさい。

① IPアドレスとMACアドレスを対応づける。

② IPアドレスとドメイン名を対応づける。

③ IPアドレスを利用してパケット転送の経路を選択する。

④ アナログ信号とデジタル信号を相互に変換する。

解答：②

解説：①：MACアドレスとは，ネットワーク機器に割り振られた固有のアドレスのことだよ。

③：インターネットプロトコル(IP)についての説明だよ。

問題7.

次の文章の空欄 ▢ に入る最も適切なものを，⓪〜③の中から選びなさい。

データの通信において，受信したデータに誤りがないか確認する方法の1つにパリティチェックがある。この方法では，データにパリティビットを追加してデータの誤りを検出する。ここでは，送信データの1の個数を数えて，1の個数が偶数ならパリティビット0を，1の個数

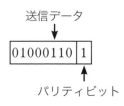

送信データ

01000110 1

パリティビット

が奇数ならパリティビット1を送信データに追加して通信することを考える。たとえば，右図に示すように送信データが「01000110」の場合，パリティビットが1となるため，パリティビットを追加したデータ「010001101」を送信側より送信する。

受信側では，データの1の個数が偶数か奇数かにより，データの通信時に誤りがあったかどうかを判定できる。この考え方でいくと，▢。

⓪　パリティビットを含め，1つのビットの誤りは判定できるが，どのビットに誤りがあるかはわからない

①　パリティビットを含め，1つのビットの誤りは判定でき，どのビットに誤りがあるかもわかる

②　パリティビットを含め，2つのビットの誤りは判定できるが，どのビットに誤りがあるかはわからない

③　パリティビットを含め，2つのビットの誤りは判定でき，どのビットに誤りがあるかもわかる

（大学入学共通テスト，情報Ⅰ試作問題　改題）

解答：⓪

解説：この問題の偶数パリティは，全体の1の個数が偶数か奇数かによって正誤判定をするよ。送信されたデータの1の個数が，送受信の過程で1つだけ異なる形で受信された場合は正誤判定ができるけど，具体的にどの位置が変わったのかまで特定することはできないよ。

問題8.

次の説明文の空欄 (ア) ， (イ) に入る最も適切な言葉を次の選択肢から選びなさい。

情報を送信するときに送り手と受け手以外の第三者にわからないような形にすることを暗号化といい，暗号化した文を (ア) ，暗号化する前の文を (イ) という。

また (ア) から (イ) に戻すことを復号化といい，暗号化と復号化で用いる手順やデータなどのことを鍵という。インターネット上では途中で情報を場合によっては盗み見ることができるため第三者に見られたくない情報は (ア) としてやり取りすることが望ましい。

① 平文　　② 暗号文　　③ 情報文　　④ 鍵文

(武蔵野大)

解答：(ア) ②　(イ) ①

問題9.

デジタル署名の技術で使われる値として正しいものを，次の①〜④の中から1つ選びなさい。

① ハッシュ値　　　　　　② 中央値

③ チェックディジット値　　④ 欠損値

解答：①

さくいん

*初出，または特に参照するべきページのみを表しています。

2進法の足し算・引き算

2進法も10進法と同じように足し算，引き算ができるんだ。

10進法では，8+2=10 のように 10 でケタ上がりするけど，2進法では 2 で
ケタ上がりすることに注意しよう。どういうことか，くわしく説明するね。

まず，10進法で 1+1 を計算すると，

$$1+1=2$$

この式の 1 や 2 を2進法に変換すると，$1_{(10)}=1_{(2)}$，$2_{(10)}=10_{(2)}$ だから，

$$1_{(2)}+1_{(2)}=10_{(2)}$$

となるね。このように，2進法では2でケタ上がりするから注意してね。

例1 $10_{(2)}+10_{(2)}$ を計算しなさい。

この問題を2通りの方法で考えてみるね。

1つ目は，10進法に変換してから計算する方法だよ。

$10_{(2)}=2_{(10)}$ だから，$10_{(2)}+10_{(2)}$ は10進法の計算 $2_{(10)}+2_{(10)}$ ってことだね。

$$2+2=4$$

となり，10進法の 4 を2進法に変換すると $4_{(10)}=100_{(2)}$ だから，

$$10_{(2)}+10_{(2)}=\mathbf{100}_{(2)}$$

2つ目は，筆算を利用する方法だよ。

10進法の足し算のように筆算を書いて計算すると，右の
ように計算できるよ。

ケタが大きい計算になると，いちいち10進法に変換す
るのは大変だから，筆算を利用した計算に慣れるといいよ。

引き算も，2進法は 2 でケタが上がることに注意すれば，
10進法の計算と大きな違いはないからね。

$$
\begin{array}{r}
1 \\
10_{(2)} \\
+\quad 10_{(2)} \\
\hline
\mathbf{100}_{(2)}
\end{array}
$$

$1_{(2)}+1_{(2)}=10_{(2)}$
だから，1 が繰
り上がる

例2 次の計算をしなさい。

　(1) $1011_{(2)}+110_{(2)}$ 　　(2) $101_{(2)}-10_{(2)}$

(1)
$$
\begin{array}{r}
111 \\
1011_{(2)} \\
+\quad 110_{(2)} \\
\hline
\mathbf{10001}_{(2)}
\end{array}
$$

(2)
$$
\begin{array}{r}
2 \\
1\!\!\!/01_{(2)} \\
-\quad 10_{(2)} \\
\hline
\mathbf{11}_{(2)}
\end{array}
$$

352

符号化（24bitの例）

　テレビやコンピュータのディスプレイでは，**カラー画像**の1つひとつのドット（画素）（第**28**節で学習するよ）を表現するために，赤（R），緑（G），青（B）の光の強さを調整して色を表現しているんだ。1ドットの色の情報は赤8bit，緑8bit，青8bitを掛け合わせた24bitで表されているよ。

　カラー画像に対して，白黒の濃淡を表現した画像を**グレースケール画像**というよ。グレースケール画像は，1ドットを8bitで表し，色の情報を含まず，明るさの情報のみを含んでいるよ。

　これらの画像に対して，白と黒など，2つの色のみで濃淡をつけないで表現した画像を**2値画像**というよ。特に，2つの色を白と黒としたときを白黒2値と呼ぶこともある。2値画像は，1ドットを1bitで表すよ。

光の3原色と色の3原色

　光の赤（R），緑（G），青（B）の強さを調整して色を表現する方法を**加法混色**というよ。

　一方，インクなどのシアン（C），マゼンタ（M），イエロー（Y）を混ぜて色を表現する方法を**減法混色**というよ。

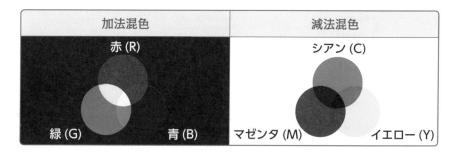

藤原　進之介（ふじわら　しんのすけ）

　代々木ゼミナール情報科講師。株式会社数強塾代表取締役。数強塾グループ代表。オンライン情報Ⅰ・情報Ⅱ専門塾「情報ラボ」代表。武田塾教務。河野塾ISM講師。

　日本初の「情報科」大手予備校講師として東進ハイスクール・東進衛星予備校の講義を担当。ITパスポート対策講座や全国模試の解説授業も担当。2024年から代々木ゼミナールに移籍。

　中学受験後、得意だった算数が数学に変わり苦手になり、必死に独学して大学進学した経験から、「数学が苦手な生徒を対象」としたオンライン塾を20歳で立ち上げ、拡大させる。

　理系科目に苦手意識のある生徒に対する指導を得意とし、累計生徒数は2500名を突破。なお、起業してから1日も休んだことがない。

　現在は「情報ラボ」、数学専門塾「数強塾」、総合型選抜専門塾「AOG」を運営するかたわら、YouTubeやX（旧Twitter）にて有益な受験情報も発信している。情報科の問題作成を請け負う作問チームも編成し、500問以上の問題を作成している。

　神奈川県横須賀市出身。プライベートではアロマテラピー検定1級を取得。K-POPをはじめ音楽が好きで、フェスによく行く。犬と猫とハムスターも好き。ゲームとアニメも好きで、日常をXやInstagram、YouTubeで発信している。

学校で習っていなくても読んで理解できる

藤原進之介の　ゼロから始める情報Ⅰ

2023年 3 月17日　初版発行
2024年 9 月20日　 8 版発行

著者／藤原　進之介

発行者／山下　直久

発行／株式会社KADOKAWA
〒102-8177　東京都千代田区富士見2-13-3
電話 0570-002-301（ナビダイヤル）

印刷所／株式会社加藤文明社印刷所